D1919755

montage AV...

21/1/2012

Zeitschrift für Theorie und Geschichte audiovisueller Kommunikation

[neues fernsehen]

SCHÜREN

Impressum

montage AV 21/1/2012
Zeitschrift für Theorie und Geschichte audiovisueller Kommunikation
Herausgeber: Gesellschaft für Theorie und Geschichte audiovisueller Kommunikation e.V.
ISSN 0942-4954
ISBN 978-3-89472-476-4

Redaktionsanschrift: c/o Britta Hartmann, Körnerstr. 11, D-10785 Berlin,
Tel./Fax: 030-262 84 20, **E-Mail:** montage@snafu.de
Die Redaktion freut sich über eingesandte Artikel.

www.montage-av.de

Preis: Einzelheft 14,90 Euro
Abonnement: zwei Hefte im Jahr, 25,– Euro
Studenten: 20,– Euro
Verlag: Schüren Verlag GmbH, Universitätsstr. 55, D-35037 Marburg,
Tel.: 06421-63084, **Fax:** 06421-681190, **E-Mail:** info@schueren-verlag.de
Gestaltungskonzept: Ivy Kunze (Berlin)
Satz & Umschlaggestaltung: Nadine Schrey
Druck: Druckhaus Marburg
Anzeigen: Katrin Ahnemann, **E-Mail:** ahnemann@schueren-verlag.de

Titel: ‹Leds› von Maarten Kruit
Bildnachweise: Sammlungen der Autoren. Trotz intensiver Recherche konnten nicht alle Rechteinhaber ausfindig gemacht werden. Berechtigte Forderungen bitte an die Redaktion richten.

Inhalt

Editorial

> Dringend ist es nötig, daß die Geräteindustrie neue Wege geht. Der alte Fernsehkasten, das Gerät, das heute in über 10 Millionen deutschen Haushalten steht, ist im Grunde überholt [...]. Mit neuen, flachen, helleren Bildröhren, anderen Systemen, Ausnutzung der Transistortechnik und möglicherweise dem Projektionsverfahren müßte es möglich sein, vom Liliputformat der bisherigen Bildschirme wegzukommen. [...] Das muß ebenso vorangetrieben werden, wie die Entwicklung von tragbaren Kleinstempfängern, die bisher nur in Japan hergestellt werden. Die Leute möchten Fernsehempfänger mit auf die Reise nehmen wie Transistorradios. (Kurt Wilhelm (1965) *Fernsehen. Abenteuer im Neuland*, S. 186)

Was der Regisseur Kurt Wilhelm 1965 in seinem Buch *Fernsehen. Abenteuer im Neuland* als zukünftige Vision von Fernsehen entwirft, ist heute längst TV-Gegenwart: LED-, LCD- und Plasmatechniken ermöglichen die von ihm beschworenen größeren, flachen Bildschirme, die das Wohnzimmer zum Home-Cinema machen. Gleichzeitig hat sich der Fernsehempfang durch das Zusammenspiel von DVDs, Internet und tragbaren Empfangsgeräten wie Laptops, Tablets und Smartphones geradezu selbstverständlich mobilisiert; und es braucht nicht einmal mehr Fernsehgeräte im eigentlichen Sinn, um ubiquitär fernsehen zu können.

Wie diese Zukunftsvisionen aus den 60er Jahren bezeugen, hat der Erneuerungsdiskurs die Fernsehgeschichte schon immer begleitet. Auch wenn sich nicht alle historischen Vorhersagen so sinnfällig wie Wilhelms doppelte Prognose einlösen, verdeutlicht das Beispiel der Geräteentwicklung, wie rasant sich derzeit – unter den Vorzeichen medialer Konvergenzen, des Internets und der Digitalisierung – historische Tendenzen beschleunigen und wie tiefgreifend sich dadurch das Medium verändert. Gerade in den letzten Jahren vollzieht sich ein Wandel, der die technischen, kulturellen, medialen und institutionellen

1–2 1963 stellt Sony ein tragbares Fernsehgerät vor. 2012 wird in Japan mit «nottv» ein Fernsehprogramm lanciert, das ausschließlich über Smartphones zu empfangen ist

Voraussetzungen dessen, was als Fernsehen bezeichnet wird, grundlegend umzuwälzen scheint.

Dabei bildet die von Wilhelm antizipierte Entwicklung der Empfangsgeräte nur einen Vektor, über den sich der derzeitige Wandel der Fernsehlandschaft nachzeichnen lässt. Denn die gegenwärtigen Transformationen betreffen das Fernsehen in einem viel umfassenderen Maße: Sie kennzeichnen Fernsehsendungen (stilistische Innovation, ‹narrative Komplexität›, Konjunkturen bestimmter Genres), äußern sich in neuen Verbreitungsformen (z.B. per DVD oder Internet) sowie veränderten Rezeptionsformen und -geräten. Über Computer- oder Handy-Bildschirme wird die Fernseherfahrung nicht nur mobil, sondern zunehmend in crossmediale Umgebungen eingebettet, die Multiplattform-Angebote entstehen lassen oder (via Twitter oder soziale Netzwerke) zur Tele-Partizipation aufrufen. Umgekehrt führen diese crossmedialen Strategien zur Entwicklung hybrider und multifunktionaler Fernsehgeräte: Sie dienen zugleich als ‹Home Theater›, Display für die Spielkonsole und Computermonitor. Nehmen sie hier eine zentrale Stellung in der Konstellation der Entertainment-Geräte ein, so verlieren sie als Empfangsgeräte zunehmend ihre Funktion, wie zuletzt der japanische Fernsehsender mmbi deutlich machte, der ein Programmangebot lancierte, das nur noch mit Smartphones oder Tablets zu empfangen ist – und das bezeichnenderweise unter dem Namen NOTTV vermarktet wird.

Die Tragweite dieser Ausdifferenzierungen und Konvergenzen des Fernsehens zeigt sich nicht nur in dessen Praktiken, sondern betrifft auch die Theoriebildung: Gängige Beschreibungsmodelle (*broadcasting*, *scheduling*, ‹Häuslichkeit›) scheinen ihre Gültigkeit zu verlieren und werden – mit der Rede vom ‹Ende des Fernsehens› oder seiner ‹Revolution› – entweder völlig verworfen oder an die heutige Situation angepasst.

So ist die Fernsehwissenschaft zunehmend mit der Aufgabe beschäftigt, ihren Gegenstandsbereich neu abzustecken. Eine weitere Herausforderung besteht darin, dass sich die derzeitigen Veränderungen kaum auf einen gemeinsamen Nenner bringen oder über eine kohärente Logik erfassen lassen: Digitalisierung, Konvergenz, Interaktivität bilden wichtige Schlagworte in aktuellen Debatten, ebenso wie der (nicht unproblematische) Rückgriff auf Kategorien wie ‹Qualität› oder ‹Komplexität›. Auch wenn sich die Konzepte unterscheiden: Viele Publikationen sind vom Diskurs des Neuen geprägt, nicht zuletzt, indem sie das Ende einer alten Ära proklamieren. Hiervon zeugen Titel wie *Television After TV* (Olsson/Spigel 2004), *The Television Will be Revolutionized* (Lotz 2007), *Television Studies After TV. Understanding Television in the Post-Broadcast Era* (Turner/Tay 2009), *Relocating Television. Television in the Digital Context* (Gripsrud 2010) oder *Television as Digital Media* (Bennett/Strange 2011).

Mit dem vorliegenden Heft nimmt *montage AV* den Wandel des Fernsehens im digitalen Zeitalter und die damit verbundenen Ausdifferenzierungen und Konvergenzen des Mediums in den Blick. Dabei geht es nicht um die Postulierung *des* ‹neuen Fernsehens›, sondern um Bestandsaufnahmen und Analysen der Praktiken, über die sich Fernsehen im 21. Jahrhundert manifestiert, sowie der kulturellen Vorstellungen von Fernsehen, die sie jeweils implizieren. Die Autorinnen und Autoren des vorliegenden Heftes interessieren sich für das komplexe Zusammenspiel von Technologien, Ökonomien und Ästhetiken des Televisuellen und hinterfragen die Rhetoriken des Neuen, wie sie derzeit inflationär von der Fernsehbranche, aber auch in fernsehwissenschaftlichen Diskursen bemüht werden. Sie loten die Wandlungsprozesse des Mediums aus, indem sie fragen: Was ist neu am ‹neuen Fernsehen›? Über welche – alten wie neuen – theoretischen Konzepte lässt sich dieser Wandel beschreiben und erfassen? Und schließlich: Wie neu sind diese Veränderungen wirklich?

Den Auftakt zu diesem Heft macht der Beitrag von Michael Z. Newman und Elana Levine, die die Wechselwirkungen von Geräteentwicklung und veränderten kulturellen Vorstellungen von Fernsehen diskutieren. Sie zeigen auf, inwiefern die Einführung von Flachbildschirmen und HDTV in U.S.-amerikanischen Haushalten und die Durchsetzung des Widescreen-Formats neue Konstellationen von Räumen, Geschlechterverhältnissen sowie Zuschreibungen kultureller Wertigkeiten produzieren oder voraussetzen. Mit der Übersetzung dieses Beitrags wollen wir eine wichtige Position der international geführten Debatte zum ‹neuen Fernsehen› aufgreifen und im deutschsprachigen Raum bekannt machen.

Spielformen des ‹Social TV› beschreibt Kathi Gormász in ihrem Text. Sie konfrontiert die Analyse aktueller Diskurse der Fernsehbranche mit einem Selbstversuch am Beispiel TATORT, um darzulegen, warum verschiedene Akteure in den medialen Verbund von Fernsehen und ‹sozialen Medien› wie Twitter und Facebook investieren. Sowohl die Fernseh- und Internetbranche wie auch der Fernsehzuschauer, so schlussfolgert Gormász, scheinen sich von der Einbindung sozialer Medien einen kompensatorischen Mehrwert zu versprechen, der wesentlich auf der Annahme basiert, soziale Medien könnten dem zeitversetzten, ortsunabhängigen TV-on-Demand jenen kollektiven Charakter zurückgeben, der das Rundfunkfernsehen geprägt hatte.

Wie Fernsehsender über die Einbindung von Social Media ein Kollektiverlebnis von Fernsehen zu rehabilitieren suchen, untersuchen auch Karin van Es und Eggo Müller in ihrem Beitrag. Ausgehend von einer kritischen Diskussion des Hypes, der den gegenwärtigen Diskurs um das ‹neue Fernsehen› durchzieht, untersuchen sie Praktiken interaktiven Zuschauens am Beispiel der Castingshow THE VOICE. Indem sie vier prototypische Interaktionsformen herausarbeiten, kartografieren sie den spezifischen «Raum der Partizipation», der bei dieser Show durch die Einbindung digitaler Plattformen entsteht.

Misha Kavka verdeutlicht in ihrem Beitrag, dass Fernsehen nicht nur ein ‹Mitläufer› der gegenwärtigen Medienkonvergenzen ist, sondern eine zentrale Rolle einnimmt. Am Beispiel von Talentshows zeigt sie die Kooperation der Fernsehprogrammanbieter mit anderen Industrien auf (Musik, Mode, Gastronomie), die so weit geht, dass sich die Interessen des Sponsors vollständig mit denen der Fernsehproduzenten sowie den Inhalten der Programme überschneiden. Reality TV, so Kavka, eignet sich besonders für diese Art der *Industry Convergence*, wobei sie zugleich auch auf die Spannungen hinweist, die sich aus den Logiken der unterschiedlichen Industrien ergeben.

Den Begriff des ‹neuen Fernsehens› stellt Joan Bleicher in einem Interview gleich in mehrfacher Weise in Frage: Zum einen zeigt sie anhand von Beispielen aus der Fernsehgeschichte, dass aktuelle Phänomene wie Genre-Hybridisierungen oder der Qualitätsdiskurs keine neuen Erscheinungen sind; zum anderen verweist sie darauf, dass auch internetbasierte Angebote von fernsehspezifischen Strukturen durchzogen sind. Insofern der Begriff des ‹neuen Fernsehens› aus dem Marketing stamme, eigne er sich, so Bleicher, nicht für die fernsehwissenschaftliche Forschung. Um aktuelle Phänomene zu beschreiben, sei vor allem eine genaue Definition des jeweiligen Gegenstands notwendig.

Die drei abschließenden Beiträge fokussieren ‹neues Fernsehen› über die Kategorie des Zuschauers und fragen nach spezifischen Rezeptions-, Wahrnehmungs- und Erfahrungsweisen, die Fernsehen im Zeitalter medialer Konvergenzen nahelegt und ermöglicht. So wendet der Beitrag von Herbert Schwaab klassische Begriffe der Fernsehwissenschaft auf das Internet an und stellt dabei die Unterschiede zwischen den Fernsehzuschauern und den Nutzern des Internetfernsehens heraus. Während das Internet häufig als eine Verbesserung des Zugangs zu Fernsehen verhandelt wird, werden hier jene Aspekte einer spezifischen, vom Medium geprägten Wahrnehmung und einer von ihm konstituierten Subjektivität hervorgehoben, die das Internetfernsehen nicht wiedergeben kann.

Auch Lukas Foerster fragt nach der medialen Differenz von Fernsehen und Internet. Mit Hilfe der Analyse dreier internetbasierter Comedy-Formate arbeitet er heraus, welche Auswirkungen der Medienwechsel vom Fernsehen ins Internet auf Form, Adressierungsmodus und den impliziten Publikumsbegriff der Sitcom hat. Thomas Morsch geht es um die Modellierung einer fernsehtypischen Form ästhetischer Erfahrung, die er als «televisuelle Tendenz der Entgrenzung» beschreibt. Er diskutiert die in jüngster Zeit in Fernsehserien oft zu beobachtende Situation, dass Figuren sich zu aktuellen Ereignissen oder reflexiv zu Aspekten der Serie selbst äußern. Im Rückgriff auf den von Gérard Genette in die Narratologie eingeführten Begriff der Metalepse betrachtet er historische Vorläufer dieses Phänomens und charakterisiert es nicht nur als ein im seriellen Erzählen häufig verwendetes, sondern auch als ein sich für das Fernsehen als Medium geradezu anbietendes Verfahren. Die damit beschriebene televisuelle Tendenz zur Entgrenzung manifestiere sich nicht nur als Transgression der räumlichen und logischen Schranken zwischen Welten, Texten und Sinnhorizonten, sondern charakterisiere das Fernsehen auch auf institutioneller, technologischer und diskursiver Ebene.

Die letzten Seiten dieses Heftes sind – jenseits des Heftschwerpunktes – Amos Vogel gewidmet, der im April dieses Jahres in New York verstorben ist. Michael Omasta erinnert in einem Nachruf an den Filmwissenschaftler, Kritiker und Kurator, der sich mit der Gründung des legendären Filmclubs *Cinema 16* und dem Standardwerk *Film as a Subversive Art* (1974) besonders um den unabhängigen Film verdient gemacht hat.

Kristina Köhler / Judith Keilbach

Literatur

Bennett, James/Strange, Niki (Hg.) (2011) *Television as Digital Media*. Durham/London: Duke Univ. Press.

Gripsrud, Jostein (Hg.) (2010) *Relocating Television. Television in the Digital Context*. London/New York: Routledge.

Lotz, Amanda (2007) *The Television Will be Revolutionized*. New York: New York Univ. Press.

Olsson, Jan/Spigel, Lynn (Hg.) (2004) *Television After TV. Essays on a Medium in Transition*. Durham/London: Duke Univ. Press.

Turner, Graeme/Tay, Jinna (Hg.) (2009) *Television Studies After TV Understanding Television in the Post- Broadcast Era*. London/New York: Routledge.

Wilhelm, Kurt (1965) *Fernsehen. Abenteuer im Neuland*. Köln/Berlin: Grote.

Einrichtungs-
vorschlag aus
Atomic Ranch

Fernsehbilder und das Bild des Fernsehens*

Michael Z. Newman/Elana Levine

> Vielleicht wird sich das 21. Jahrhundert als goldenes Zeitalter des Fernsehens erweisen, als Ära, in der es das gute Aussehen der hochauflösenden digitalen Programme dem Fernsehen ermöglicht, zu einer Kunstform zu werden, die mindestens ebenso experimentierfreudig ist, wie der Film.
>
> *Mark Kermode*[1]

In den frühen 1960er Jahren beschrieb Marshall McLuhan das Medium Film aufgrund seiner Datenfülle als «hochauflösend» (*high definition*), wohingegen ihm das Fernsehen als so dürftig erschien, dass er es als Medium konzipierte, das «weniger visuell als auditiv-taktil» sei.[2] Film war heiß und Fernsehen kalt, wobei die Unterscheidung für McLuhan wesentlich in der sensorischen Wirkung der beiden Medien begründet lag. Doch auch ohne überzogene und essentialistische Rhetorik war der Unterschied zwischen Film- und Fernsehbildern für McLuhans medienkonsumierende Zeitgenossen mehr als deutlich: Obwohl Film und Fernsehen ähnliche audiovisuelle Darstellungen boten – im Fernsehen liefen sowohl Kino- als auch Fernsehfilme, und Hollywoodstudios produzierten Fernsehserien im klassischen Hollywoodstil –,

* [Anm. d. Hg.:] Bei diesem Text handelt es sich um eine gekürzte Fassung des Kapitels *The Television Image and the Image of the Television* aus dem Buch *Legitimating Television. Media Convergence and Cultural Status*, das Michael Z. Newman und Elana Levine 2012 bei Routledge veröffentlicht haben.

1 Mark Kermode (2007) So, Is There Really Life on Mars? In: *Guardian* v. 23.09.2007.

2 Marshall McLuhan (1995) *Die Gutenberg-Galaxis. Das Ende des Buchzeitalters* [engl. 1962]. Bonn/Paris/Reading, Mass.: Addison-Wesley, S. 49f.

waren die kulturellen Identitäten der beiden Medien deutlich voneinander getrennt. Eine entscheidende Differenz zwischen Film und Fernsehen bestand damals in den Bildern – sowohl hinsichtlich ihrer Größe als auch ihrer Qualität. Heute, ein halbes Jahrhundert später, sind Film und Fernsehen nicht nur zu Formen digitaler Medien verschmolzen, sondern haben sich auch das Fernsehbild sowie unsere Vorstellungen von ihm gewandelt. Zu den Veränderungen des Fernsehens zählt die Einführung größerer und breiterer Bildformate mit höherer Auflösung, begleitet von Dolby 5.1 Surround Sound. Angehenden McLuhans würde es heutzutage angesichts dieser veränderten Fernsehtechnologien daher schwerfallen, an der radikalen Unterscheidung zwischen den beiden Medien festzuhalten.

‹Fernsehen› bedeutet vielerlei. Je nach Kontext bezieht sich der Begriff auf Sendungen, auf die Institutionen, die diese produzieren und verbreiten, oder auf die Geräte, die den Zugang zu ihnen ermöglichen. Man kann damit die Kultur, die Industrie oder die Technologie bezeichnen, wobei all diese Bedeutungen stets miteinander verknüpft und voneinander abhängig sind. Findet beispielsweise eine Aufwertung bestimmter Fernsehprogramme statt, so wirkt sich dies auch auf das Verständnis von Fernsehen als Medium und als Erfahrung aus. In der Regel wird der Begriff ‹Fernsehen› metonymisch verwendet und geht über die Hardware, d.h. das Fernsehgerät und seine konstitutiven Technologien, hinaus. Dass sich der kulturelle Status des Fernsehens im gegenwärtigen Zeitalter medialer Konvergenzen verändert, lässt sich zwar in sämtlichen Bereichen des Fernsehens erkennen, sein Legitimationsbestreben zeigt sich jedoch besonders deutlich am Fernsehapparat, dem der Status einer Bildermaschine zukommt, sowie an den dazugehörigen Formaten und Inhalten. Fernsehen ließe sich somit als technisches Fundament betrachten, auf dem seine vielfältigen Bedeutungen aufbauen und das von diesen Bedeutungen wiederum geprägt wird.

Im Zeitalter der Konvergenz wurde der Fernsehbildschirm gemäß dem Vorbild der Kinoleinwand neu erfunden – und zwar so weitgehend, dass der neue Bildstandard mit eben dem Begriff bezeichnet wird, den McLuhan in den 1960er Jahren zur Beschreibung des heißen Mediums Film benutzte: *hochauflösend*.** Mit dieser Transformation geht gegenwärtig zugleich eine Neuaushandlung aller kulturellen

** [Anm. d. Ü.:] In der deutschen Ausgabe von McLuhans *Understanding Media* (1964) wird der englische Begriff «high definition» als «Detailreichtum» übersetzt. Vgl. Marshall Marshall (1968) *Die magischen Kanäle. ‹Understanding Media›*. Düsseldorf/Wien: Econ, S. 29ff.

Assoziationen von Film und Fernsehen einher – als separate und gegensätzliche audiovisuelle Medien, als kulturelle Formen mit unterschiedlichem visuellem Status und Erlebnisgehalt, als Medien, die von größerer oder geringerer kultureller Bedeutung sowie genderspezifisch besetzt sind. Diese Aushandlungen finden auf vielfältigen Schauplätzen statt: im Einzelhandel, wo die neuen Fernsehapparate verkauft werden, in der häuslichen Umgebung, wo sie im Alltagskontext erlebt werden, und in den Fernsehsendungen selbst, mit denen auf die technisch verbesserte und kulturell aufgewertete Hardware reagiert wird. Sie alle teilen die diskursive Agenda eines neuen und besseren Fernsehens, der zufolge das Fernsehbild nun wertvoller, ästhetischer, formal angenehmer und ‹filmischer› sei als zuvor. Indem sie das Fernsehen legitimieren, artikulieren Flachbildschirme eine neue Identität des Mediums, wobei sie seine Klassen- und Genderassoziationen durch die Betonung von Wohlstand und Männlichkeit revidieren. Dabei kommt es zugleich zur Neueinschreibung eben jener Klassen- und Genderhierarchien, die historisch an der Perpetuierung der kulturellen Abwertung des Fernsehens mitgewirkt hatten.

Die Einführung des Flachbildschirms

Die Veränderungen des Fernsehens sind nicht alle gleichzeitig eingetreten. Doch sie verdichten sich merklich ab Mitte der 2000er Jahre, als sich die neuen Fernsehgeräte sowohl auf dem Konsumentenmarkt als auch bei Fernsehproduzenten, Fernsehanstalten und Sendern durchzusetzen begannen und Kabel- und Satellitenbetreiber sich beeilten, entsprechende Sendungen anzubieten. Waren digitale HDTV-Flachbildgeräte mit ihren hellen, farbintensiven und hochauflösenden Bildern, ihrer breiten 16:9-Form und oft raumgreifenden Größe zu Beginn der 2000er Jahre noch nicht anzutreffen, so sind Plasma-, LCD- und LED-Fernseher gegen Ende der ersten Jahrzehnts eine vertraute Erscheinung, und zwar nicht nur im heimischen Wohnzimmer, sondern auch in Restaurants und Bars, in Abflughallen von Flughäfen, Hotelzimmern, Supermärkten und Fitnesscentern. Zusammen mit anderen digitalen Geräten zur Programmauswahl haben Flachbildfernseher wesentlich zum Eindruck einer Erneuerung und Verbesserung der Fernsehtechnologie und damit des Mediums selbst beigetragen. Dieser Eindruck entstand nicht nur durch positive Assoziationen mit der angeblich kinoähnlichen HDTV-Bild- und -Tonqualität, sondern auch durch den negativen Vergleich mit den alten 4:3-Geräten, die durch die neuen Fernsehgeräte obsolet wurden.

Als hochauflösendes Fernsehen in den späten 1990er Jahren erstmals auf dem US-amerikanischen Markt eingeführt wurde, handelte es sich noch nicht um Flachbildfernseher, sondern um sehr große und kostspielige Projektions- oder Bildröhrengeräte, für die das Programmangebot zunächst überschaubar war.[3] Etwa zur gleichen Zeit breiteten sich in Büros und Privatwohnungen LCD-Bildschirme aus – allerdings nicht als Fernsehgeräte, sondern als raumsparende, aber teure Computermonitore.[4] Der Vorteil von LCD- und Plasmageräten lag in ihrer Größe und ihrem Design, das in Form, Umfang und Kontur deutlich ansprechender war als das der Röhrengeräte. Im Sommer 2003 erschienen in den USA erste Berichte über eine «Flatscreen-Manie», die – so *The Economist* – zusätzlich angeheizt wurde durch «DVD-Player, Spielkonsolen und digitale Kabelangebote, deren gestochen scharfe Bilder auf einem großen Bildschirm besonders eindrucksvoll zur Geltung kommen».[5] Die Einführung der neuen Flachbildfernseher vollzog sich rhetorisch über ihre Kontrastierung mit den Röhrengeräten, und zwar nicht nur hinsichtlich ihrer Bildqualität – es gab ja in der Tat hochauflösende Röhrengeräte, deren Bilder keinesfalls schlechter waren als die der Flachbildfernseher –,[6] sondern auch hinsichtlich ihrer Größe und Form, sowie daraus resultierend ihrer Neuartigkeit und Eignung als ‹cooles›, neues Gadget. Röhrenfernseher wurden als ‹Kisten›, als ‹plump› und ‹klobig› bezeichnet, HDTV-Flachbildfernseher dagegen als ‹schnittig›, ‹elegant› und ‹dünn›. Die schlanke und schicke Erscheinung der Geräte war für die neue Identität des Fernsehens oft ebenso wichtig wie die von ihm präsentierten Bilder und Bildinhalte.

Dennoch ist gerade das Bild für die Anziehungskraft des neuen Fernsehens von zentraler Bedeutung. So griff die Presse bei der Beschreibung der neuen Geräte vermehrt auf Begriffe zurück, die Assoziationen mit dem Breitwandbild des Kinos weckten. Wurden Filme ab den 1990er Jahren größtenteils zu Hause auf dem Fernsehbildschirm konsumiert, so schien das Fernsehgerät nun ein Filmerlebnis ‹wie im Kino› zu ermöglichen.[7] Zwar ist die HD-Auflösung visuell noch nicht so reichhaltig wie ein 35-mm-Film, dennoch hat ein hochauflösendes

3 Joel Brinkley (1998) They're Big, They're Expensive. They're the First High-Definition TV Sets. In: *New York Times* v. 12.01.1998.

4 Peter H. Lewis (1998) Thin and Stylish, Flat Pannels Still Cost a Bundle. In: *New York Times* v. 20.08.1998.

5 Thin Screens, Fat Margins. In: *The Economist* v. 20.12.2003, S. 97.

6 HDTVs: The Price is Right. In: *Consumer Reports*, Dezember 2005, S. 22–29.

7 Barbara Klinger (2006) *Beyond the Multiplex. Cinema, New Technologies, and the Home*. Berkeley: Univ. of California Press.

Bild erheblich mehr Pixel als die NTSC-Standardauflösung des US-Fernsehens; so lassen sich auf einem großen Bildschirm deutlich mehr Details erkennen. Entsprechend hoben die Pressediskurse zur Einführung von HDTV häufig jene Aufnahmen hervor, die so bisher noch nicht zu sehen waren, wie zum Beispiel die Nähte eines Baseballes oder die Poren und Falten eines Gesichts.[8] Neue Kunden, so berichtete die *New York Times* 1998, beschreiben das HD-Fernseherlebnis wie einen «Blick durch ein Fenster und nicht so sehr wie das Betrachten eines Bildes».[9] Sportübertragungen in HD würden «den Zuschauer vom Wohnzimmer ins Stadion» versetzen – «ohne ärgerliche Betrunkene», so hieß es 2004 in *Broadcasting and Cable*.[10] HD-Bilder seien lebensnäher, gegenwärtiger und wirkten weniger wie eine platte Abbildung der Wirklichkeit, sondern geradezu unvermittelt – ein Effekt, den das *Wired Magazine* 2006 «wirklicher als wirklich» nannte.[11] HD mache sichtbar, was zuvor unsichtbar war. Unreine Gesichtshaut, Runzeln, Hautfalten und Hautflecken würden stärker hervortreten, wobei tiefliegende Augen und glänzende Haut noch unattraktiver wirkten – eine Herausforderung für die Maskenbildner.[12] Das Aufkommen von HD erneuert somit jenen «hyperrealistischen» Diskurs, der, wie Lynn Spigel nachzeichnet, schon in den 1950er Jahren die Werbung für das Fernsehen als neue häusliche Technologie charakterisiert hatte.[13] Gemäß dieser Rhetorik erlange das Fernsehen mit der Einführung von HD den Status eines ‹reinen› Mediums und eröffne den unmittelbaren Zugang zu einer Welt lebendiger und gestochen scharfer Bilder.

Es lassen sich eine Reihe von Wünschen ausmachen, die die Konsumenten in der Konvergenz-Ära zu beträchtlichen Investitionen in ein neues Fernsehgerät bewogen haben. So zielte der Wunsch nach einem kinoähnlicheren Bild sowie nach mehr Lebensnähe und Natürlichkeit auf eine neue Konzeption von Fernsehen, die sich wesentlich vom gewohnten Fernsehen unterschied. Als Haushaltsgerät mit spezifischen formalen Qualitäten und neuen kulturellen Konnotationen erfüllt der Flachbildfernseher andere Funktionen als das Fernsehen al-

8 Maryanne Murray Buechner (2002) I Want My HDTV! In: *Time* v. 16.12.2002.

9 Joel Brinkley (1998) HDTV. High Definition, High in Price. In: *New York Times* v. 20.08.1998.

10 Ken Kerschbaumer (2004) High-Def Ticket: Fox Network Says Yes to HD Sports; DirectTV Could Benefit. In: *Broadcasting and Cable* v. 22.03.2004, S. 18.

11 Frank Rose (2006) Prime Time for High Def. In: *Wired* 14,6 (Juni 2006).

12 Jeanne McDowell (2004) For TV Stars, High Def is Dicey. In: *Time* v. 12.04.2004.

13 Lynn Spigel (1992) *Make Room for TV. Television and the Family Ideal in Postwar America.* Chicago: Chicago Univ. Press, S. 133–135.

ten Stils, er präsentiert sich als neues und erstrebenswertes Gut. Diese Erneuerung des Fernsehens impliziert eine Verabschiedung von dem, was das Medium und seine Technologie einmal waren, und verbannt alte Vorstellungen vom Fernsehen in eine Vergangenheit, von der wir uns emanzipiert und weiterentwickelt zu haben meinen. Mit der veränderten Identität des Fernsehens vollzieht sich zugleich auch eine Verschiebung seiner Assoziation mit bestimmten sozialen Klassen und Genderkategorien. Dieser Prozess läuft auf verschiedenen Ebenen ab und lässt sich unter anderem im Bereich des Einzelhandels und im Marketingdiskurs nachzeichnen.

HDTV verkaufen

Wurde das Fernsehen in seiner Geschichte mit Weiblichkeit und Unterschicht assoziiert, so stellen die Diskurse um HDTV diese Zuschreibungen in Frage. Hier wird Fernsehen vielmehr als technisch hoch entwickelt, als maskulin und als ökonomisch wie ästhetisch wertvoll konstruiert. Die kulturelle Legitimität, die das Fernsehen durch das Aufkommen des HDTV-Flachbildfernsehers gewonnen hat, ist somit ein Produkt veränderter Gender- und Klassenzuschreibungen. HD-Bildschirme gelten als technisch komplexe Objekte und in einer Kultur, in der «technische Kompetenz ein integraler Bestandteil von maskuliner Genderidentität» ist, erleben wir eine «historische und kulturelle Konstruktion von Technologie als männlich».[14] Doch die Verknüpfung von Männlichkeit und technischer Überlegenheit besteht schon lange vor dem Aufkommen von HDTV-Geräten und lässt sich am deutlichsten am Beispiel der Einführung des Heimkinos in den 1990er Jahren beobachten. Bei der Heimkino-Technologie vor der HD-Ära schienen die enorme Bildgröße und besonders der Surround Sound ein Entkommen von der ‹minderwertigen› Technologie des (feminisierten) Fernsehens zu verheißen. So stellt Barbara Klinger fest, dass das Heimkino «durch die Wiedergabe großer Bilder und Klänge, wie sie sonst nur bei einer Filmvorführung im Kino möglich ist», das «Familienfernsehen vor dem ‹rettet›, was in den Augen der Heimkino-Verfechter dessen Mangel ausgemacht hatte: das Fehlen einer spektakulären Erlebnisdimension und technologischer Raffinesse».[15] Wie Klinger zeigt auch William Boddy auf, wie die vermeintliche Überwindung des Fernsehens durch das Heimkino über eine Reihe von

14 Judy Wajcman (1991) *Feminism Confronts Technology*. Cambridge: Polity Press, S. 22.
15 Klinger 2006, S. 25.

Genderzuschreibungen hergeleitet wird. In seinen Analysen legt er dar, wie sehr die Werbung für Großbildfernseher in den frühen 1990er Jahren darum bemüht war, «dem männlichen Fernsehkonsumenten zu versichern, dass er durch die traditionell demaskulinisierenden Assoziationen der Fernsehnutzung nicht kontaminiert würde».[16] Dieser Diskurs, so Boddy, unterstütze die breite «Remaskulinisierung des Fernsehapparates durch Fantasien von Macht und Herrschaft».[17]

Die Remaskulinisierung des Fernsehapparates, auf die Boddy verweist, erreicht im Kontext der Konvergenz-Ära ihren Höhepunkt: Gerade weil sie sich von den alten Analoggeräten mit Bildröhren und 4:3-Bildschirmen unterscheiden, profitierten Plasma- und LCD-Bildschirme schon bald von den kulturellen Zuschreibungen technischer Komplexität und Maskulinität. Als HDTV-Flachbildschirme in den frühen 1990er Jahren erstmals in Elektronikmärkten auftauchten, erprobten die Händler verschiedene Präsentationsweisen. Anfangs wurde ein einzelnes HDTV-Gerät neben ein Analogmodell gestellt, wobei beide den gleichen Inhalt zeigten. Als die HDTV-Preise zu sinken begannen und das Interesse an der Technologie zunahm, verzichtete man zunehmend auf die parallele Ausstellung.[18] TV-Hersteller und Händler betonten nun vor allem die technischen Feinheiten, wie etwa den Unterschied zwischen 720 und 1080p (d.h. die Zeilen der vertikalen Auflösung). In Kaufhäusern wurden dabei verschiedene Inhalte auf TV-Geräten unterschiedlicher Preisklassen vorgeführt sowie verschiedene Arten von Kabelverbindungen eingesetzt, um Kunden zu den teuren Modellen zu lotsen. Während auf den 1080p-Luxus-Geräten Blu-ray DVDs liefen und die DVD-Player und Fernseher mit Komponenten- oder HDMI-Kabeln verbunden waren, wurden auf den günstigen 720p-Apparaten aufgezeichnete HD-Sendungen gezeigt und qualitativ minderwertige Composite-Videokabel benutzt.[19] Diese Strategien trugen nicht nur dazu bei, den Absatz der teuren Modelle anzukurbeln, sondern auch den Diskurs um die technische Komplexität aufrechtzuerhalten, der die Fernsehgeräte als Domäne exklusiver, männlicher Expertise präsentierte.

16 William Boddy (1994) Archeologies of Electronic Vision and the Gendered Spectator. In: *Screen* 35, 2 (Sommer 1994), S. 105–122, S. 121.

17 Ibid., S. 117.

18 Laura Heller (2001) Better Pricing, DVD Growth Keep HDTV Sales on the Rose. In: *DSN Retailing Today* v. 5.11.2001, S. 35.

19 Yardena Arar (2008) Six Common HDTV Showroom Pitfalls. In: *PC World* v. Dezember 2008, S. 34.

Auch die Auswahl der Inhalte, die in Verkaufsräumen auf den HD-Geräten zu sehen sind, unterstützt die Maskulinisierung des neuen Fernsehens. So werden HDTV-Geräte im Allgemeinen als Apparate vermarktet, die – entsprechend dem Heimkinodiskurs – auch ‹non-TV›-Inhalte wie Spielfilme und Videospiele zeigen können. Die einzigen Fernsehprogramme, die im HDTV-Marketing eine Rolle spielen, sind Sportsendungen. Diese Sonderstellung des Sportfernsehens beruht auf der Annahme, dass die Sportberichterstattung für viele Käufer von HD-Geräten zu den zentralen Leistungen der neuen Technologie zählt.[20] So wurden 2006 offensichtlich viele Käufer durch das Versprechen geködert, den Super Bowl XL, die Winterolympiade in Turin und die Fußballweltmeisterschaft in Deutschland in HD sehen zu können.[21]

Die Vermarktung von HD-Fernsehern als männliches Medium basiert auf Studien zu den Interessen und Motivationen von Erstanwendern sowie den daraus resultierenden Konzepten von Männlichkeit. So hat eine Marktuntersuchung von 1999 gezeigt, dass «Innovatoren und frühe HDTV-Nutzer mit großer Wahrscheinlichkeit jüngeren Alters sind, höhere Einkommen beziehen, häufig ins Kino gehen, gerne Sportprogramme ansehen und ein starkes Interesse an hochauflösendem Fernsehen mit großen Bildschirmen zeigen».[22] Samsung hat kürzlich bei seiner «männlich dominierten» Zielgruppe von «jung gebliebenen Konsumenten» eine besondere Leidenschaft für Sport und Spiele ausgemacht.[23] Mittlerweile vertreiben verschiedene Gerätehersteller ihre Produkte auch über Webseiten für Video- und Computerspiele. So preist etwa die Webseite *UGO Lifestyle for Gamers* den Panasonic TH-42PX600U Plasmafernseher an, gebe dieser doch «das Gefühl, als ob Du den Pass von der 40-Yard-Linie fangen oder von Jeff Gordons Auto erwischt werden könntest, wenn es aus der Bahn schleudert».[24] Tatsächlich versprechen Spieleplattformen, dass User sich den Begrenzungen ihrer häuslichen Sphäre entziehen können, selbst wenn sie beim Spielen definitionsgemäß im Interface des Fernsehbild-

20 Allison Romano (2008) The Pictures Are the Story. In: *Broadcasting and Cable* v. 24.11.2008, S. 14-15.

21 Jeff Joseph (2006) The Year of HD. In: *Dealerscope* 48, 3 (März 2006).

22 Michel Dupagne (1999) Exploring the Characteristics of Potential High-Definition Television Adopters. In: *Journal of Media Economics* 12,1. S. 35–50, S. 47.

23 N. Beth Snyder Bulik (2007) Stay-At-Home Trend Feathers Samsung Nest. In: *Advertising Age* v. 3.11.2008, S. 18-19; Kenneth Hein (2007) Attack of the No-Name HDTV Brands. In: *Brandweek* v. 18.06.2007, S. S. 30.

24 HDTV Home Entertainment Guide: Products. In: UGO Lifestyle for Gamers. In: *Ugo.com* [http://www.ugo.com/programs/verizon/entertainmentguide/products.asp]

schirms – und damit zu Hause – verankert bleiben.[25] Auch beim Verkauf von HD-Geräten wird häufig auf Medieninhalte gesetzt, die den Bildschirm jenseits des sender- (oder kabel-)gebundenen Fernsehens und der häuslichen Umgebung positionieren. Damit wird die Verbindung zwischen HDTV-Geräten und den vermeintlich maskulinen Bereichen von Spielfilmen (wie zum Beispiel dem Action-Blockbuster), Hardcore Gaming und Sport naturalisiert, als handle es sich dabei um zwangsläufige und exklusive Aufgabenbereiche des Fernsehens.

Die Verbindung von Flachbildschirm und Maskulinität ist auch in Werbebeilagen, zum Beispiel von Sonntagszeitungen, zu finden. In Anzeigeblättern für Supermärkte werden HD-Fernseher üblicherweise im Verbund mit anderen Medienprodukten vermarktet, wie Spielkonsolen und Spielen, Empfangstechnologien (Satellitenempfänger, Kabeldiensten, TiVo) und insbesondere neuen DVDs. Bezeichnenderweise sind auf den in diesen Werbebroschüren dargestellten Bildschirmen nie Programme – wie z.B. Talkshows, Komödien, Trickfilme, Soap Operas – zu sehen, die eher weibliche, jugendliche oder ‹Unterschichten›-Zuschauer adressieren. Manchmal sind Sportbilder zu sehen, zum Beispiel während der Football-Playoffs, doch meistens handelt es sich um Bilder von Konsolenspielen und Hollywoodfilmen. Indem der Flachbildfernseher als Gerät für Aktivitäten wie Filmeschauen oder Wii-Spielen beworben wird, unterstreicht die Werbung seine vielfältigen Funktionen und verstärkt dadurch den Unterschied zwischen der alten und der neuen Konzeption von Fernsehen. Die typischerweise beworbenen Filme gehören zu Genres, die den technischen Fortschritt des HD-Heimkinos zur vollen Geltung bringen, insofern sie eine durchdachte Bild- und Tongestaltung, ausgefeilte CGI-Effekte und Action-Sequenzen aufweisen. Es handelt sich um Filme wie Iron Man 2 [Jon Favreau, USA 2010], die eher zu den maskulinen Genres zählen und die von Anfang an zur Legitimation des Heimkinos für Männer dienten.[26] Im Einzelhandel wie in der Werbung verliert das Fernsehen somit seine angestammte Identität als Empfänger von Fernsehsendungen; stattdessen wird das Medium zunehmend in Konvergenz mit Videospielen und dem Kino präsentiert.

Während Gaming und Actionfilme einen Teil der neuen kulturellen Assoziationen des Fernsehens ausmachen, richten sich andere Marketingdiskurse an sozial höher gestellte (oder nach oben strebende) Kon-

25 Bernadette Flynn (2003) Geography of the Electronic Hearth. In: *Information, Communication and Society* 6, 4, S. 551–576.

26 Klinger 2006.

sumentengruppen, insbesondere indem sie die ästhetischen Möglichkeiten der neuen Geräte hervorheben. So werden TV-Geräte in der Werbung regelmäßig mit der Welt der Künste in Verbindung gebracht, so zum Beispiel in Spots, die durch ihre eindrucksvolle, ja geradezu poetische Bildgestaltung und ihre ausdrucksstarke Musik eine ästhetische Lesart stimulieren. Werbespots für Sonys Bravia-Produktserie zeigen z.B. explodierende Farben, die städtische Straßenzüge überziehen, geschmackssicher unterlegt mit schwedischem Indie-Folk (*Heartbeats* von Jose González). Diese ästhetisierenden Marketingstrategien unterstreichen, dass die Geräte, wie Lynn Spigel vermerkt, nicht bloß «high-tech», sondern auch «high art» sind.[27] In ähnlicher Weise verwendet die Werbung für Sharps Aquos-Produktserie Musik von Jonathan Elias, einem klassisch ausgebildeten Filmmusikkomponisten. Zu sehen sind Menschen in einer Stadt, die mit geschlossenen Augen ihren Alltagsgeschäften nachgehen. Die letzte Einstellung zeigt eine junge Frau in einem Museum, die vor einem riesigen Gemälde ihre Augen öffnet. Daraufhin löst sich das Bild in die bildschirmfüllenden Worte «see more» auf, die ihrerseits einem rotierenden Aquos-TV-Gerät Platz machen. Der Spot verspricht uns eine neue Form visueller Wahrnehmung, von der wir gar nicht wussten, dass sie uns fehlte; er verspricht den Zugang zu einer Dimension ästhetischen Erfahrung, die wir nicht wahrnehmen konnten, bevor das Sharp TV-Geräte uns die Augen öffnete. In solchen Werbekampagnen werden HDTV-Geräte als Eliteobjekte präsentiert; dies suggeriert, dass der Ankauf eines solchen Geräts unsere Kennerschaft und unseren elitären Geschmack bekräftigt. Die Geräte werden klar von den «schwarzen 4:3-Plastikkisten» der Analog-Ära unterschieden und ihre Besitzer von jenen Massen abgehoben, die nicht in der Lage sind, das künstlerische Potenzial der neuen TV-Geräte zu würdigen.[28]

27 Lynn Spigel (2008) *TV by Design. Modern Art an the Rise of Network Television.* Chicago: Chicago Univ. Press, S. 1.

28 Leah Garchik (2008) Stand Up Tall and Pull That TV out of the Closet. In: *San Francisco Chronicle* v. 30.08.1998, S. 2.

Der neue Fernseher im Haus

Die Maskulinisierung und kulturelle Aufwertung der HD-Technik hatten einen erheblichen Anteil an der Durchsetzung der neuen Geräte; sie beeinflussen aber auch maßgeblich die Aushandlungen darüber, welchen Platz die Geräte in den Haushalten einnehmen. War der heimische Fernsehapparat schon immer Gegenstand von Geschlechterkonflikten, brachen mit dem Auftauchen der neuen Geräte altbekannte Konflikte und Widersprüche wieder auf. 2009 ging es in einer Sendung von Today beispielsweise darum, wie Elektronik in die Raumausstattung integriert werden kann; dabei wurde deutlich, dass der neue Fernseher eine über Geschlechterzuschreibungen definierte Spannung zwischen Hardware und häuslicher Sphäre erzeugt. So bezeichnete die Gastgeberin Natalie Morales das Aufstellen eines neuen Flachbildfernsehers als Sache, «die Männer und Frauen äußerst unterschiedlich einschätzen». Im Laufe der Sendung zeigte sich, dass die Entscheidung über die Platzierung eines Flachbildfernsehers nicht nur eine Stilfrage ist, sondern auch Anlass bietet, die veränderte kulturelle Position des Fernsehens zu reflektieren. HDTV-Geräte werden zu einem Problem, wenn es darum geht, die Maßstäbe des ‹guten Geschmacks› in der Inneneinrichtung auf den neusten Stand zu bringen, da sie als maskuline Eindringlinge in einen als weiblich geltenden Bereich gesehen werden. Ob der neue Fernseher zu einem Ehestreit oder gar zum Kampf der Geschlechter führt, der Konflikt – so suggerierte die Sendung – müsse durch kreative Konzeptionen und Entscheidungen überwunden werden.

In einem Bild aus dem Sharp-LCD-Katalog von 2007 (Abb. 1) verdichtet sich die über Geschlechterzuschreibungen definierte Spannung, die mit der Einführung des neuen Fernsehens in die häusliche Sphäre einhergeht: Ein weißes, erwachsenes, heterosexuelles Paar sitzt in einem modern und geschmackssicher eingerichteten Wohnzimmer und schaut sich ein Baseballspiel auf einem neuen Sharp-Fernseher an. Der Mann hat seinen Arm um die Frau gelegt und drückt sie an sich; gemeinsam genießen sie das Sporterlebnis. Dieses Bild schlägt weiblichen Kunden vor, den neuen Fernsehapparat als ein elegantes Designobjekt zu begreifen, das einerseits verspricht, Maskulinität zu domestizieren und die häusliche Sphäre zugleich mit männlichen Attributen ausstattet, indem nämlich der neue Fernsehapparat mit seinen auf den männlichen Zuschauer ausgerichteten Inhalten in das heimische Wohnzimmer integriert wird.

Vor der HD-Ära hatte das Wohndesign das Fernsehgerät aus dem Blickfeld verbannt. In den 1990er und frühen 2000er Jahren wurden

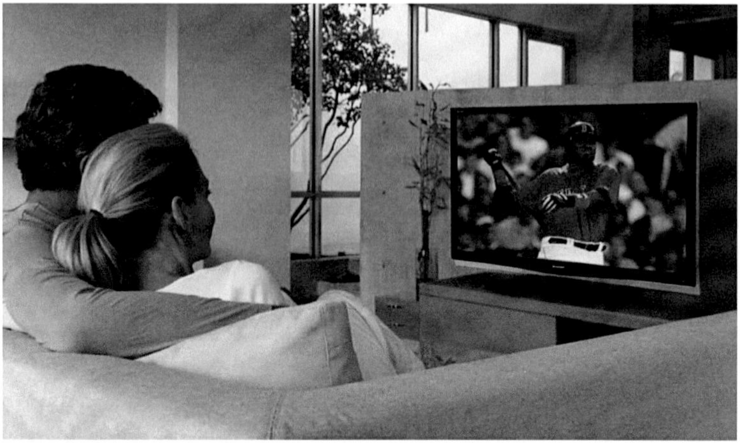

1 Sharp LCD TV, Katalog 2007

4:3-Röhrenfernseher hinter Schranktüren versteckt – ein Platz für das große Elektrogerät, auf den man sich im wohlgestalteten Wohnbereich einigen konnte. Dieses Mobiliar eignet sich jedoch nicht zum Verbergen eines breiten und flachen Bildschirms, mehr noch: das Verstecken des neuen Geräts würde dem Zweck des demonstrativen bzw. aufstiegsorientierten Konsums geradezu zuwider laufen. Soll der Fernsehapparat als eigenständiges, visuell attraktives Objekt zur Geltung kommen, darf er gerade nicht vollständig verborgen werden. Besitzer der neuen Fernsehgeräte bemühen sich daher um subtilere Formen von Sichtbarkeit; so soll verhindert werden, dass die Geräte – schon allein aufgrund ihrer Größe – übermäßig viel Aufmerksamkeit auf sich ziehen und das Gesamtkonzept des Innendesigns beeinträchtigen. Eine ‹Lösung› für dieses Designproblem bietet z.B. Bestå von IKEA (Abb. 2), ein minimalistisches Schrankensemble, dessen Schiebetüren das Gerät nach Belieben kaschieren oder aber zur Schau stellen können. Dieses Spiel mit der sichtbaren und unsichtbaren Hardware bildet ein wiederkehrendes Thema in Innendesigns, die sich um die Integration des Fernsehen in die häusliche Umgebung bemühen, und übernimmt eine zentrale Funktion des herkömmlichen Fernsehschranks.

Fernsehtechnik wird kulturell noch immer als hässlich und schambesetzt konstruiert und das Verstecken des Fernsehers verleugnet zugleich das Ausmaß der Zeit, die im blauen Dämmerlicht verbracht wird. Die hochauflösende Fernsehtechnik bedeutet aber auch die Neuerfindung des Fernsehens als modernes und erstrebenswertes Gadget, als begehrtes Upgrade des alten Röhren-Fernsehers. Das maskuline Ideal des neuen Fernsehens fügt sich allerdings nicht reibungslos

2 Bestå, Ikea Katalog 2011

in die genderbestimmte Ästhetik des Wohnzimmers. Der Wunsch, den Flachbildfernseher gleichzeitig zu verbergen und zur Schau zu stellen, zeugt von einer Spannung zwischen der Begeisterung für die Neuerfindung des Fernsehens als legitimes, männlich definiertes HDTV-Gerät einerseits und einer gewissen Ambivalenz gegenüber der Einbindung der wuchtigen Hardware in das als weiblich geltende häusliche Umfeld. Die Frage nach der Platzierung des Fernsehapparats wurde natürlich schon früher gestellt, nicht zuletzt beim erstmaligen Einzug des Fernsehers in die Wohnzimmer.[29] Die gegenwärtige Einführung hochauflösender Flachbildschirme akzentuiert jedoch die Geschlechterzuschreibungen, die mit den Abstimmungen zwischen männlich definierter Heimelektronik und den feminisierten Bereichen von Geschmack, Stil und Innenausstattung einhergehen.

Die zwei meistpraktizierten Varianten zur Integration von Flachbildfernsehern in das Wohnzimmer sind, sie an die Wand zu hängen oder auf ein Möbelstück zu stellen. Zeitschriften für Inneneinrichtung

29 Spigel 1992.

und Design raten in ihren Texten und Bildstrecken davon ab, den Fernseher so zu positionieren, dass er übermäßig viel Aufmerksamkeit auf sich zieht. Begriffe wie «diskret» und «verschwinden» verweisen darauf, dass das Fernsehgerät durch Designentscheidungen geschmackvoll eingebunden werden soll, ohne das ästhetische Ensemble zu stören. In einem Bericht in *House & Home: Condos, Lofts & Apartments* finden sich beispielsweise Vorschläge, wie man den Flachbildfernseher gleichsam «in seinen Hintergrund aufgehen» lassen kann oder wie man ihn zwischen Bücherregalen und über Sitzmöbeln an der Wand befestigen kann (ein ziemlich unpraktisches Arrangement), um ihm «Bodenhaftung und größere Unauffälligkeit» zu verleihen.[30] Das Anbringen an der Wand oder der Einbau in Bücherschränke ermöglichen es, den Fernseher trotz seiner Sichtbarkeit zu verbergen und dabei seinen Status als ästhetisches Objekt zu betonen, das angeschaut werden soll und nicht mehr nur Apparatur ist. Unterstrichen wird dieser Effekt insbesondere durch das Verbergen der Kabel hinter Wänden und Möbelstücken (wodurch dem Fernseher der Status einer Elektronikapparatur symbolisch genommen wird) sowie durch die Ausstellung des Fernsehers als «Wandkunst».

Elegantes, hochpreisiges Wohndesign demonstriert mitunter die harmonische Vereinbarkeit von neuem Fernsehen und moderner Ästhetik. So zeigt *House Beautiful* ein modern eingerichtetes Landhaus: In einem makellos weißen Wohnzimmer ist über dem Kamin, umgeben von gerahmten Bildern, ein Flachbildschirm angebracht. Auf dem Bildschirm ist ein Schwarzweißbild aus der glamourösen Studiozeit Hollywoods zu sehen (Abb. 3). Der Fernseher wird hier als Kunstwerk eingebaut, wobei weder Kabel zu sehen sind, noch eine Quelle, die den Bildinhalt liefert.[31] Die Integration des Fernsehgeräts als Objekt, das aufgrund seines eigenen Wertes betrachtet zu werden verdient und das nicht als technisches Gerät verborgen werden muss, ästhetisiert nicht nur die Hardware, sondern schafft zudem ein neues Verständnis von Fernsehen.

Viele kommerzielle Lösungen der mit Genderimplikationen einhergehenden Debatte über die Positionierung des Bildschirms im Wohnzimmer tragen zur Bekräftigung der maskulinen Assoziationen bei, die sich aus der Definition von HDTV-Geräten als komplexe Technolo-

30 Prime Time: Conceal or Reveal? Design Solutions for Working a TV into Your Condo. In: *House and Home: Condos, Lofts & Apartments* 8, 2 (Herbst 2010), S. 20.

31 Lisa Cregan (2010) Modern and Easy: Spiffing Up a 1950s Birmingham Cottage from So-So to Oh-So-Sleek. In: *House Beautiful*, Oktober 2010, S. 122–131.

3 Flachbildschirm als gerahmtes Kunstwerk im Wohnzimmer, aus *House Beautiful*, Oktober 2010

gie ergeben. Sie bieten häufig technische Lösungen an, so dass der feminisierte Bereich der Inneneinrichtung zunehmend in den maskulinisierten Bereich des Handwerks und der Gerätetechnik verschoben wird. Wenn also etwa der Einrichtungskompromiss darin besteht, den Flachbildschirm an die Wand zu hängen, folgt oft eine Diskussion über die geeigneten Aufhängetechniken (Balkensucher, Konsolenträger etc.). Beim Neu- oder Umbau von Häusern oder Wohnungen erfinden Bauunternehmer komplizierte Problemlösungen, um den Fernseher, die Lautsprecher und andere Komponenten in den Raum einzubauen.[32] Manchmal besteht die Lösung von Konflikten in technischen ‹Spielereien›; so werden beispielsweise Lifte installiert, die den Fernseher aus einem Schrank heben, drehbare Medienzentren – mit dem Fernseher auf der einen und Bücherschränken auf der anderen Seite – gebaut oder Abdeckplatten angebracht, die sich per Fernbedienung vor den an die Wand montierten Fernseher schieben lassen. Jede dieser Lösungen reagiert auf ein ästhetisches Problem, doch dies geschieht mit Hilfe technischer Tricks, die insbesondere jene begeistern und beeindrucken, die den Flachbildschirm wegen seiner technischen Leistungsfähigkeit schätzen. Solche Vorrichtungen neutralisieren die ästhetische Bedenken, die in der Regel Frauen zugeschrieben werden,

32 Vgl. z.B. A TV Complicates the Mantelpiece: Tips on Trim Details and New Design Tools from a Big Project. In: *Tauton's Fine Homebuilding* 186 (2007), S. 86–91.

und steigern zugleich das als männlich geltende Vergnügen am technischen Spielzeug.

Das neue Fernsehen ist nicht nur von Genderkategorien geprägt, sondern auch von Klassen- und Geschmackskonzeptionen durchdrungen, durch die das Fernsehen seinen traditionellen Status als Massen- und Unterschichtenmedium hinter sich lässt. Auch wenn die aktuellen Bemühungen, den Flachbildschirm zu verbergen, als Versuch erscheinen, den Fernseher in das Reich der Deklassierten und Geistlosen abzuschieben, so war dies durchaus nicht immer der Fall. Als die Geräte erstmals auf den Markt kamen, waren sie aufgrund ihrer hohen Kosten nur für reiche Kunden erschwinglich. Ein Flachbildfernseher war ein Statussymbol, mit dem man protzen konnte. Zur Steigerung seiner Bedeutung platzierten seine Besitzer Einrichtungselemente um den Fernseher herum, umgaben ihn mit gerahmten Fotografien oder montierten ihn wie eine Fahne auf einen Mast.[33] Mit den sinkenden Preisen und der zunehmenden Verbreitung von HDTV-Geräten ist sein Status allerdings vieldeutiger geworden. Die anfängliche Begeisterung der Innenausstatter, die Geräte an die Wand – gewöhnlich über den Kamin – zu hängen, ist inzwischen Zweifeln gewichen. Zum einen geht es um den eingeschränkten Komfort beim Betrachten eines Fernsehgeräts, das sich erheblich über der Augenhöhe befindet, zum anderen um die Sicherheit elektronischer Geräte über einer wärmeerzeugenden Quelle wie dem Kamin.[34] Es herrscht indes Übereinstimmung darin, dass die Kabel, die den Fernseher versorgen, unbedingt zu verstecken sind, will man das Gerät über dem Kamin montieren. Zahlreiche Produkte wurden hierfür entwickelt, wie z.B. ein Geräterahmen, der die metaphorische Rede vom HDTV-Fernseher als Kunstwerk wörtlich umsetzt, indem er ihn wie ein Ölgemälde inszeniert – und zwar nicht nur dadurch, dass er an die Wand gehängt und gerahmt wird, sondern auch durch seine Nutzung zur Ausstellung von Kunstreproduktionen. So bietet *Comcast* seinen Abonnenten *Gallery Player* an, einen Video-on-demand Service mit Abbildungen von Gemälden und Fotografien, die auf dem Bildschirm jeweils eine Minute lang zu sehen und mit

33 Amy Goldwasser (2002) Where to Put a TV So Big That It's on When It's off. In: *New York Times* v. 31.01.2002, S. F1; Madeleine McDermott Hamm (2001) At Long Last, TV Can Show Its Face. In: *Houston Chronicle* v. 11.03.2001, S. TM6.

34 Stephwebb: Flatscreen TV over Fireplace - Ideas For Making it Look Nice? In: *Threat GardenWeb.com* v. 25.02.2006 [http://ths.gardenweb.com/forums/load/homeentertain/msg0219112810437.html]

Musik unterlegt sind. Das Flachbildgerät wird somit zum Medium der Kunstpräsentation.[35]

Diese Vorrichtungen mit ihren technischen Tricks versehen das neue Fernsehen mit Merkmalen, die für männlichen Stolz und technische Raffinesse stehen. Darüber hinaus setzen sie – wie im Fall des Kunstbildschirms – konventionell-konservative Geschmacksmarkierungen ein, die das Fernsehgerät überformen. So lässt sich daran weniger die kulturelle Wertschätzung von Kunstobjekte an sich ablesen, als vielmehr das Streben der Mittelschicht nach einem imaginierten Ideal von Kultiviertheit, wie es gemeinhin der Oberschicht zugeschrieben wird. Während manche Firmen, die solche Dienste anbieten, kunsthandwerkliche Elemente nutzen, arbeiten die meisten mit einem Fundus von Reproduktionen, größtenteils von traditionellen Landschaften, religiösen Szenen und Stillleben. Diese Systeme sind nicht für ernsthafte Kunstsammler oder überdurchschnittlich reiche Kunden gedacht, sondern zielen auf eine Gruppe, die Marketingfachleute demographisch «new mass affluent» (oberes Segment des Massenmarktes) nennen. Damit sind diejenigen gemeint, die genug Geld haben, sich teure Unterhaltungselektronik zu kaufen (ebenso wie teure Möbel, um diese zu verstecken), deren Geld jedoch verdient und nicht geerbt ist, und deren Geschmack eher ‹Masse› als ‹Klasse› ist.[36] Das in bestimmten Bevölkerungssegmenten anzutreffende Bedürfnis, den Flachbildfernseher zu verstecken, könnte also mehr mit (verlagerten) ökonomischen und sozialen Aufstiegsbestrebungen zu tun haben als mit einer spezifischen Abneigung gegenüber dem Fernsehen. Zwar verdeutlicht die weite Verbreitung von TV-Versteck-Vorrichtungen, dass die Ambivalenz hinsichtlich des kulturellen Status des Fernsehens weiterhin Bestand hat, doch die alltäglichen Aushandlungen der Frage, wie sehr man sich heutzutage fürs Fernseh-Schauen zu schämen hat, weisen zumindest darauf hin, dass der Status des Mediums derzeit einen Wandel durchläuft.

35 Glen Dickson (2006) Comcast's High-Def Art Gallery. In: *Broadcasting and Cable* v. 13.11.2006, S. 23.

36 The Nielsen Company (2008) *Affluence in America: America's Changing Wealth Landscape*, Mai 2008.

Der Inhalt von *widescreen*

Ebenso wie sich alte und neue Fernsehgeräte unterscheiden lassen (klobige Röhrengeräte vs. schnittige Flachbild-HD-Fernseher), gibt es auch im Hinblick auf die Inhalte ein Vorher und Nachher, wobei die Unterscheidung nicht nur die Bildqualität betrifft, sondern auch das Seitenverhältnis des Bildes. Durch das Breitbildformat 16:9, Standard für Flachbildgeräte, rückt die Identität des Fernsehens in die Nähe des Kinos; es verdeutlicht die Konvergenz beider Medien, insofern sich der breite Fernsehbildschirm besser zur Wiedergabe von Kinofilmen eignet und Fernsehsendungen – zumindest was das Bildformat angeht – inzwischen kinoähnlicher geworden sind. Interessanterweise geht der Übergang von einem fast quadratischen (4:3) zu einem breiten (16:9) Fernsehbild der Verbreitung von HDTV-Geräten voraus und nimmt die Umstellung von der alten auf die neue Hardware somit schon vorweg. Bereits in den späten 1990er und frühen 2000er Jahren – als beinahe jeder noch ein 4:3-Röhrengerät besaß – lernten die Fernsehzuschauer Breitbildformate kennen. Die Allgegenwart von Breitbildformaten im Fernsehen, noch bevor sich Flachbildschirme etabliert hatten, führte den Zuschauern die Unzulänglichkeit ihrer Fernsehgeräte vor Augen und kurbelte die Nachfrage nach optimierten Geräten für die besseren Bilder an.

Als der Fernsehsender NBC das Ärztedrama ER (Emergency Room, 1994–2009) als erste seiner Sendungen in *widescreen* ausstrahlte, war die Serie schon in der siebten Staffel und stand in den Nielsen Ratings vom November 2000 auf Platz 1.[37] Die Sendung lief mit horizontalen schwarzen Balken am oberen und unteren Rand des 4:3-Standardbildes, in einem Format, das ‹letterbox› genannt wird. In der Presse wurden die visuellen Effekte des neuen Formats in den höchsten Tönen gelobt. Gegenüber einem Reporter von *USA Today* pries der verantwortliche Produzent der Show, Richard Thorpe, das neue breite Bild als «ansprechende Form für den menschlichen Geist» und verglich es mit griechischer Architektur.[38] Der Fernsehkritiker der *Washington Post* erklärte in seiner Beschreibung der Unterschiede zwischen dem konventionellen 4:3-Fernsehformat und dem breiteren Format innerhalb des 4:3-Bildfeldes, dass viele Zuschauer längst mit dem neuen Format vertraut seien, da sie Breitwandfilme bereits auf DVDs, Laserdiscs und

37 Es handelt sich um die Episode The Visit, die am 16.01.2000 ausgestrahlt wurde.
38 Bill Keveney (2000) ER Says Widescreen Format Is Here to Stay. In: *USA Today* v. 27.12.2000, S. 4D.

VHS-Kassetten anschauen würden. Deutlich gab er seine ästhetische Präferenz für das breitere Bild zu erkennen und betonte, dieses sei «befriedigender und zwingender für das Auge, vielleicht einfach deshalb, weil es dem menschlichen Gesichtsfeld besser entspricht».[39]

ER war allerdings nicht die erste Fernsehsendung, die im *widescreen* ausgestrahlt wurde; zu den Programmen, die ihr vorausgingen, zählte unter anderen THE X-FILES [Fox, 1993–2002]. Die Episode TRIANGLE (EA: 22.11.1998) griff einen Erzählstrang des Kinofilms THE X-FILES: FIGHT FOR THE FUTURE [Rob Bowman, USA 1998] auf und evozierte mit der Verwendung von Split-screen und Sequenzen im Breitbildformat den visuellen Stil eines Kino-Spin-offs.[40] Selbst wenn Fernsehzuschauer um die Jahrtausendwende noch nicht mit Breitwand-Videoversionen von Kinofilmen vertraut waren, kannten sie das Letterbox-Bild aus der Werbung und von Musikvideos.[41] 1999 beschrieb *Advertising Age* das Letterbox-Format als «look du jour» der Werbung und erklärte seine Wirkung damit, dass es Assoziationen mit ausländischen, unabhängigen und «bedeutsamen» Filmen hervorrufe. Letterbox-Formate würden die Arbeiten der Werbeagenturen «filmischer» aussehen lassen und Werbespots «mit dem Look und der Haptik eines Spielfilms» versehen.[42]

Motiviert wurde der Wechsel vom Fernsehvollbild zum geschrumpften Letterbox-Bild durch die Verknüpfung des Bildformats mit spezifischen Bildinhalten und dem ihnen zugeschriebenen, kulturellen Wert. So vollzog sich die Unterscheidung zwischen gewöhnlichem und gehobenem Inhalt über die Assoziation von Breitbildformat und Kinospielfilmen einerseits sowie jene von 4:3-Format und typischen Fernsehinhalten andererseits. Ausgewählte Sendungen wurden im *widescreen* produziert, doch die große Mehrheit der Sendungen (Talk, Nachrichten, Sportprogramme, Sitcoms, Cartoons) blieb beim 4:3-Vollbild.

Auch von den Zwischensequenzen in Videospielen, d.h. den nichtinteraktiven Szenen aus immersiven, narrativen Spielen, war das Letterbox-Format vielen Fernsehzuschauern bereits bekannt.[43] Hier die-

39 Tom Shales (2000) Vital Signs: ER Still Full of Life. In: *Washington Post* v. 16.11.2000, S. C01.

40 Bill Carter (1998) X-FILES Tries to Keep Its Murky Promise. In: *New York Times* v. 7.11.1998, S. B7.

41 MTV-Videos wurden in den 1990er Jahren oft im Letterbox-Format hergestellt. Vgl. dazu Ann Sherber (1997) Letterboxing Spreads Its Horizons: Studios Find Growing Acceptance of Format. In: *Billboard* v. 25.01.1997.

42 Anthony Vagnoni (1999) Out of the Box. In: *Advertising Age* v. 8.11.1999.

43 Sacha A. Howells (2002) Watching a Game, Playing a Movie. When Media Collide. In: *Screenplay. Cinema/videogames/interfaces*. Hg. v. Geoff King & Tanya Krzywinska. London: Wallflower, S. 110–121, 118.

nen die horizontalen schwarzen Balken weniger dazu, die Videospiele vom Fernsehen zu unterscheiden, sondern vielmehr als Signal an den Spieler, das Spielen einzustellen und die Zuschauerrolle einzunehmen. Die Konnotationen des filmischen Bildes in Hardcore-Shooter-Spielen setzen das Spielen (in Anlehnung an das Kino) mit Maskulinität gleich und weisen das Breitbildformat gegenüber dem 4:3-Vollbild als Standard für anspruchsvolle, audiovisuelle Kompositionen aus.

In den späten 1990er Jahren war die Umstellung auf breitere Bilder im Fernsehen bereits in vollem Gange und in den 2000er Jahren liefen immer mehr Fernsehsendungen in Formaten, die nur wenige Jahre zuvor ausschließlich für Kinofilme benutzt worden waren. Bis zu diesem Zeitpunkt war auf (US-amerikanischen) Fernsehbildschirmen kaum etwas anderes als Bilder im 4:3-Format zu sehen. Während Fernsehsendungen bereits in diesem Seitenverhältnis aufgenommen wurden, mussten Kinofilme entsprechend angepasst werden. Hierfür wurden sie entweder an den Rändern beschnitten oder im Letterbox-Format gezeigt, wobei keines der beiden Verfahren ideal war: Während beim Zuschneiden Bildelemente verloren gehen (was teilweise durch ‹Pan-und-Scan› kompensiert wird), bleibt das Bild beim Letterboxing zwar vollständig erhalten, schrumpft jedoch erheblich. Je nach Größe des Bildschirms waren dadurch Details nicht mehr sichtbar, die in einer zugeschnittenen 4:3-Version noch zu erkennen waren.

Bildschirmfüllende Filmversionen waren bis Mitte der 1990er Jahre nicht nur bei den Networks und Kabelanbietern, sondern auch auf Videokassetten gebräuchlich – und prägten damit die wichtigsten Medien, über die Kinofilme zu Hause geschaut wurden. Die zu Beginn der 1980er Jahre eingeführte Laserdisk war zwar das bevorzugte Heimvideo-Medium für Techno- und Cinephile, konnte sich bei einem breiteren Publikum jedoch nicht durchsetzen. Um dem Geschmack der Kenner zu bedienen, wurden Laserdisks im Gegensatz zu VHS-Bändern in Letterbox-*widescreen* angeboten.[44] Besonders in den 1990er Jahren entwickelte sich ein Diskurs ästhetischer Differenzierung im Zusammenhang mit dem Letterbox-Format, das als Alternative zum Pan-and-Scan-Verfahren galt und von dem behauptet wurde, es könne einen Film gemäß der Intention des Filmkünstlers wiedergeben.[45] *Widescreen*- und Vollbild-Videotransfers wurden also nicht als

44 James Kendrick (2005) Aspect Ratios and Joe-Six-Packs. Home Theater Enthusiasts' Battle to Legitimize the DVD Experience. In: *The Velvet Light Trap* 56, S. 58–70.

45 James Kendrick (2001) What is the Criterion? The Criterion Collection as an Archive of Film as Culture. In: *Journal of Film and Video* 53, 2/3, S. 124–139.

gleichermaßen problematische Kompromisse angesehen, wenn es um die Anpassung von Kinofilmen für den Heimgebrauch ging. Sie wurden vielmehr in einer Hierarchie angeordnet, welche eine Option für Connoisseure und eine zweite Option für alle anderen anbot.[46]

Das Aufkommen von *widescreen*-Fernsehen um die Zeit, als auch ER im Letterbox-Format ausgestrahlt wurde, stand mit dem zunehmenden öffentlichen Bewusstsein für Bildformate sowie dem Wunsch in Zusammenhang, diese beim Überspielen auf Video zu erhalten. Als die DVD 1997 auf dem amerikanischen Markt eingeführt wurde, pries die Presse die Vorteile der neuen Technologie in den höchsten Tönen. Dabei wurde nicht zuletzt die Möglichkeit hervorgehoben, einen Film auf einer einzigen Disk in verschiedenen Versionen, d.h. als bildschirmfüllendes Vollbild oder auch in *widescreen*, anbieten zu können, um die Wahl des Formats somit den Konsumenten zu überlassen. Auch in diesem Zusammenhang wurde das Letterbox-Bild diskursiv als kulturell und ästhetisch hochwertigere Form der Bildgestaltung konstruiert. Mit der Übernahme des Letterbox-Formats zielten Fernsehserien wie ER und THE SOPRANOS [HBO, 1999–2007] darauf, sich Formen der audiovisuellen Kultur zuzuordnen, die als ästhetisch wertvoll etabliert waren. Die schwarzen Streifen plädierten für eine gesteigerte Form kultureller Billigung, und zwar nicht von Fernsehen *per se*, sondern von solchen Formen des Fernsehens, die nach kultureller Legitimation strebten. Die Übernahme des Letterbox-Formats – vor allem bei Sendungen, die erwachsene, männliche Zuschauer aus der Ober- und Mittelschicht adressieren – erfüllt eine ideologische Funktion, insofern sie männliche sowie gehobene Geschmacksvorstellungen privilegiert.

Neben den ästhetischen Gründen waren die neuen, breiten Fernsehbilder auch das Produkt ökonomischer Überlegungen. Etwa zur gleichen Zeit, als 16:9-Geräte für Konsumenten verfügbar wurden, verlagerte sich die Fernsehproduktion zunehmend auf Sendungen in *widescreen* (sowie auf Formate, die sich gut in HD umwandeln ließen), obwohl die Networks zunächst äußerst zurückhaltend waren, diese im Standardsystem (d.h. nicht in HD) auszustrahlen. Vielmehr geschah dies mit Blick in die Zukunft: Produzenten wussten, dass ihre Sendungen in der späteren Videoauswertung oder in Wiederholungen auf neuen Breitbildfernsehern zu sehen sein würden. Sendungen im Letterbox-Format für 4:3-Bildschirme zu produzieren, erfüllte somit die Funktion, die Fernsehzuschauer auf eine Aufrüstung der Hardware

46 Seth Goldstein (1998) Picture This: New DVD Owners May Not Prefer Extra Features Now, But That Could Change. In: *Billboard* v. 5.12.1998.

vorzubereiten, die den optimierten Bildern entspräche und diese besser zur Geltung bringen würde.

Noch bis Mitte der 2000er Jahre wechselten die Bildformate im Fernsehprogramm quasi stündlich. Auch wenn sich HD-Geräte zunehmend etablierten, benutzten zahlreiche Zuschauer weiterhin 4:3-Röhrengeräte, auf denen das Bild nicht im Letterbox-Format zu sehen war. Deshalb wurden bei der Fernsehproduktion häufig mehrere Bildformate hergestellt. Wichtige Handlungselemente und Grafiken blieben jedoch in einer ‹sicheren› Zone, d.h. in gewissem Abstand zum Bildrand. Wurden Sendungen Anfang der 2000er Jahre mit Blick auf eine zukünftige Durchsetzung von *widescreen* produziert, so blieb es den Fernsehsendern überlassen, in welchem Format sie diese ausstrahlten. Während Kameraleute und Produzenten das Breitbildformat vorzogen, zögerten die Networks mit dem Einsatz von Letterboxing. So wurden beispielsweise die ersten beiden Staffeln von The Sopranos noch bildschirmfüllend ausgestrahlt, bevor sich David Chase gegen HBO durchsetzte und die Serie im Letterbox-Format gezeigt wurde.[47] Noch 1999 hatten HBO-Umfragen gezeigt, dass viele Zuschauer gegen das Letterbox-Format waren, was sich um 2001 jedoch zu ändern schien.[48] Die Agentenserie Alias [2001–2006] wurde in 16:9 produziert, aber in 4:3 ausgestrahlt. Während sich alle an der Produktion der Show Beteiligten – vom Cutter bis zu den Managern des Senders – die Muster und das fertige Original im Letterbox-Format anschauten, bekamen die Fernsehzuschauer ein 4:3-Bild zu sehen, denn ABC war nicht bereit, eine Breitbildversion auszustrahlen.[49] Zur gleichen Zeit plädierten Kameraleute und andere *Creatives* von Qualitätsserien wie Felicity [WB Television Network, 1998–2002], The West Wing [NBC, 1999–2006] und Boston Public [Fox, 2000–2004] für die Produktion in *widescreen*, wurden von ihren Networks jedoch daran gehindert, weil diese befürchteten, ihre Kunden zu verärgern oder gar zu verprellen.[50] So äußerte Bob Zitter, Vizepräsident von HBO, 2001 gegenüber der *Variety*: «Die Leute mögen keine kleineren Bilder».[51]

47 John Dempsey (2001) Letterboxing Format: A D.P.'s Delight. In: *Variety* v. 18.04.2001.

48 Eric Rudolph (1999) Mob Psychology. In: *American Cinematographer* 80, Oktober 1999, S. 62–64.

49 Jean Oppenheimer (2002) Espionage 101. In: *American Cinematographer* 83, November 2002, S. 84–89.

50 Stephanie Argy (1999) Big City Girl. In: *American Cinematographer* 80, Februar 1999, S. 76–78; Jean Oppenheimer: The Halls of Power. In *American Cinematographer* 81, Oktober 2000, S. 74–83; Dempsey 2001.

51 Dempsey 2001.

Bei den Sendungen, die mit schwarzen Balken gezeigt wurden, handelte es sich um Programme, die erfolgreich genug waren, um den Verlust einiger Zuschauer in Kauf nehmen zu können, und deren Zuschauer darüber hinaus als gebildet genug galten, um die aufwertende Bedeutung des *widescreen*-Bildes zu würdigen. So befand der NBC-Produzent Jeff Zucker, dass sich sein Sender eine Letterbox-Version von ER erlauben konnte, weil die Sendung «eine Klasse für sich» sei,[52] und der Produzent John Wells bemerkte, dass Letterboxing seine Sendung als hochklassig und außergewöhnlich markiere, so wie die zeitgenössische Werbung mit diesem Verfahren ähnliche Wirkungen erziele.[53] 2001 ging THE WEST WING im Letterbox-Format auf Sendung, ebenso wie ANGEL [The WB, 1999–2004]. Es ist bemerkenswert, dass in all diesen Fällen nicht etwa die Veränderung der Bildgestaltung zur Statusaufwertung führte, sondern dass den meisten Zuschauern die Umformung des Fernsehbildes durch die schwarzen Balken auffiel. Das Letterbox-Format – nun von DVDs bekannt – führt Konnotationen von Kino, Kunst und Legitimität mit sich. Eine Serie wie THE SOPRANOS gefiel jedoch nicht nur wegen der Letterbox-Bilder (ab 2001), sondern auch aufgrund der filmischen Qualitäten, die die Sendung demonstrativ zur Schau stellte. Die Kameraarbeit wurde oft mit Gordon Willis' Kameraführung in THE GODFATHER [Francis Ford Coppola, USA 1992] verglichen, die zentralen narrativen Elemente mit Gangster- und Mobfilmen wie GOODFELLAS [Martin Scorsese, USA 1990] – so analysiert Mafioso Paulie in der ersten Staffel geradezu selbstreflexiv den Aufbau und die Inszenierung einer Hinrichtungsszene in THE GODFATHER.[54]

In den späten 2000er Jahren wurde 16:9 das Standardformat für anspruchsvolle visuelle Inhalte, unabhängig davon, ob für HD-Fernseher, Internetvideos oder Mobilgeräte. Die Standardisierung von *widescreen* ist von zentraler Bedeutung für die ästhetische Konvergenz von Film und Fernsehen und dürfte Unterschiede auf der visuellen Ebene beider Medien bald zum Verschwinden bringen. Hulu, iTunes, offizielle Senderwebseiten, YouTube und andere internetbasierte Distributionskanäle bevorzugen *widescreen* sowohl bei Film- als auch bei Fernsehbildern. DVD-Boxen-Sets von Fernsehserien wie ER zeigen komplette Staffeln im Breitbildformat, auch wenn diese bei ihrer Erstausstrahlung so nicht zu sehen waren (womit bewiesen ist, dass der ‹Schutz

52 Ibid.
53 Eriq Gardner: Open Wide: Why THE SOPRANOS and ER Put Those Black Bands across Your Screen. In: *Slate* v. 06.02.2002 [http://www.slate.com/id/2061664/].
54 Rudolph 1999.

der Zukunft› eine hellsichtige Strategie war). Viele mobile Videogeräte haben *widescreen*-Dimensionen (Apples *iPhone* und *iPod touch* haben zwar kein 16:9-Seitenverhältnis, aber ein breites 1,5:1 Format), und als 2010 das heiß ersehnte iPad enthüllt wurde, befürchteten Technikenthusiasten, das 4:3-Display könne ein möglicher ‹Dealkiller› sein.[55]

Während verspielte Hightechfreaks, cinephile Ästheten und Heimkino-Aristokraten *widescreen*-Fernseher bevorzugen, um ihr Kunstinteresse und ihr Prestigegefühl zu bestätigen, so ist weniger elitären Konsumentengruppen die Wertmaximierung ihrer Investition in Unterhaltungselektronik vermutlich wichtiger. Die gleiche Zuschauergruppe, die Letterboxing als Bildschrumpfung (und nicht als Bewahrung ästhetischer Integrität) empfand, möchte ihre teueren Flachbildfernseher heute mit *widescreen*-Bildern ausgefüllt sehen. So erklärt sich zweifellos der vertraute Anblick von horizontal gestreckten oder vertikal gestauchten 4:3-Bildern auf 16:9-Bildschirmen, auf denen aufgedunsene Gesichter und verzerrte Bilder zu sehen sind. In der Ära medialer Konvergenzen ist das Kinoformat für viele Konsumenten ebenso wichtig wie die Qualität des Inhalts.

Inhalt in HD

Der Wechsel von 4:3- zu 16:9-Bildern, der mit Werbeanzeigen, Musikvideos, Zwischensequenzen bei Videospielen und anspruchsvollen Primetime-Dramen wie ER begann, nahm eine wesentlich umfangreichere Veränderung des Fernsehprogramms vorweg, die sich hauptsächlich im ersten 2000er-Jahrzehnt vollzog, nämlich der Wechsel vom analogen NTSC-Standard zum digitalen HD-Fernsehen. Dieser Wechsel war kostspielig und technisch komplex, insofern er bei den nationalen Networks ebenso wie bei den lokalen Fernsehsendern die Neuanschaffung von hochentwickelten Geräten für die Inszenierung, Aufnahme, Bearbeitung und Übertragung von Sendungen notwendig machte. HD-Sendungen waren wichtig, um zum Erwerb von HDTV-Geräten zu motivieren, und die breite Einführung neuer Technologien war notwendig, um mit allen Genres – vom Sport über das Drama bis zur Comedy, Gameshow und den Lokalnachrichten – von der Standardauflösung in HD zu wechseln. Unterhaltungselektronik und Medienindustrie förderten in diesem Fall gegenseitig ihre Interessen mit

55 Liz Shannon Miller (2010) Another Potential iPad Dealbreaker: The Aspect Ratio. In: *NewTeeVee* v. 28.01.2010 [http://newteevee.com/2010/01/28/another-potential-ipad-dealbreaker-the-aspect-ratio/].

beiderseitigem Erfolg. Zahlreiche wissenschaftliche, ökonomische und populäre Publikationen hatten den Wechsel zu HD-Fernsehsignalen bereits als vielversprechende Zukunft vorhergesagt. Diese Umstellung wurde häufig nicht nur als Verbesserung des Fernsehbildes dargestellt, sondern als Optimierung des Mediums Fernsehen an sich, das in HD seinen niedrigen kulturellen Status überwinden und mit dem Kino um Legitimität konkurrieren könne. Damit erinnern die Diskurse um die Einführung des neuen Übertragungsformats an die des Einzelhandels, des häuslichen Kontexts und der Programmproduktion. Bei der Einführung von HD wurden Genres und Formate privilegiert, die als maskulin und hochwertig gelten, und die – gerade auch über die Differenz zur Vorstellungen eines alten, degradierten Mediums – die Neukonzeption des Fernsehens als aufgewertetes, legitimes Medium bestätigten.

Ebenso wie der Handel zunächst männliche Erstanwender adressierte, waren auch viele der frühen HD-Sendungen im Vergleich zur ansonsten eher weiblich konnotierten Identität des Fernsehens maskulin geprägt. Zu den ersten verfügbaren HD-Programmen zählten Kinofilme, die zuerst im Kabelfernsehen gezeigt wurden, zum Beispiel auf HDNet oder neueren, von HBO eingerichteten HD-Kanälen. Die Networks strahlten zunächst hauptsächlich Live-Sportsendungen in HD aus, z.B. College und Professional Football, Pferderennen, Tennis und die Olympischen Spiele. Der Sportsender ESPN war hier ein früher Innovator und strahlte zahlreiche HD-Sendungen aus; auch die Sportredaktionen der Networks setzten sich ab 2005 für HD ein und investierten in die neue Technologie. Die Reihenfolge, in der die verschiedenen Genres auf HD umgestellt wurden, verweist zugleich auf ihre kulturelle Bewertung: Sendungen, die zur Primetime gezeigt wurden, waren in vielen Fällen schon mehrere Jahre lang in HD verfügbar, bevor das neue Format die Tagesprogramme erreichte; zuerst kamen die am Abend ausgestrahlten Dramen und dann die Sitcoms; Sendungen der Networks gingen denen der lokalen Sender voraus.

Auf NBC war CROSSING JORDAN [2001–2007] die erste HD-Sendung, die ab 2002 regelmäßig zur Primetime lief, ABC folgte im selben Jahr mit THE PRACTICE [1997–2004].[56] Im Frühjahr 2004, noch bevor sich Flachbildfernseher bei den amerikanischen Konsumenten flächendeckend durchgesetzt hatten, zeigten die Networks einen Großteil ihrer Primetime-Sendungen in HD. Um HD-Übertragung empfangen zu können, war ein HD-Empfänger nötig, weshalb die

56 Buechner 2002.

Mehrheit der Zuschauer die Sendungen nach wie vor in Standardauflösung anschauten, obwohl die Networks ihre HD-Sendungen als attraktive Angebote anpriesen. Bei der Durchsetzung von HD-Fernsehen war die Verfügbarkeit von entsprechenden Sendungen zu diesem Zeitpunkt sowohl für die Medien- als auch die Geräteindustrie von zentraler Bedeutung, denn die (vor allem wohlhabenden) Zuschauer mit neuem Fernsehapparat wollten HD-Sendungen sehen.[57] Kabel- und Satellitenanbieter erweiterten ihr Programmangebot um HD-Kanäle, die sie als kostenpflichtige Zusatzangebote an ihre Abonnenten verkaufen konnten. Kanäle mit HD-Programmen bemühten sich also darum, Erstanwender zu erreichen und zugleich die zunehmende Durchsetzung von HD zu fördern.

Indem die Networks zuerst ihre prestigeträchtigen Programme in HD anboten, zielten sie auf die kulturelle Wertschätzung der Zuschauer, die bereits HD-Geräte besaßen. Beim Wechsel zu HD blieb Reality-TV hinter den drehbuchbasierten Sendungen zurück, Nachrichten hinter Sport, und das Tagesprogramm hinter der Primetime.[58] Als Scripps Networks 2006 die beiden HD-Kanäle HGTV-HD und Food Network-HD in Betrieb nahm, wurde dies auch als eine Geste begrüßt, neuen Zuschauergruppen den Zugang zu HD-Programmen eröffnen und damit das ‹männliche Sehmuster›, das bis dahin die neuen Fernsehnorm bestimmte, in Frage zu stellen. Wie um diese Logik zu unterstreichen, hiess es 2006 in der Zeitschrift *Broadcasting and Cable*: «High-def ist nicht bloß für Kerle».[59] Gegen Ende des ersten Jahrzehnts der 2000er boten Kabel- und Satellitenbetreiber zahlreiche und sehr unterschiedliche HD-Sendungen an und richteten sich nicht mehr ausschließlich an ein Publikum männlicher, wohlhabender Erstanwender.

Als Flachbildfernseher in den USA allgegenwärtig wurden, tat sich für Konsumenten von HDTV eine zusätzliche Quelle qualitativ hochstehender Inhalte auf. Auch wenn Filme bereits vor 2006 auf Kabelkanälen wie HBO und HDNet in HD zu sehen waren, ermöglichte die Einführung von HD-DVD und Blu-ray Disks, Hollywoodfilme für den Heimgebrauch in HD zu kaufen oder auszuleihen, wodurch die bevölkerungsweite Verbreitung der neuen HD-Technologie einen weiteren Schub erhielt. Ende 2006 erschien Sonys PlayStation 3 mit

57 Daisy Witney (2007) Local Stations High on HD. In: *Television Week* v. 16.04.2007, S. 28.

58 George Winslow (2004) Look Sharp: Channels Big and Small Make the Move to High-Def. In: *Broadcasting and Cable* v. 3.05.2004.

59 Joel Brown (2006) High-Def Isn't Just for Guys. In: *Broadcasting and Cable* v. 10.04.2006.

eingebautem Blu-ray Player, Microsofts Xbox folgte kurz darauf. Die vielfältigen Funktionen der Videospielkonsole trieben die Konvergenz von Kinofilmen, Fernsehen und Spielen voran und bestätigte den frisch aufgewerteten Status des Fernsehens. Zu den ersten, auf HD-Videodisks veröffentlichten Kinofilmen zählen THE LAST SAMURAI [Edward Zwick, USA 2003], MILLION DOLLAR BABY [Clint Eastwood, USA 2004], und SERENITY [Joss Whedon, USA 2005] – angesehene Filme männlicher *auteurs,* die traditionell eher maskulin konnotierten Genres zuzuordnen sind.[60] Zusammen mit der Verfügbarkeit wichtiger Sportereignisse und der bevorstehenden Umstellung auf die digitale Fernsehausstrahlung gilt die Einführung von HD-Filmen für den Heimvideomarkt als entscheidender Faktor für den Wechsel zu Flachbildfernsehern und die Überalterung von 4:3-Röhrengeräten.[61]

Sendungen, die wie Primetime-Dramen oder Fernsehfilme auf Filmmaterial aufgenommen wurden, waren vor allem aus technischen Gründen schneller in HD verfügbar, da sich Filmbilder einfacher in HD konvertieren lassen als Videobilder. Den Sportsendungen und drehbuchbasierten Programmen folgten ab 2006/2007 schließlich Genres, die ebenso wie Nachrichten und Game Shows auf Video produziert wurden. Für Lokalnachrichten oder Sendungen wie JEOPARDY! [NBC, seit 1964] und OPRAH [HARPO, 1986–2011], die ‹live on tape› produziert wurden, erforderte der Übergang zu HD oft eine massive Aufrüstung der technischen Ausstattung.[62] Von den Kameras über die Studios bis zu den Graphikgeneratoren und Schnittplätzen musste alles zu hohen Kosten ersetzt werden. Das Personal der lokalen Nachrichtenredaktionen wurde über viele Stunden in das neue Equipment eingearbeitet.[63] Sportsendungen, Filme und Primetime-Programme im HD-Format hatten den Zuschauern bereits einen Eindruck vom neuen Format des Fernsehbildes vermittelt, sodass die Nutzer der neuen Geräte nun gezielt nach HD-Inhalten suchten. Lokale Fernsehsender bemühten sich, diesen Wünschen nachzukommen, um bei der Programmgestaltung in HD nicht den Anschluss zu verlieren. Viele Sender hatten 2008 noch nicht auf HD umgerüstet, als die Umstellung durch die wirtschaftliche Rezession erst einmal auf Eis gelegt wurde.[64] Der Wechsel vom Standard- zum HD-Fernsehen ist somit auf verschiedenen Ebenen durch

60 Wilson Rothman (2006) Let the Format Wars Begin. In: *Time* v. 17.04.2006.
61 Joseph 2006.
62 Glen Dickson (2006) What's High-Def, Alex? In: *Broadcasting and Cable* v. 21.08.2006.
63 Whitney 2007.
64 Paige Albiniak (2007) Local News in HD Gains Momentum. In: *Broadcasting and Cable* v. 19.03.2007.

eine Aufteilung in Besitzer und Besitzlose gekennzeichnet. Diese Aufteilung betrifft nicht nur die Sendungen, die in HD verfügbar sind, sowie die Preise der Verbrauchertechnologie, die zum Genuss der neuen und verbesserten Bilder nötig ist, sondern auch die geographischen Regionen, in denen HD-Sendungen empfangen werden können (oder auch nicht); so sind Fernsehzuschauer in großen Städten gegenüber Zuschauern in ländlichen Gebieten oder kleineren Städten privilegiert.

Programmformen, die als kulturell minderwertig galten, wurden erst spät in HD produziert und setzten in der Regel neue Distinktionen in Gang. Es verwundert daher nicht, dass Reality TV, die in den 2000er Jahren am stärksten abgewertete Programmform, länger als jedes andere Genre brauchte, um in HD aufgenommen und gesendet zu werden. Die Casting-Show AMERICAN IDOL [Fox, seit 2002] und der Tanzwettbewerb DANCING WITH THE STARS [ABC, seit 2005], beides zuverlässige Hits in den Nielsen Ratings, begannen zunächst im Standardformat und wechselten erst nach ihrem Quotenerfolg in HD; auch die Reality-Spielshow SURVIVOR [CBS], seit 2000 ein konstanter Quotenhit, wird erst seit 2008 in HD ausgestrahlt.[65] Die Umstellung wurde als längst überfällige Verbesserung gelobt, erlaube sie doch, die Schönheit der exotischen Orte der Sendung zu würdigen. Reality TV ist für Fernsehproduzenten und Networks attraktiv, weil es ein kostengünstiges Programmgenre mit geringer Produktionszeit ist. Doch seine Reputation als zuschauerorientierter, überkommerzialisierter ‹Trash› war den Bemühungen der Produzenten, Reality-TV ebenso wie drehbuchbasierte Sendungen in HD zu senden, naturgemäß nicht förderlich. Als im Jahr 2008 für das Urgestein des Showbiz-Infotainments ENTERTAINMENT TONIGHT [CBS, seit 1981] die HD-Ära begann, wurde dies zugleich dazu genutzt, das Image der Sendung als Ort von ‹Hollywood Events› aufzuwerten – entsprechend wurde die neue Studiodekoration mit einem eigenen roten Teppich ausgestattet. Zur selben Zeit wechselten auch viele Daytime Soap Operas in HD, wobei der Übergang – ähnlich wie bei anderen als minderwertig geltenden Programmen – vielfach als Versprechen einer ästhetischen Aufwertung verstanden wurde. So zielte auch die ab 2009 in HD ausgestrahlte Fernsehserie GENERAL HOSPITAL [Disney-ABC, seit 1963] auf einen «filmischen Primetime-Look», der insbesondere durch die reduzierte Beleuchtung der HD-Kameras erzeugt wurde. Wie andere ‹live›-Sendungen nutzte auch GENERAL HOSPITAL den Übergang als

65 James Hibberd (2008) Survivor Sharpes Up with HD. In: *Hollywood Reporter* v. 3.04.2008.

Gelegenheit für die Modernisierung des Sets und die Einführung eines neuen Erscheinungsbildes, das Disney-ABC Präsident Brian Frons als ‹neuen Realismus› anpries.[66] Doch auch ohne ‹realistische› oder ‹filmische› Bilder lassen sich neugestaltete HD-Sendungen als Verbesserung bewerben, wie dies beispielsweise bei der Game-Show The Price Is Right [CBS, seit 1956] geschah. Mit dem Übergang zu HD im Jahr 2008 wurde das Set der Sendung modernisiert, so dass ihr Erscheinungsbild heller und farbiger wurde und damit den Möglichkeiten der neuen Hardware besser zu entsprechen schien.

Sowohl bei den kulturell weniger geschätzten Programmangeboten (z.B. Talkshows und *soft news*), als auch bei eher seriösen Sendungen (Nachrichten oder ein männliches Publikum adressierende Sportsendungen) sticht ein Element bei der Umstellung auf HD aufgrund seiner rhetorischen Kraft besonders hervor: In den für die HD-Produktion neu modellierten Studios sind häufig mehrere große Flachbildschirme zu sehen. So nutzte auch die morgens ausgestrahlte Nachrichtensendung The Early Show [CBS, 1999–2012] die Umstellung auf HD 2008 für Modernisierungen des Sets, das mit Dutzenden von LCD- und Plasma-Bildschirmen bestückt wurde, darunter zwei 103-Zoll-Geräte, die in zahlreichen Einstellungen den einzigen Hintergrund für die Moderatoren bildeten.[67] Diese Bildschirme auf dem Bildschirm erfüllen vielfältige Funktionen, nicht zuletzt führen sie verschiedene Bildarten in einem Rahmen zusammen. Als Merkmal einer gerade erneuerten Ästhetik ist ihre wichtigste Bedeutung jedoch die Etablierung eines Idealbilds von Fernsehen als groß, flach, hell, lebhaft und 16:9, als filmisch, kulturell herausragend, und als deutlich verschieden von der altmodischen Vorstellung des klobigen, kistengleichen Röhrenapparats. Diese Studioeinrichtungen werben gleichzeitig für ihre eigene HD-Technik und dafür, dass die Zuschauer die neue Hardware kaufen, um die HD-Bilder besser würdigen zu können. Im Falle von Sendungen mit niedrigerem Status bringen sie darüber hinaus auch ein Streben nach Legitimität zum Ausdruck. Die routinemäßige Darstellung des neuen Fernsehens im Fernsehen trägt ebenfalls dazu bei, die neue Konzeption des Fernsehens zu privilegieren und das alte Fernsehen zusammen mit seinen Darstellungs- und Erlebnisweisen zu einem minderwertigen Objekt zu erklären, das durch technologischen und kulturellen Fortschritt überholt ist. Sie verdeutlicht

66 Glen Dickson (2009) High Definition for Hospital. In: *Broadcasting and Cable* v. 6.04.2009.

67 (2008) CBS Relaunches Early Show with New HD Set. In: *Broadcasting Engineering* v. 14.01.2008.

zudem die Signifikanz des Übergangs zu HD, der nicht nur eine Verbesserung der Bildauflösung bedeutet, sondern zugleich die Stellung des Fernsehens im Denken der Menschen nachhaltig verändert. Form und Bedeutung des neuen, optimierten Fernsehens werden also zum Inhalt von Sendungen, die neu gestaltet werden, um damit wiederum die Möglichkeiten und Leistungsfähigkeit der Geräte vorzuführen.

Nicht nur mit seiner Bedeutung für Videospiele und das (Heim-) Kino, sondern auch mit seinem hyperrealen Versprechen, die Mediatisierung der Wirklichkeit zu überwinden, unterscheidet sich das neue Fernsehen deutlich vom alten. Das neue Fernsehen ist ein Magnet, der die Aufmerksamkeit und Wünsche der Konsumenten auf sich zieht, ein eigenständiges Objekt der Ästhetik und Faszination sowie ein Mittel, Bilder der Distinktion ins häusliche Umfeld einzuführen. Mit seinen HD-Bildern im *widescreen*-Format erscheint das Fernsehen als visuelles Medium, das den Vergleich mit dem Film nicht mehr scheuen muss. Seine idealen Nutzer sind weder die sprichwörtlichen Couch Potatoes oder abgelenkten Hausfrauen, noch das Publikum solcher Sendungen, die am wenigsten auf Widerspruch stoßen [*least objectionable programming*], wie dies in früheren Epochen der Fernsehgeschichte der Fall war. Die Programme, die zur Maximierung des Potenzials der neuen Technologie angeboten werden, heben das Fernsehen qualitativ von älteren Formen des Fernsehens ab, insofern sie als optimiertes, leistungsfähigeres Fernsehen in Erscheinung treten. Damit geht das Fernsehen weit über seine traditionelle Funktion, der Ausstrahlung von Sendungen, hinaus und öffnet sich für Konvergenzen mit Filmen und Videospielen. Künftige Entwicklungen im 3D-Bereich sowie Konvergenzen von Fernsehen und Internet (z.B. Fernseh- oder periphere Geräte, die Netzapplikationen und Videostreaming ermöglichen) könnten das Bild des Fernsehens und dessen neue Identität noch nachhaltiger verändern, die bisherigen Entwicklungen akzentuieren oder gar über sie hinausgehen. HD-Flachbildfernseher lösen offensichtlich die alte Verheißung technischen Fortschritts ein; sie versprechen nicht nur, alte Fernsehbilder und alte Vorstellungen von Fernsehen hinter sich zu lassen, sondern auch den schlechten Ruf abzuschütteln, der das Medium seit 50 Jahren stigmatisiert.

Aus dem Amerikanischen von Judith Keilbach

TV Sozial: Vom Must-See-TV zum Must-Tweet-TV

Kathi Gormász

2009 war «Twitter» das Wort des Jahres. Für die Fernsehsaison 2011/2012 könnte sich «Social TV» auf einem vergleichbaren Rang wiederfinden. Warum die Fernsehindustrie dem ‹sozialen Fernsehen› derzeit erhöhte Aufmerksamkeit entgegenbringt, soll mich im Folgenden beschäftigen. Hierzu werfe ich einen Blick auf den US-amerikanischen Markt, dem in Entertainment-Fragen eine gewisse Vorreiterrolle zuzusprechen ist. Als Technologie, Nutzungsverhalten und Mittel der Kundenbindung betrifft Social TV eine Reihe von Anspruchsgruppen: Fernsehsender und Programmproduzenten, Werbetreibende und Hardware-Hersteller, Software-Entwickler und Plattform-Betreiber und nicht zuletzt das Fernsehpublikum. Wenn ich nach Motivation und Anreizen frage, warum in Social TV investiert wird, konzentriere ich mich zunächst auf die Sicht der TV-Sender. Anhand von Beispielen aus der Praxis werde ich erläutern, welche konkreten Entwicklungen die US-Fernsehbranche unter dem Begriff «Social TV» diskutiert: Was ist Social TV, und was verspricht man sich davon? Warum wird die Verschmelzung von Fernsehen und Social Web als Chance für eine Branche gesehen, deren Stellung seit Jahren durch das Internet gefährdet scheint? Wer profitiert, wenn das Fernsehen wieder ‹sozialer› wird? Und wodurch war das Fernsehen ‹asozial› geworden? Den Erwartungen, die der amerikanische Unterhaltungsmarkt in Social TV setzt, werde ich im Anschluss meine eigenen Erfahrungen gegenüberstellen, um zu illustrieren, worin der Mehrwert des sozialen Fernsehens auf Publikumsseite bestehen könnte.

Was bisher geschah: TV Everywhere oder das Fernsehen-to-Go

Man muss sich die Veränderungen der vergangenen Jahrzehnte vergegenwärtigen, um die Euphorie, mit der sich die US-amerikanischen Fernsehsender der Social TV-Bewegung anschließen, nachvollziehen zu können: Folgt man der in der Fernsehwissenschaft etablierten Systematisierung, so befindet sich das Fernsehen derzeit in seiner dritten historischen Phase, kurz TVIII (vgl. Reeves/Rogers/Epstein 2002, 42–57). In seinen Anfängen ist der (amerikanische) Fernsehmarkt ein Oligopol, dominiert von wenigen Sendern, die ein Massenpublikum bedienen: Aufgrund der fehlenden Wahlmöglichkeiten beschreibt Ellis (2000) die sogenannte Broadcasting-Ära daher auch als Periode der Knappheit (*scarcity*). Mit Aufkommen des Kabel- und Satellitenfernsehens Anfang der 1980er Jahre bricht eine Zeit der Verfügbarkeit (*availability*) an. Sender wie MTV, CNN oder ESPN spezialisieren sich auf bestimmte Sparten und entsprechende Publika – das Zielgruppenfernsehen ist geboren. Eine Vielzahl neuer Sender und Programme wird zugänglich, dank Fernbedienung bequem an- und abwählbar und mit Hilfe des VHS-Rekorders auch aufnehmbar. Auf die Kabel- oder Multichannel-Ära folgt die Multiplattform-Ära: TV III konfrontiert das Fernsehpublikum mit einer Potenzierung seiner Wahlmöglichkeiten. Die technischen Entwicklungen, die das neue Zeitalter einläuten, sind das World Wide Web und die Digitalisierung. In seiner digitalen Form wird das Fernsehprogramm nicht nur auf DVD rezipiert, es kann zudem auf Festplattenrekorder aufgenommen, gestreamt oder heruntergeladen werden. Die hohen Datenübertragungsraten des Breitbandinternets und des mobilen Internets erlauben den Empfang von Videodateien; auf mobilen Endgeräten wie Laptops, Smartphones und Tablet-PCs wird ihre Nutzung zeit- und ortsungebunden. Roscoe beschreibt die neue Rezeptionserfahrung so:

> Content is more dispersed across [...] platforms, and our engagement with it is more fleeting. Our experience of contemporary media is fragmented rather than unified or centralised. Instead of our viewing habits being controlled by the ‹flow› of schedules, our viewing is now clustered around events, and through technologies such as personal video recorders, DVDs, and subscription television services. Choice is the buzzword (2004, 366).

Im digitalen Zeitalter müssen sich Fernsehsender nicht nur gegen die Konkurrenz aus den eigenen Reihen behaupten, insbesondere junge Zielgruppen verlieren sie an Online-Unterhaltungsformen (vgl. Plasser 2011). Da das Gesamtvolumen an medialen Angeboten ständig wächst, wird der Kampf um die *eyeball hours* des Rezipienten in der Multiplattform-Ära noch härter geführt. Will das Fernsehen als *content provider* relevant bleiben, so gilt es dafür zu sorgen, dass seine Inhalte auf allen Plattformen verfügbar sind. Der US-amerikanische Bezahlsender Home Box Office (HBO), der nicht nur in seiner Rolle als Serienproduzent als Pionier gilt, erlaubt seinen Abonnenten seit 2010 mit HBOgo einen orts- und zeitunabhängigen Online-Zugriff auf das gesamte Programm; seit 2011 gibt es HBOgo auch als Applikation, die die mobile Rezeption über Smartphones und Tablet-PCs ermöglicht. Während dieser Online-Dienst dem amerikanischen Publikum vorbehalten ist, kann auf Programm-Highlights der BBC auch in Deutschland zugegriffen werden. Im Sommer 2011 erscheint die iPad-Applikation BBC iPlayer Gobal in elf europäischen Ländern, in denen gegen eine monatliche oder jährliche Gebühr Publikumslieblinge wie Top Gear, Doctor Who oder EastEnders abgerufen werden können. Ob als Kaufinhalte auf iTunes, in den Mediatheken von Videoplattformen wie Hulu oder als *Catch-up TV* auf den sendereigenen Webseiten: Indem sie die Programminhalte immer und überall verfügbar machen, passen sich die Sender den Nutzungsweisen an, die dem Medienkonsumenten im Umgang mit dem Internet zur Gewohnheit geworden sind. Ausgegliedert aus dem Programmschema verliert die Fernsehrezeption jene ritualisierende und alltagsstrukturierende Wirkung, die einen wesentlichen Teil ihrer sozialen Funktion ausgemacht hatte, ebenso wie jenes gemeinschaftsstiftende Element, das Ellis (2000, 74f) so beschreibt: «Broadcasting [...] creates a sense of contact with other members of the dispersed audience, a sense that others, anonymous though they may be, are sharing the same moment». In Anlehnung an und Abgrenzung von früheren Ausstrahlungsformen – dem *broadcasting* in TVI und dem *narrowcasting* in TVII – prägt Rosen (2004/05) für die individualisierte und fragmentierte Rezeptionsweise in TVIII den Begriff «egocasting»: Seit das Fernsehpublikum seine Mini-Bildschirme bei sich trägt, werden Gründe und Anlässe weniger, sich vor der Mattscheibe zu versammeln. Vergangen sind die Zeiten, da *ein* Bildschirm das Wohnzimmer dominierte. Durch PCs, Laptops, Mobiltelefone und Tablets hat sich die Anzahl der Bildschirme pro Haushalt vervielfacht. Und die Anstrengungen der Fernsehbranche in Zusammenarbeit mit Plattformen wie iTunes oder Netflix haben dafür gesorgt, dass das Fernsehprogramm auch über alle Zweitbildschirme flimmern kann. Eine Folge dieses «TV Everywhere» ist ein Fortschreiten des individualisierten Rezeptionsverhaltens. Das Fernsehen als Anlass geselligen Zusammenseins verliert seine Bedeutung, und auch seine Rolle als Gesprächseinstieg geht ihm durch den programmplatzunabhängigen und individualisierten Konsum zunehmend verloren. Über die Verzahnung von linearem Fernsehen und Social Web suchen die Sender dem TV-Erlebnis nun jenes Moment der Vergemeinschaftung zurückzugeben, das der Fernsehrezeption in seiner ursprünglichen Form innewohnte. Das Gespräch, das vor, nach und während dem Fernsehen stattgefunden hat, soll vom realen in den virtuellen Raum verlagert werden: Wie das aussehen kann, möchte ich nachfolgend zeigen.

Join the Conversation: TV to talk, text, blog, chat and tweet about[1]

In seiner einfachsten Form lässt sich Social TV auf die Formel ‹Fernsehen plus Social Web› reduzieren. Besondere Bedeutung kommt in dieser Gleichung dem Microblogging-Dienst Twitter zu. Während der Live-Übertragung der 83. Oscar-Verleihung wurden pro Minute 10.000 und insgesamt 1,8 Millionen Tweets gezählt (vgl. Wesson 2011). Vergleichbare Messungen gibt es für die Olympischen Spiele 2010 oder die MTV Video Music Awards 2011 (vgl. Warren 2011a). Twitter begreift sich als ein, wenn nicht als *der* Treiber der Social TV-Entwicklung: «As soon as a new episode premieres or the Oscars start or a game kicks off, the tweets per minute skyrocket and we see it multiply 10, 20, 50 times and it stays like this until the show ends», beschreibt Robin Sloan die fruchtbare Allianz zwischen dem Fernsehen und seinem Arbeitgeber Twitter (zit.n. Wells 2011a). Wie funktioniert Twitter TV? Indem sich alle Tweets, die dasselbe Schlagwort – Hashtag genannt – beinhalten, über die Suchfunktion zu einem Gesprächsverlauf zusammenfassen lassen, kann über Mobiltelefon oder Computer mitverfolgt werden, welche Sendungsinhalte besonders angeregt kommentiert, diskutiert oder kritisiert werden. Und jeder, der über einen Twitter-Account verfügt, kann mitreden – in Echtzeit. Diese sendungsbegleitende Form der Online-Kommunikation ist weder Erfindung der TV-Sender, noch des sozialen Netzwerks, das sie ermöglicht. Das Bedürfnis der Zuschauer,

1 Das kleinste der fünf US-Sendernetzwerke The CW, dessen Programm auf eine vergleichsweise junge Zielgruppe ausgerichtet ist, wirbt seit 2009 mit dem Slogan «TV to talk about» sowie allen oben angeführten Derivaten. Hinter der letzten Ergänzung zu diesem Kanon – «TV to bing about» – verbirgt sich eine Kooperation des Senders mit der Suchplattform Bing, die als Exklusivsponsor für alle Hinter-den-Kulissen-Videos der CW-Serien auftritt.

Fernsehen zu ‹besprechen›, bahnt sich seinen eigenen Weg. Vorhandene Kanäle werden für den Bedarfsfall umgewidmet: Dass die Nutzungsformen sozialer Online-Dienste von den Betreibern oftmals nur bedingt vorherzusehen sind, lässt sich nicht zuletzt an der Plattform Twitter ablesen, die im Jahr 2009 mit dem Wechsel von «What are you doing?» auf «What's happening?» ihre ursprüngliche Kernkompetenz den tatsächlichen Nutzungsformen anpasste (vgl. Stone 2009). Zunächst als Webseite für mobile Status-Updates konzipiert ist der Echtzeit-Dienst inzwischen ein wichtiger Kanal für die weltweite Live-Berichterstattung. Und selbst wenn die viel zitierte Twitter-«Revolution» nichts mit jenen 8.868 Tweets zu tun hat, die Beyoncés Schwangerschaft in der Sekunde nach deren Verlautbarung auf MTV kommentierten: Die Unterhaltungsbranche scheint – ihrer begeisterten Berichterstattung nach zu schließen – diese Form aktiver Publikumsbeteiligung durchaus als revolutionär zu begreifen. Sie zu pflegen, zu fördern und zu bedienen, soll daher nicht allein dem Unternehmen Twitter überlassen werden; auch auf Senderseite will man sich zunehmend an der Verzahnung von Fernsehprogramm und Social Media beteiligen. So kreiert Talkshow-Moderator Jimmy Fellon mit «Late Night Hashtags» ein Twitter-Spiel, das die Zuschauer an der Gestaltung seiner Fernsehsendung beteiligt (Abb. 1).

1 Jimmy Fellon ruft online zur Online-Partizipation auf

Mit ähnlichen Aufrufen im Rahmen der Video Music Awards und Movie Awards will auch MTV sein Publikum auf Twitter aktivieren: Besonders originelle Tweets werden mit einer Ausstrahlung während der Live-Sendung belohnt. Um auf die sendungsbegleitende Online-Konversation hinzuweisen, werden außerdem entsprechende Hashtags in traditionelle Werbemittel wie Plakate oder Anzeigen integriert. Während der Ausstrahlung soll ihre Einblendung das Publikum zum programmsynchronen Austausch untereinander oder mit Serienstars, Moderatoren und Fernsehautoren anregen (Abb. 2 u. 3).

Diese Hashtag-Strategien, die als Pre-Air- oder On-Air-Maßnahmen gestaltet sein können, sind eine Möglichkeit, das Fernsehen mit dem Social Web zu verbinden. Um bestehende Online-Aktivitäten zu bündeln und neue anzuregen, entwerfen die Fernsehsender außerdem technische Infrastrukturen, die eine *second screen experience* ermöglichen. Ausgegan-

2–3 The Big Bang Theory lädt zum Twitter-Publikum-Chat und zum Twitter-Star-Chat mit Darsteller Kunal Nayyar

gen wird hierbei von der Annahme, dass der interaktive Zuschauer nicht vor einem, sondern vor mindestens zwei Bildschirmen sitzt (Abb. 4). Indem für den Zweitbildschirm ein Rahmenprogramm geschaffen wird, welches das traditionelle Fernseherlebnis aufwerten und anreichern soll, versucht die TV-Branche, diese Parallelnutzung für sich zu nutzen.

Wie elaboriert die Social Web-Architekturen sein können, die zur Zeit auf Senderseite entstehen, zeigt einmal mehr ein Blick auf den Premium-Kabelkanal HBO: Auf seiner Social TV-Website HBOconnect führt der Sender jede virtuelle Bewegung zusammen, die rund um sein Programm stattfindet. Die Eingangsseite «Pulse» bildet in Echtzeit ab, wie oft, von wem und von wo aus Links zu HBO-Sendungen mit Clicks bedacht werden. Die Unterseite «Feeds» führt alle Tweets je Serie beziehungsweise je serienbezogenen Hashtag zusammen. Wer sich über seinen Twitter-Account auf der Seite eingeloggt hat, kann an der Konversation teilnehmen – und findet sich sodann auf dem «Visualizer» wieder, der die meistgenannten Schlagworte einzelner Tweets und ihre Urheber abbildet (Abb. 5). Unter «Conversations» finden sich Ankündigungen zu sendungsbegleitenden Live-Chats und Live-Tweets, worin Serienautoren, Schauspieler oder Gaststars Fragen der Zuschauer be-

4 Linearer Fernsehrezipient vs. Social TV-User

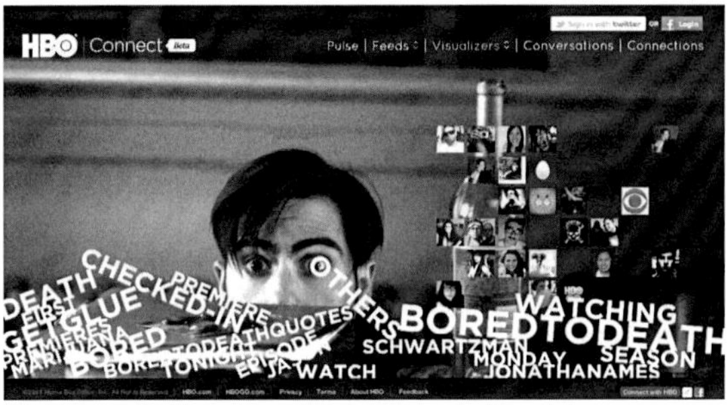

5 Bored to Death-Hauptdarsteller Jason Schwartzman blickt auf die visualisierte Online-Teilhabe ‹seiner› Serie

antworten und mit ihnen Insider-Informationen teilen. Die Seite dient auch als Archiv für Transkripte vergangener Online-Gespräche. Auf «Connections» wird dem Nutzer, sofern er auf Facebook eingeloggt ist, angezeigt, welchen Facebook-Freunden dieselben HBO-Serien gefallen. Außerdem kann eine Verbindung zu den YouTube-Kanälen der einzelnen Serien hergestellt werden, wo serienrelevantes Bonusmaterial in Form von Teasern, Trailern und Exklusiv-Videos abrufbar sind.

Wie sich an Apps wie NBC Live, MTV WatchWith oder Bravo Now erkennen lässt, sieht aber nicht nur das Bezahlfernsehen eine Chance im Social TV, sondern auch das werbefinanzierte US-Fernsehen. Worin diese Chance besteht, erläutere ich im nächsten Abschnitt. Der Vollständigkeit halber bleibt an dieser Stelle festzuhalten, dass die technische Infrastruktur für den Social TV-Konsum nicht allein von Seiten der Fernsehsender gestellt wird. Zwei weitere Gruppen von Anbietern haben sich mit ihren Social Media-Dienstleistungen fernsehnah positioniert: sogenannte Check-in-Dienste und Social TV Guides. Beide Anwendungen suchen das lineare Fernseherlebnis mit den Interaktionsmöglichkeiten des Social Web zu verbinden, setzen jedoch ihre Schwerpunkte unterschiedlich.

Analog zu herkömmlichen Check-in-Diensten wie foursquare, die ihren Nutzern erlauben, ihren aktuellen Aufenthaltsort bekannt zu geben, kann über fernsehspezifische Check-in-Webseiten und -Apps kommuniziert werden, in welcher Unterhaltungswelt man sich gerade aufhält. Während Twitter von seiner Community wissen will «What's happening?» und Facebook sich danach erkundigt «What's on your mind?», fragen GetGlue, Miso, tunerfish, IntoNow oder bee.tv ihre Mitglieder «What are you watching?» und verbreiten die Antwort – ermöglicht durch eine Verzahnung mit Twitter und Facebook – im virtuellen Freundeskreis. Der Nutzer wählt aus einer Datenbank von Fernsehserien und Filmen die soeben konsumierten Videoinhalte, kommentiert und bewertet sie. Auf diese Weise verbreitet, werden sie innerhalb der eigenen Peer-group zu Empfehlungen und liefern zugleich Gesprächsanlässe. Mit 12 Millionen Check-ins im Monat kann GetGlue ein Nutzungsaufkommen vorweisen, das der unabhängigen Plattform den Weg für strategische Partnerschaften mit Fernsehsendern wie HBO, Showtime, Fox oder NBC ebnet (vgl. Van Grove 2011a). Für die Sender gilt es, das Publikum überall dort abzuholen, wo es sich ohnehin bereits befindet. Durch die Zusammenarbeit mit Social Web-Seiten, die sich auf Entertainment spezialisiert haben, spekulieren sie außerdem darauf, das kollektive Know-how zu nutzen, um die *second screen*-Anwendungen bestmöglich an Programmvorgaben und Zuschauerbedürfnisse anzupassen. Honoriert wird die Online-Partizipation in der Regel über virtuelle Auszeichnungen – sogenannte «Sticker» oder «Badges» –, die ihrem Empfänger ein besonders hohes Beteiligungsniveau bescheinigen. In Kooperation mit den Sendern bieten die Check-in-Services exklusive Sticker an, die nur für eine bestimmte Sendung oder zu einem bestimmten Sendetermin – beispielsweise zur Premiere einer neuen Serie – erworben werden können. Handelt es sich hierbei zunächst um eine virtuelle Währung, wird die Jagd auf Sticker zunehmend auch an materielle Werte gekoppelt. Sich auf GetGlue zur Vampirserie TRUE BLOOD zu bekennen, belohnt HBO beispielsweise mit Rabatten auf die Merchandising-Produkte der Serie: je höher die Anzahl der erworbenen TRUE BLOOD-Sticker, desto höher der Fan-Status und der Preisnachlass (vgl. Van Grove 2011b). Außergewöhnlich aktive Mitglieder der GetGlue-Gemeinde werden in «Fans» und «Superfans» unterteilt. Um ihre Beteiligung zu belohnen, verlost Showtime, der zweitgrößte US-Abonnementsender nach HBO, unter ihnen DVDs seiner Original-Serien (vgl. Marya 2011).

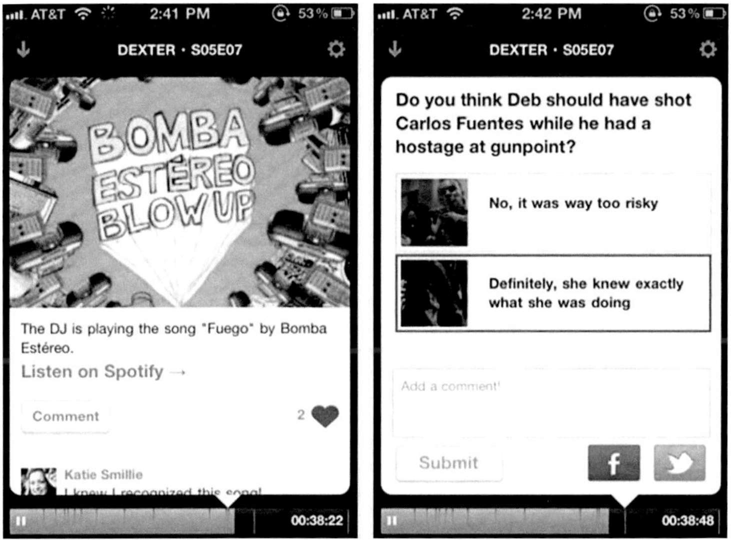

6 DEXTER synchronisiert den Zweit- mit dem Erstbildschirm

Mit Miso, dem wichtigsten Wettbewerber von GetGlue, verbindet Showtime eine andere Kollaboration, die auf das Verteilen von Online-Abzeichen und Verlosen von Preisen verzichtet. Für die sechste Staffel der Serie DEXTER wurde eine *second screen experience* entworfen, die auf den Handlungsverlauf der einzelnen Episoden abgestimmt ist. Die Applikation wird durch das Fernsehsignal aktiviert und mit der Serienhandlung synchronisiert. Auf diese Weise erscheinen Zusatzinformationen, Umfragen oder ein Quiz in jenen Momenten der laufenden Folge, für die sie relevant sind (Abb. 6). Mit dem Einchecken im Internet fügt die *Miso Sync Experience for Dexter* dem Primärtext im Fernsehen eine weitere Unterhaltungsebene hinzu. Gleichzeitig erfüllt sie die Grundfunktion jeder Check-in-Seite: das Teilen der eigenen Sehgewohnheiten und Vorlieben im weltweiten Netz der ‹Freunde›.

Social TV Guides kombinieren hingegen die Aufgabe traditioneller Programmzeitschriften mit dem Meinungsbildungspotenzial des Social Web, indem sie das aktuelle Fernsehprogramm sowohl nach Ausstrahlungsort und -zeitpunkt als auch nach dem Grad des «social tune-in» (Ghunheim 2011) organisieren. Dem Zuschauer wird so ein neues Kriterium zur Verfügung gestellt, anhand dessen er seine Programmauswahl treffen kann: der sogenannte «Buzz». Aus der Fülle an TV-Angeboten erstellen Social TV Guides eine Rangliste jener Fernsehinhalte, denen zum gegenwärtigen Zeitpunkt im Social Web besonders viel Aufmerksamkeit zuteil wird. Während personalisierte Programmführer wie BuddyTV oder Peel den individuellen Geschmack als Basis heranziehen, um das Gesamtangebot vorzuselektieren, nutzen yap.tv oder SocialGuide hierfür das ‹soziale› Stimmungsbild: Mit Rubriken wie «Social Top 20» oder «Most Social Now» werden nunmehr auch Sendungen sichtbar, denen es an Zuschauerzahlen oder Kritikerstimmen fehlt. Dass ein deutlicher «social footprint» (Szalai 2011) nicht notwendigerweise mit herausragenden Quoten korrelieren muss, zeigen Serien wie Glee oder Fringe, deren Publikum in Interaktionspotenzial aufwiegt, was ihm an schierer Masse fehlt (vgl. Warren 2011b). Aus Sicht der Fernsehsender und Werbetreibenden eröffnen Social TV-Applikationen wie SocialGuide oder Miso daher nicht zuletzt auch Wege, die sozialen Wellen rund um einzelne Fernsehinhalte in Bahnen zu lenken, wo sie öffentlich werden und messbar sind. Im Gegenzug wird dem Zuschauer ermöglicht, sein Mitteilungsbedürfnis zu befriedigen, Empfehlungen abzugeben und zu erhalten, mit anderen Zuschauern zu interagieren oder sendungsrelevante Zusatzinhalte abzurufen.

Bevor ich mich detaillierter mit den Nutzungsmotiven des Publikums auseinandersetze, möchte ich im Folgenden die Argumente untersuchen, die auf Seiten der Fernsehsender angeführt werden, um ihr gesteigertes Interesse an Social TV zu begründen.

Warum das Internet das (lineare) Fernsehen retten soll

Im Juli 2011 fand der erste Social TV Summit in Los Angeles statt, nur ein halbes Jahr später wird die Konferenz in New York wiederholt. Der Gesprächsbedarf unter den Führungskräften von Fernsehsendern, Produktionsfirmen, Video-Plattformen, Social-Webseiten und Online-Marktforschungsinstituten scheint groß zu sein: Was beschäftigt die Branche? Die Stimmen, die an die Öffentlichkeit dringen, bescheinigen dem sozialen Fernsehen eine strahlende Zukunft. In den Worten von Ynon Kreiz, CEO der weltweit größten unabhängigen Fernsehproduktion Endemol, klingt dieser Berufsoptimismus so:

> Everyone says that social television will be big. I think it's not going to be big – it's going to be huge. [...] We think that social media meets television is the next big thing. The ability to create content that will enable people to interface with each other, to connect, to recommend, to share and experience over television, is going to change the landscape of the industry. [...] Whoever figures it out, will be the next Steve Jobs of this generation (zit.n. Bergman 2011a).

Diese ausgesprochen positive Prognose lässt sich in eine Reihe von Einzelargumenten aufspalten, die in Branchenberichten wiederholt zur Sprache kommen, wenn es gilt, das außerordentliche Potenzial von Social TV zu belegen. Der folgende Überblick meist genannter Gründe verdeutlicht, woraus sich die Euphorie für Social TV speist.

1. Social TV ist gut für die Quote: Das Hauptargument der Fernsehsender, in Social TV-Anwendungen zu investieren, besteht in dem – vermuteten und erhofften – Einfluss auf die Quote. Die Annahme, unter der die Branche zurzeit operiert, lautet: «Viral conversation turns TVs on» (Hsia 2010). Belegt wird diese Behauptung mit einer Auswahl immer wiederkehrender Beispiele. Als Paradefall gilt die Fernsehübertragung der Olympischen Winterspiele in Vancouver, deren Marktforschungsdaten zeigen, dass TV und Netz simultan genutzt wurden. Dass die Spiele im Vergleich zu den vergangenen vier Oympiaden einen Zuschauerzuwachs zu verzeichnen hatten, wird auch auf die neue Form der durch die Online-Gespräche ermöglichten Teilhabe zurückgeführt (vgl. Stelter 2010). Ein weiteres Beispiel, mit dem die positive Wirkung sendungsbegleitender Online-Aktivitäten auf die Quote belegt werden soll, ist die Übertragung der Grammy Awards 2010. Der Anstieg der Zuschauerquote um 35 Prozent gegenüber dem Vorjahr wird auch der gezielten Publikumsbeteiliung im Social Web zugeschrieben (vgl. Warren 2010; Wells 2011b). Sportereignisse und Preisverleihungen, die im Fernsehen live übertragen werden, weisen eine strukturelle Nähe zu Social TV-Aktivitäten auf (vgl. Mitchell 2011; Roettgers 2011). Selbst ohne entsprechende Rahmung im Social Web ist bei großen Fernsehevents latent spürbar, dass man das Gesehene gerade mit Millionen anderer Menschen teilt. Dass sich dieser Eindruck verstärkt, wenn sich ein Teil dieser Millionen zu Wort meldet, miteinander Kontakt aufnimmt und sich austauscht, erscheint plausibel. Wenn in Social TV-Anwendungen investiert wird, dann auch in jenes Gefühl des gemeinsamen Erlebens, das jeder Fernsehausstrahlung – live oder aufgezeichnet – Event-Charakter verleihen soll. Aus der Überlegung, das Erlebnispotenzial von Live-Übertragungen für alle Fernsehsendungen zu simulieren, leitet sich der zweite Grund ab, der Social TV zum aktuellen Lieblingswort der Branche macht.

2. Social TV macht Fernsehen zum Live-Event: Eine Korrelation zwischen Online-Aktivität und Zuschauerquote wird zwar angenommen, sie zu messen ist jedoch schwierig. Ist kein Zuschauerzuwachs zu verzeichnen, so spekulieren Sender und Werbekunden zumindest darauf,

Zuschauerschwund zu verhindern. Indem den Stammsehern der Eindruck vermittelt wird, einer Gemeinschaft anzugehören, mit der sie Woche für Woche ein Erlebnis teilen, soll auch die Bindung an die jeweilige Sendung erhöht werden: «People want to be attached to each other», beschreibt CBS-Senderchef Leslie Moonves das Zuschauerbedürfnis, welches sich das Fernsehen durch sein zunehmendes Engagement im Social Web zunutze machen will (zit.n. Stelter 2010). Nachdem TV Everywhere das Publikum als Gemeinschaft zerstreut hat, führt Social TV es wieder zusammen – so zumindest die Wunschvorstellung der Programmverantwortlichen. Das Gefühl der Verbundenheit scheint sich zu potenzieren, wenn programmplatzfixiert ferngesehen wird. In den USA wird diese These mit einem Vergleich zwischen Ost- und Westküste belegt: An der Ostküste wird das nationale Fernsehprogramm zuerst ausgestrahlt, durch die Zeitverschiebung erreicht es das Publikum an der Westküste mit einer Verzögerung von drei Stunden. Wie entsprechende Fallstudien von Twitter zeigen, ist das Aktionsniveau im Social Web im Osten des Landes entscheidend höher: «[...] social currency comes from being there when an event first happens. [...] viewers weren't into talking about something that their peers on the other side of the country had already discussed in detail 3 hours earlier» (Mitchell 2011). Anhand des Ost-West-Gefälles soll bewiesen werden, dass das lineare Fernsehen wieder attraktiver wird, sobald sich der Effekt der Echtzeit-Teilhabe in vollem Umfang einstellen kann. Das Interesse der Sender an programmbegleitendenden Online-Aktionen liegt auch in dieser Aufwertung des linearen Fernsehens begründet: Jeff Probst, langjähriger Moderator der Reality-Serie Survivor, berichtet in einem Interview, dass seine sendungsbegleitenden Aktivitäten auf Twitter bei den Verantwortlichen von CBS in dem Moment auf offene Ohren stießen, als er belegen konnte, dass sein Publikum eine zeitversetzte Rezeption gegen die programmmäßige Ausstrahlung tauscht, um nichts zu verpassen (vgl. Silberman 2011). Warum ist die «Live-Ausstrahlung», als die mittlerweile jede Sendung etikettiert wird, die an ihrem vorgesehenen Programmplatz empfangen wird, von solcher Relevanz? Auch hier ist die Quote das Maß aller Dinge. Die zeitversetzte Rezeption fließt zwar nach einer Woche in die Messung der sogenannten «Live +7»-Zuschauerzahlen ein, die härtere Währung im Geschäft mit den Werbekunden sind dennoch die Quoten der Live-Zuschauer. Dass die von Festplattenrekordern abgespielten Sendungen in der Quotenerhebung berücksichtigt sind, befreit sie nicht von dem Verdacht, ohne die zugehörige Reklame konsumiert worden zu sein. Zeitlich um eine Woche verzögert wird der «Live +7»-Quote außerdem geringere Aufmerksamkeit entgegengebracht als der Overnight-Quote, die am folgenden Tag in allen Branchenblättern nachzulesen ist und unmittelbar Auskunft geben kann über den Erfolg oder Misserfolg bei den Zuschauern. Jede Entwicklung, die das Publikum lieber linear als ort- und zeitversetzt fernsehen lässt, ist für die Fernsehsender und ihre Kunden – die Werbeindustrie – daher begrüßenswert. Social TV wertet aber nicht nur das lineare Fernsehen auf, experimentiert wird auch mit Möglichkeiten, die angeregte Interaktivität von einzelnen Programmen auf Werbesendungen auszudehnen.

3. Social Impressions sind die bessere Quote – und interaktive Zuschauer die besseren Kunden: Die erste Vermutung, warum auch die Werbebranche von Second Screen Apps profitieren könnte, lautet so: Zuschauer, die über die zusätzliche Unterhaltungsebene Social TV an eine Sendung gebunden sind, tendieren weniger dazu, während der Werbeblöcke den Kanal zu wechseln (vgl. Van Belleghem 2011). Zweitens: Mit Check-ins, Tweets, Likes und Shares entstehen Kennzahlen, die den ‹Beziehungsstatus› zwischen Publikum und Programm messbar machen. Fan-Seiten auf Facebook, Twitter-Streams und Social TV-Apps bündeln die Aktivitäten der besonders involvierten Zuschauer. Mit einer Sendung in Verbindung gebracht zu werden, die online besonders populär ist, kann sich positiv auf das Image einer Marke oder eines Produkts auswirken. Die demographischen Daten, die sich über die Auswertung der Social Web-Aktivitäten der Online-Zuschauer gewinnen lassen, liefern den Werbekunden zudem eine gute Basis zu entscheiden, wohin ihr Social Media-Kommunikationsbudget fließen soll. So wird die *second screen experience* der beliebten Krankenhausserie GREY'S ANATOMY beispielsweise von der Automarke Lexus exklusiv gesponsort (Abb. 7).

Agenturen wie SecondScreen Networks sind mittlerweile darauf spezialisiert, die richtige Werbeform und das passende Werbeumfeld für den Zweitbildschirm zu finden. Während man durch In-App-Werbung und Exklusiv-Sponsoring sicherstellt, dem Konsumenten auch auf seinem Smartphone oder Tablet-PC zu begegnen, geht das «Social Ad»-Experiment von Pepsi Cola einen Schritt weiter: Um den Zuschauer für den Fernsehspot zu interessieren, arbeitet man mit der Social TV-App IntoNow zusammen. Im Gegensatz zu anderen Check-in-Diensten, die auf Mediatheken oder elektronische Programmzeitschriften zurückgreifen, arbeitet IntoNow mit einer Audio-Erkennungstechnologie. Die laufende Sendung wird identifiziert, indem die App ihr auf Knopfdruck ‹zuhört›. Vier bis 12 Sekunden Audioschnipsel genügen, um das Programm zu erkennen und den Zuschauer ‹einzuchecken›. Drückt er die Identifikationstaste, um eine

7 In-App-Werbung für den Zweitbildschirm

Werbesendung zu ermitteln, so wird er im Falle des Pepsi Max-Spots mit einem Gutschein belohnt (vgl. Van Grove 2011; Stokes 2011). Einen ähnlichen Versuch führte die Musikerkennungsapplikation Shazaam mit der Bekleidungsmarke Old Navy durch: Hier wurde das «Taggen» – wie sich der audiogesteuerte Check-in nennt – eines Old Navy-Spots mit Gratis-Jeans belohnt. Noch ist schwer einzuschätzen, wieviele Nachahmer diese Form von Werbung finden wird. Die Bedeutung, die man der bloßen Möglichkeit beimisst, Fernsehwerbung interaktiv zu gestalten, lässt sich nicht zuletzt an den Beträgen ablesen, die derzeit in Social TV-Startups investiert werden. Für den Ausbau seiner TV-Aktivitäten konnte sich Shazaam eine Finanzierung von 32 Millionen Dollar sichern (vgl. Bergman 2011b). IntoNow wurde drei Monate nach seiner Gründung für geschätzte 20 bis 30 Millionen Dollar von Yahoo gekauft (vgl. Siegler 2011), Konkurrent GetGlue erhielt von Time Warner ein Startkapital von 6 Millionen Dollar (vgl. Van Grove 2010), und Google Ventures unterstützt Miso mit 1,5 Millionen Dollar (vgl. Van Grove 2011d).

4. Social TV ist Mundpropaganda: Machen sich begeisterte Zuschauer im Netz zu Botschaftern ihrer Lieblingssendung, so betreiben sie damit zugleich Empfehlungsmarketing für Sender und Programm. 1,65 Milliarden aller Facebook-Likes beziehen sich auf Fernsehsendungen (vgl. Parr 2011). Neben «People Like This» liefert die weltweit größte soziale Plattform mittlerweile eine weitere Kennziffer – «People Talking about This» – als Barometer für Beliebtheit und Buzz. Der User nutzt das Social Web als Kompass, um durch die Fluten von Unterhaltungangeboten zu navigieren. Mit ihrer Präsenz im Social Web sorgen die Unterhaltungsanbieter dafür, dass die Nadel auf sie zeigt. Offen bleibt die Frage, warum wir kommunizieren wollen, dass uns FAMILY GUY (38 Millionen Likes), THE SIMPSONS (35 Millionen Likes) oder SOUTH PARK (34 Millionen Likes) gefällt? Was motiviert uns, in Fernsehsendungen ‹einzuchecken›, sie online zu bewerten, weiterzuempfehlen oder auf Twitter zu kommentieren?

Wie sozial ist der Social TV-User?

Wirft man einen Blick in den Live-Twitterfeed, der Sonntagabend den TATORT begleitet, so scheint die Motivation der Social TV-Nutzer einem Songtitel von Tocotronic zu folgen: «Wir kommen, um uns zu beschweren.» Anlass für Beschwerden liefern Fehlbesetzungen und schauspielerisches Unvermögen, die unrealistische Handlung oder fehlende Spannung. Geteiltes Leid, so scheint es, ist halbes Leid – oder doppeltes Vergnügen. Bei einer Quote von 7,7 Millionen Zuschauern generiert die TATORT-Erstausstrahlung «Auskreuzung» (25.09.2011) rund 1.000 öffentliche sendungsbegleitende Tweets. Entfällt auf jeden Tweeter eine Wortmeldung, beteiligt sich rund 0,1 Promille des TATORT-Live-Publikums auf Twitter. Bedenkt man, dass Mehrfachmeldungen wahrscheinlich sind, ist die Quote noch geringer.[2] Der Twitter TV-User ist eine Minderheit, wenngleich eine lautstarke. Was treibt ihn an? Im Selbststudium will ich erste Einsichten gewinnen: Entge-

2 Für die unterschiedlichen Partizipationsniveaus in Online-Communities, zu denen auch das Social Web gezählt wird, stellt Usability-Experte Jacob Nielsen die sogenannte 1-9-90-Regel auf: Der Großteil des Datenvolumens in Netzgemeinschaften wird von einem Prozent der Nutzer erstellt, während neun Prozent nur vereinzelt und 90 Prozent aller Nutzer keinerlei eigene Inhalte beisteuern (vgl. Nielsen 2006). Ebersbach, Glaser und Heigl (2011, 207) wenden ein, dass diese Formel nur für öffentliche Plattformen aussagekräftig ist, da im privaten oder teilöffentlichen Bereich von sozialen Netzwerken wie Facebook oder mySpace die Hemmschwelle, sich zu äußern, niedriger ist. Die 1-9-90-Regel soll an dieser Stelle dennoch als Orientierungsgröße dienen.

gen meiner sonstigen Gewohnheiten tausche ich die Rolle der stillen Beobachterin, die lediglich rezipiert, was andere sagen, gegen die des *produser*: Ich partizipiere, indem ich selbst Inhalte erzeuge. Der Tatort gibt mir hierzu Anlass und Gelegenheit, das Social Web eröffnet mir diverse Mitteilungskanäle. Ich entscheide mich für den deutschsprachigen Check-in-Dienst waydoo, dessen App ich auf dem iPhone installiere.[3] Über meinen Twitter- und Facebook-Account verschickt waydoo die Nachricht: «@kathigo Schaut gerade ‹Tatort› über @waydoo_de». Als Online-Auszeichnung erhalte ich ein «1st Check-in»-Abzeichen. Keine Minute später lässt mich Facebook wissen, dass dreien meiner Kontakte meine Programmwahl gefällt. Einer davon ist meine Mutter in Wien. Ich nutze die Gelegenheit, ihr eine SMS zu schreiben und mich nach ihrem Wochenende zu erkundigen. Im Tatort ist mittlerweile das Opfer-der-Woche gefunden: in einer Tiefkühltruhe. Auf meiner Facebook-Seite wird kommentiert: «(Er-)Frieren für die Wissenschaft!» Die Tote war Laborantin in einer Forschungseinrichtung. Da die Handlung nur schleppend vorangeht, nehme ich den Faden auf und schreibe zurück. Es entspinnt sich ein Online-Dialog, im Zuge dessen man sich einigt, dass Tom Schilling keinen Schnauzbart tragen sollte, die Tatort-Autoren merkwürdige Vorstellungen vom Einkommen wissenschaftlicher Mitarbeiter haben und ein Mord aus Eifersucht einem Mord aus Geldgier vorzuziehen wäre. Während mich der Tatort nur mäßig unterhält, habe ich großen Spaß an meiner Unterhaltung im sozialen Netz. Auf waydoo kann ich mich in einer Umfrage zwischen zwei Tatverdächtigen entscheiden. Ich spiele mit und sehe, dass 70 Prozent der *social viewer* meine Vermutung teilen. Dass ich mitgemacht habe, wird mit einem Eintrag in den «Social Stats» – meiner Sozialstatistik – belohnt, die jede meiner Online-Aktionen mitzählt. In der Zwischenzeit wurde mein Tweet «Im #Tatort geht's heute um Gähntechnik» von anderen Twitter-Usern mit Re-Tweets bedacht. Tom Schilling, der dem Vorbild seiner amerikanischen Schauspielkollegen gefolgt ist, begleitet die Ausstrahlung ‹seines› Tatorts auch auf Twitter. Seine Online-Kommentare finden sich in meiner

3 Der hier niedergeschriebene Erfahrungsbericht hat in dieser Form nie stattgefunden. Er ist die Schnittmenge aus diversen Selbstversuchen, die ich durchgeführt habe, um den Vorzügen von Social TV-Anwendungen auf die Schliche zu kommen. Dementsprechend sind auch nicht alle Funktionen, die waydoo an dieser Stelle zugeordnet werden, tatsächlich vorhanden. Aus Gründen der Veranschaulichung und Vervollständigung habe ich mir erlaubt, Anwendungsmöglichkeiten aus anderen Social TV-Apps zu ergänzen. Tom Schilling hat in Wirklichkeit (noch) kein Twitter-Konto.

Social TV-App unter «Star Tweets», die aus dem zuschauergenerierten Twitter-Stream ausgegliedert sind. Aus einem seiner Kommentare erfahre ich, dass sein Schnauzer ausdrücklicher Wunsch des Regisseurs war. Das neu erworbene Insider-Wissen poste ich in meinen TATORT-Facebook-Thread: «Nicht Tom, der Regisseur ist schuld #Schnauzer». Mein Beitrag verschafft mir zwei Likes aus dem weiteren Facebook-Bekanntenkreis. Der unbefriedigende Ausgang des TATORTS – Mordmotiv: Karriere – wird durch eine umso befriedigendere Sozialbilanz aufgewogen: «Das Gehalt von Autoren im Social Web ist die Anerkennung» (Ebersbach/Glaser/Heigl 2011, 204).

Die Architektur sozialer Plattformen vereinfacht die Autorenschaft ebenso wie die Verfahren, diese anzuerkennen. Dieses Prinzip setzt sich in der Bauweise von Social TV-Anwendungen fort. Mit wenig produktivem Einsatz lässt sich viel Aufmerksamkeit erzeugen. Erlaubt die Konzeption des Sendeformats eine Integration der Online-Aktivitäten, so sind es zwar keine 15 Minuten, aber immerhin 140 Zeichen On-Air-Ruhm, die dem Social TV-User in Aussicht gestellt werden. Wie jede soziale Plattform sind auch ihre Ableger im Umfeld des Fernsehens potenziell geeignet, als Bühne zur Selbstdarstellung genutzt zu werden. Was ich sehe, sagt etwas über mich aus. Wie ich darüber denke ebenso. Über Social TV-Apps kann ich nicht nur mein soziales, sondern auch mein popkulturelles Kapitel erweitern, etwa indem ich mich als Expertin in bestimmten Bereichen des Entertainments profiliere. Sind meine Einschätzungen für andere relevant, lässt sich mehr Aufmerksamkeit und Anerkennung generieren. Gleichzeitig ist es mir möglich, «[d]ie eigene Wirkmächtigkeit [zu] erleben» (ibid.), indem ich meine Kontakte zu Reaktionen anrege oder sie sogar in der Wahl ihres Programms beeinflusse. Meinen persönlichen Einfluss kann ich außerdem geltend machen, wenn meine online geäußerte Meinung auf das weitere Geschehen im Fernsehen einwirkt. So erlaubt die Casting-Show THE X-FACTOR ihren Zuschauern erstmals, über das Schicksal der Kandidaten per Twitter zu entscheiden (vgl. Stelter 2011). Vor allem schaffen Social TV-Anwendungen aber einen virtuellen Schulhof, eine Online-Teeküche oder eine weltweite Couch. Das Bild der vor dem Fernsehgerät versammelten Familie mag der Vergangenheit angehören; dasselbe Fernsehprogramm zu nutzen, um sich im Netz zu versammeln, ist aber durchaus Gegenwart: nicht nur, um auf Gleichgesinnte zu treffen, sondern auch, um Kontakt zu Freunden und Familie zu halten. Das Fernsehen liefert die Anlässe, sich kommunikativ auszutauschen, Social TV die technische Infrastruktur, diesen Austausch – zumindest online – zu ermöglichen. Die unter *gamification* geführten Belohnungsmaßnahmen in Form von Online-Auszeichnungen und -Wettbewerben, die spielerisch motivieren sollen, sich im Social TV-Umfeld zu engagieren, muten im Vergleich zu dieser sozialen Dimension eher bescheiden an.

Social TV: das interaktive Fernsehen 2.0?

Vor über 15 Jahren wurden in *montage AV* «Utopie und Realität interaktiven Fernsehens» (Schwarz 1995) beleuchtet. Die Suche der Fernsehanstalten nach «Mitgestaltungs- und Mitteilungsmöglichkeiten» (ibid., 158) – so schlussfolgerte der Autor – wäre damals mit teuren Investitionen in interaktive Sendekonzepte und Rückkanäle verbunden gewesen. Hierin unterscheidet sich das interaktive Fernsehen im neuen digitalen und vernetzten Gewand: Social TV macht sich bestehende Kanäle zunutze, um vorhandene Fernsehsendungen mit Mitgestaltungs- und Mitteilungsmöglichkeiten auszustatten. Investiert wird in die Online-Peripherie, wo Interaktion erleichtert werden soll, während die Kernprodukte im Fernsehen – zumindest bisher – weitgehend unberührt bleiben. Der Social TV-User ist somit vor allem ein *mitteilender* und nur selten ein *mitgestaltender*. Interagiert wird nicht mit dem Fernsehprogamm, sondern mit dem übrigen Fernsehpublikum. Den wenigen Fällen, wo sich die Tele-Partizipation in der Sendungsgestaltung niederschlägt, steht der Normalfall aller anderen Sendungen gegenüber, in deren Umfeld es vor allem um Kommunikation im Netz geht. Das Bedürfnis, sich zu Fernsehprogrammen zu äußern oder auch zu bekennen, wird jedoch nicht vom sogenannten Social TV erzeugt: Dieses schafft lediglich die technischen Bedindungen, ein ohnehin vorhandenes Bedürfnis zu befriedigen. Auf die *second screen experience* wird – mit wachsenden Marktanteilen von internetfähigen Smart TVs – die *one screen experience* folgen. Die Branche ist zur Zeit damit befasst, die technisch-konzeptionellen Möglichkeiten auszuloten, das Verlangen nach Online-Teilhabe zu bedienen. Eine Frage kommt dabei meist zu kurz: Wie muss Fernsehen eigentlich aussehen, wenn es zum *Must Tweet-TV* werden will?

Literatur

Van Belleghem, Steven (2011) How TV Advertising Can Benefit from the Second Screen. In: *Conversation Management* v. 21.03.2011 [http://www.theconversationmanager.com/2011/03/21/how-tv-advertising-can-benefit-from-the-second-screen/ (letzter Zugriff: 14.09.2011)].

Bergman, Cory (2011) Shazam Raises $32 Million to Push into TV. In: *Lost Remote* v. 22.06.2011 [http://www.lostremote.com/2011/06/22/shazam-raises-32m-to-push-into-tv/ (letzter Zugriff: 01.11.2011)].

– (2011) Why Social TV will be a Multi-Billion Dollar Business. In: *Lost Remote* v. 27.06.2011 [http://www.lostremote.com/2011/06/27/why-social-tv-will-be-a-multi-billion-dollar-business/ (letzter Zugriff: 18.10.2011)].

Ebersbach, Anja/Glaser, Markus/Heigl, Richard (2011) *Social Web.* 2, völlig überarb. Aufl. Konstanz: UKV.

Ellis, John (2000) *Seeing Things: Television in the Age of Uncertainty.* London/New York: Tauris.

Ghunheim, Mark (2011) Social TV. Text From Talk at Social TV Summit: How Real-Time Social Date Informs The TV Stack. In: *Wired Set* v. 22.07.2011 [http://wiredset.com/2011/07/22/socialtv-text-from-talk-at-social-tv-summit/ (letzter Zugriff: 22.09.2011)].

Van Grove, Jennifer (2010) GetGlue Raises $6 Million to Build Social Entertainment Platform. In: *Mashable* v. 3.12.2010 [http://mashable.com/2010/12/03/getglue-funding/ (letzter Zugriff: 01.11.2011)].

– (2011a) GetGlue Now Seeing 12 Million Checkins and Ratings Per Month. In: *Mashable* v. 3.02.2011 [http://mashable.com/2011/02/03/getglue-metrics/ (letzter Zugriff: 17.10.2011)].

– (2011b) HBO Offers Discounts for «True Blood» Checkins. In: *Mashable* v. 14.10.2010 [http://mashable.com/2010/10/14/getglue-true-blood-discounts/ (letzter Zugriff: 01.11.2011)].

– (2011c) Extraordinary iPhone App Identifies 2.6 Million TV Shows by «Listening». In: *Mashable* v. 31.01.2011 [http://mashable.com/2011/01/31/intonow/ (letzter Zugriff: 01.11.2011)].

– (2011d) Miso Raises $1,5 Million and lands a Deal with Oprah Winfrey Network. In: *Mashable* v. 4.01.2011 [http://mashable.com/2011/01/04/Miso-funding/ (letzter Zugriff: 01.11.2011)].

Hsia, Lisa (2010) How Social Media is Changing the Business of Television. In: *Mashable* v. 10.12.2010 [http://mashable.com/2010/12/10/social-media-business-tv/ (letzter Zugriff: 12.09.2011)].

Marya, Radhika (2011) GetGlue and Showtime Collaborate on Checkin Deal. In: *Mashable* v. 7.01.2011 [http://mashable.com/2011/01/07/getglue-showtime/) (letzter Zugriff: 01.11.2011)].

Mitchell, Jason (2011) TV and Audience Engagement in a World of Time-Shifted Viewing. In: *The Connected Set* v. 12.03.2011 [http://theconnectedset.tv/873/it-is-not-just-tv-it-is-social-tv (letzter Zugriff: 01.11.2011)].

Nielsen, Jacob (2006) Participation Inequality: Encouraging More Users to Contribute. In: *Useit.com* v. 9.10.2006 [http://www.useit.com/alertbox/participation_inequality.html (letzter Zugriff: 04.10.2011)].

Parr, Ben (2011) Facebook by the Numbers. In: *Mashable* v. 21.10.2011 [http://mashable.com/2011/10/21/facebook-infographic/ (letzter Zugriff: 21.10.2011)].

Plasser, Clemens (2011) YouTube konkurriert bei Jugend mit TV. In: *Pressetext* v. 9.09.2011 [http://www.pressetext.com/news/20110909001 (letzter Zugriff: 09.09.2011)].

Roettgers, Janko (2011) The Future of Social TV: It's Not About the Check-In. In: *Gigaom* v. 15.03.2011 [http://gigaom.com/video/miso-moves-past-check-ins/ (letzter Zugriff: 14.09.2011)].

Rogers, Mark C./Epstein, Michael/Reeves, Jimmie L. (2002) The Sopranos as HBO Brand Equity: The Art of Commerce in the Age of Digital Reproduction. In: *This Thing of Ours: Investigating The Sopranos*. Hg. v. David Lavery. London: Wallflower, S. 42–57.

Roscoe, Jane (2004) Multi-Platform Event Television: Reconceptualizing Our Relationship with Television. In: *The Communication Review* 7,4, S. 363–369.

Rosen, Christine (2004/05) The Age of Egocasting. In: *The New Atlantic. A Journal of Technology & Society*, 7, S. 51–72.

Schwarz, Alexander (1995) Utopie und Realität interaktiven Fernsehens. In: *Montage AV* 4,1, S. 143–160.

Siegler, MG (2011) Yahoo Moves Fast – Real Fast – To Scoop Up Into Now For $20 – $30 Million. In: *Techcrunch.com* v. 14.05.2011 [http://techcrunch.com/2011/04/25/yahoo-intonow/ (letzter Zugriff: 01.11.2011)].

Silberman, Lindsay (2011) Social TV: How Survivor's Jeff Probst Bridged the Gap Between CBS and Its Audience. In: *Tvguide.com* v. 26.09.2011 [http://www.tvguide.com/News/Social-TV-Survivor-Jeff-Probst-1038136.aspx) (letzter Zugriff: 01.11.2011)].

Stelter, Brian (2010) Water-Cooler Effect: Internet Can Be TV's Friend. In: *The New York Times* v. 24.02.2010 [http://www.nytimes.com/2010/02/24/business/media/24cooler.html (letzter Zugriff: 12.09.2011)].

– (2011) Twitter and TV Get Close to Help Each Other Grow. In: *The New York Times* v. 26.10.2011 [http://www.nytimes.com/2011/10/26/business/media/twitter-and-tv-get-close-to-help-each-other-grow.html?_r=3 (letzter Zugriff: 01.11.2011)].

Stokes, Kate (2011) TV Check-in App Rewards Users that Watch Commercials. In: *Blab! Media* v. 3.05.2011 [http://www.getyourblabon.com/tvcheck-in-app-intonow-rewards-users-that-watch-commercials/ (letzter Zugriff: 01.11.2011)].

Stone, Biz (2009) What's Happening? In: *Blog.twitter.com* [http://blog.twitter.com/2009/11/whats-happening.html (letzter Zugriff: 01.11.2011)].

Szalai, Georg (2011) Study: Family Guy, Basketball Wives Were Most Social TV Shows of July. In: *The Hollywood Reporter* v. 2.08.2011 [http://www.hollywoodreporter.com/news/study-family-guy-basketball-wives-218095 (letzter Zugriff: 29.08.2011)].

Warren, Christina (2010) Grammy Ratings Surge; Did Social Media Play a Role? In: *Mashable* v. 1.02.2010 [http://mashable.com/2010/02/01/grammy-awards-ratings/ (letzter Zugriff: 01.11.2011)].

– (2011a) Social TV by the Numbers: VMAs Edition. In: *Mashable* v. 30.08.2011 [http://mashable.com/2011/08/30/vmas-social-tv-infographic/ (letzter Zugriff: 01.11.2011)].

– (2011b) Which TV Shows Are the Most Social? In: *Mashable* v. 13.05.2011 [http://mashable.com/2011/05/13/most-social-tv-shows/ (letzter Zugriff: 01.11.2011)].

Wells, Emma K. (2011a) Blessing or Curse? How DVRs are Impacting Viewing Habits. In: *TVgenius.net* v. 8.04.2011 [http://www.tvgenius.net/blog/2011/04/08/dvrs-impacting-viewing-habits/ (letzter Zugriff: 01.11.2011)].

– (2011b) Does Twitter Drive TV Ratings? In: *TVgenius.net* v. 25.05.2011 [http://www.tvgenius.net/blog/2011/05/25/twitter-drive-tv-live-ratings/ (letzter Zugriff: 01.11.2011)].

Wesson, David (2011) The Future of TV is Social & the Revolution is Coming! In: *David Wesson's Digital Culture* v. 12.06.2011 [http://davidwesson.typepad.com/david_wessons_digital_cul/2011/06/-the-future-of-tv-is-social-the-revolution-is-coming-.html (letzter Zugriff: 04.10.2011)].

Social Media im V-Room der flämischen Fernsehsendung THE VOICE VAN VLAANDEREN (© Jonas Wallecan)

The Voice: Über das ‹Soziale› des sozialen Fernsehens

Karin van Es/Eggo Müller

Im Nachhinein ist man immer klüger: Zukunftsszenarien, die das Ende des Fernsehens infolge der raschen Ausbreitung digitaler Medien beschworen, haben dessen Fähigkeit unterschätzt, sich an die neuen technologischen und kulturellen Bedingungen anzupassen. Aus dem *Three Screen Report* des führenden Marktforschungsinstituts Nielsen für das erste Quartal 2010 geht hervor, dass der Fernsehkonsum in den USA allen Unkenrufen zum Trotz weiter steigt:

> Each week, the typical American continues to increase his/her media time, watching over 35 hours of TV, 2 hours of which is time shifted TV, 20 minutes of online video and 4 minutes of mobile video, while also spending nearly 4 hours on the Internet. In addition, 59% of Americans surf the Internet and watch TV at the same time (Nielsen Company 2010).[1]

Gewiss müssen diese Daten mit Vorsicht bewertet werden, da ein hoher Fernsehkonsum auch im Interesse des Marktforschers Nielsen liegt. Zugleich deutet die Tatsache, dass viele Amerikaner beim Fernsehen zugleich im Internet surfen, darauf hin, dass sich das Fernsehverhalten

1 Dies trifft auch für Deutschland zu, wie *Die Zeit Online* am 3.01.2011 berichtete: «Laut den Zahlen der Marktforschungsfirma Media Control ist Fernsehen bei den Deutschen so beliebt wie nie zuvor. 223 Minuten pro Tag verbrachten sie 2010 als TV-Zuschauer – nach Angaben der ARD-Medienforschung ist dies der höchste Durchschnittswert der Fernsehgeschichte. Im Vergleich zu 2009 sind dies elf Minuten länger und verglichen mit 2008 sogar 16 Minuten» (www.zeit.de/kultur/film/2011-01/fernsehen-sehdauer-internet, zuletzt besucht am 15.05.2012). Dieser Trend wird auch durch die jüngsten Daten der AGF/GfK-Fernsehforschung bestätigt; vgl. http://www.agf.de/daten/.

nachdrücklicher verändert, als dies aus den reinen Einschaltquoten hervorgeht.[2] Mit Hilfe der immer noch als ‹neu› bezeichneten Medien, die lange als Anfang vom Ende des Fernsehens galten, erfindet sich derzeit das Fernsehen neu und begegnet den Herausforderungen der digitalen Technologie dadurch, dass es soziale Medien immer stärker integriert (vgl. Perren 2010). Die Fernsehindustrie scheint überzeugt, Zuschauer mit Hilfe sozialer Medien an das sogenannte «Verabredungsfernsehen» binden zu können: an Programme, die Zuschauer motivieren, nicht zeitversetzt zu schauen, sondern genau dann einzuschalten, wenn eine Sendung ausgestrahlt wird. Und tatsächlich gelingt es solchen Sendungen immer häufiger, Zuschauer über Plattformen wie Twitter und Facebook, die offiziellen Websites der Sender und durch spezielle Software-Applikationen für Smartphones und Tablet-Computer zu simultaner Interaktion zu bewegen (vgl. Chamberlain 2010).

Vor diesem Hintergrund bildet die niederländische Talentshow THE VOICE OF HOLLAND (RTL4, seit 2010/11),[3] in der Saison 2011/12 von NBC in den USA und ProSieben/Sat.1 in Deutschland adaptiert, einen interessanten Fall ‹neuen› Fernsehens, zum einen, weil diese Show sich selbst als eine ausgibt, die digitale Medien weitestgehend integriert, und zum anderen, weil dieses Programm tatsächlich neue Wege eingeschlagen hat, um die Interaktion zwischen Fernsehen, sozialen Medien und Zuschauern zu intensivieren. So wurde beispielsweise neben dem Moderator ein Korrespondent für soziale Medien eingeführt, der aus dem Backstage-Bereich der Show über zeitgleich stattfindende Diskussionen zwischen Kandidaten und Zuschauern in den sozialen Netzen berichtet, nicht zuletzt mit dem Ziel, diese Diskussionen anzuheizen.

Wir wollen im Folgenden die vielfältigen Interaktionen zwischen Fernsehen und sozialen Medien untersuchen, die das international so erfolgreiche Format von THE VOICE ermöglicht. Wir gehen dabei von der US-amerikanischen Version der Show aus, die sich nur in Details vom holländischen Original und der deutschen Adaption THE VOICE OF GERMANY bei ProSieben/Sat.1 unterscheidet. Statt soziale Medien schlicht als Erweiterungen des Fernsehens zu benutzen, setzt das For-

2 Die Nielsen-Daten für das erste Quartal 2010 zeigen in den USA einen Anstieg von 9,8 Prozent bei der gleichzeitigen Nutzung von Fernsehen und Internet oder Smartphones und Tablets gegenüber dem Vorjahr an: 70 und 68 Prozent gaben jeweils an, beim Fernsehen ihren Tablet-Computer bzw. ihr Smartphone zu benutzen, und sogar 86 Prozent der Fernsehzuschauer mit mobilem Internetzugang nutzten ihr Smartphone oder ihr Tablet beim Fernsehen (vgl. Nielsen Company 2010).

3 Das Format wurde von Endemol Productions entwickelt, die auch für BIG BROTHER verantwortlich zeichneten.

mat diese Plattformen ein, um neue Formen interaktiven Zuschauens zu stimulieren. Dan Harries hat solche Formen von Interaktion und Partizipation, die durch die Konvergenz von Fernsehen und digitalen Medien entstehen, als «viewsing» (2002, 172) bezeichnet und so der Verknüpfung von Zuschauen und digitalem Mediengebrauch einen treffenden Namen gegeben.[4] Wir werden diese Praktiken des *viewsing* im Blick auf einen «Raum der Partizipation» (Müller 2009) analysieren, den THE VOICE herstellt und der der Beziehung zwischen Fernsehen, sozialen Medien und Nutzern ihre spezifische Form verleiht. Unser Beitrag beginnt indes mit einigen Bemerkungen über den Mythos des sozialen Fernsehen, der im populären Diskurs umgeht, um dann die Frage aufzugreifen, in welchem Sinne soziales Fernsehen eigentlich als ‹sozial› zu verstehen ist.

Die Erfolgsgeschichte des sozialen Fernsehens

Fernsehen war immer schon ein instabiles oder «hybrides» Medium (vgl. Jacobs 2000; Bennett 2011), befindet es sich doch seit seinem Entstehen in einem Prozess der konstanten Fortentwicklung (vgl. Uricchio 2009). Der Begriff des ‹sozialen Fernsehens›, der von Produzenten wie Journalisten gern aufgegriffen wird, unterstreicht dies. Er beschwört die Tradition des Fernsehens als eines gemeinschaftsstiftenden Mediums für Familien, Generationen und Nationen, um dann den Verlust eben dieser Tradition als Folge einer Vervielfachung des Programmangebots, fragmentierter Zielgruppen und eines diversifizierten Nutzerverhaltens betrauern zu können. Tatsächlich schauten im Zeitalter des ausschließlich öffentlich-rechtlichen Fernsehens oder der «Network-Ära» in den USA (vgl. Lotz 2007) aufgrund des begrenzten Programmangebots viel mehr Menschen zur gleichen Zeit dieselben Programme, ob zu Hause im Familienkreis, mit Kollegen oder Freunden in öffentlichen Räumen. Während beispielsweise eine populäre Serie wie DALLAS (CBS 1978–1991) in der Saison 1980/81 noch eine Reichweite von 45,2 Prozent aller nordamerikanischen Haushalte erzielte, erreichen selbst Quotenhits wie AMERICAN IDOL heutzutage gerade einmal 14 Prozent (vgl. ibid., 43).[5]

4 Im Deutschen bietet sich leider kein so vergleichbar einfacher Neologismus an, weshalb wir im Folgenden am englischen *viewser* festhalten.

5 Diese Daten repräsentieren lediglich den traditionellen Fernsehkonsum inklusive zeitversetzter Nutzung innerhalb von 48 Stunden; Fernsehkonsum über andere Plattformen ist in den zitierten Nielsen-Daten nicht berücksichtigt.

In der ‹guten alten Zeit› des begrenzten Programmangebots, so der liebevoll genährte Mythos, stiftete Fernsehen noch das Gespräch unter Freunden und den Kollegen am Arbeitsplatz, in den USA als *water-cooler conversation* bekannt (und berüchtigt).[6] Die Ausweitung des Programmangebots sowie die Diversifikation von Vertriebskanälen und -plattformen seien entscheidende Ursachen für die Fragmentierung ‹des› Fernsehpublikums gewesen – mit der Folge, dass die Grundlage für Gespräche verloren gegangen sei. Diese Lücke werde nun, so will es der populäre und professionelle Diskurs, durch das soziale Fernsehen geschlossen (vgl. etwa Dumenco 2011). Der Mythos des sozialen Fernsehens setzt sich also aus den folgenden Aspekten zusammen:

1. Einst bildete das Fernsehpublikum eine große Gemeinschaft,
2. die durch die Entwicklung digitaler Technologien und Kommunikationsformen auseinandergebrochen sei,
3. doch werde durch die Integration der Kommunikationspotenziale sozialer Medien die verlorene Sozialität des Fernsehens zurückgewonnen – und damit stiegen dann auch wieder Anziehungskraft und Einschaltquoten.

Sicherlich enthält diese Beschreibung einen wahren Kern, während sie zugleich stark vereinfacht. Wenn es zutrifft, dass Fernsehprogramme heute durchschnittlich einen deutlich kleineren Zuschaueranteil aufweisen als noch in der Network-Ära, so gibt es doch immer wieder Fernsehereignisse, die hohe Reichweiten erzielen. So erreichte die amerikanische Super Bowl XLV im Jahre 2010 39,8 Prozent aller amerikanischen Haushalte, womit sie zum meist gesehenen Fernsehereignis der vergangenen 20 Jahre avancierte (vgl. Klayman 2011). Die Behauptung, massenhafter Fernsehkonsum sei ein Phänomen der Vergangenheit, unterschlägt also die Tatsache, dass bestimmte Formate und sorgfältig produzierte Fernsehereignisse von nationaler oder internationaler Bedeutung nach wie vor große Zuschauergruppen anzuziehen vermögen.

Wenn es auch zutrifft, dass Fernsehen in der Vergangenheit oft den Stoff für einen Plausch am Arbeitsplatz lieferte, so richtet sich die Erfolgsgeschichte des sozialen Fernsehens doch zu sehr an der *water-cooler conversation* als Modell aus, ohne dass die Unterschiede zwischen dem

6 *Water-cooler conversation* ist im Amerikanischen der Begriff für den Plausch mit Kollegen im Büro; in Deutschland findet dieser wohl am ehesten am Kopierapparat, in der Kantine, der Teeküche oder an der Kaffeemaschine statt.

Plausch übers Fernsehen am Tag nach der Ausstrahlung eines gegebenen Programms und der Konversation mittels sozialer Medien herausgearbeitet würde. Soziale Medien werden durch Fernsehprogramme ja vor allem dazu eingesetzt, Zuschauer *während* der Ausstrahlung eines Programms zu involvieren. Darüber hinaus ist der Begriff des ‹Sozialen› irreführend. Er unterstellt, dass der Rundfunk vor der ‹Erfindung› des sozialen Fernsehens keine Anlässe zu sozialem Beisammensein und Austausch bildete. Doch gewiss war das Fernsehen bereits in den Nachkriegsjahren, wie Anna McCarthy (vgl. 2001, 36) für die USA dokumentiert, Anlass zur Unterhaltung in Kneipen und Bars, eine Tradition, die sich heute in Sport-Bars während großer Sportereignisse fortsetzt. Schon in den achtziger Jahren gab es Experimente, bei denen Zuschauer über den Bildschirm Textberichte austauschen konnten (vgl. Jonietz 2010), und mit der Einführung des Internet entstanden Online-Foren für die Kommunikation über Fernsehprogramme (vgl. Byam 2000; Andrejevic 2008). Dies sind nur einige Beispiele der vielen unterschiedlichen Konstellationen televisueller Gemeinschaftsbildung, die wie das traditionelle Fernsehen zu Hause im Kreise von Familie oder Freunden ebenfalls Anspruch auf den Begriff des ‹sozialen Fernsehens› erheben könnten.

Schließlich unterstellt der Mythos des sozialen Fernsehens, dass Online-Plattformen als ergänzende Räume der Unterhaltung die Zuschauer während der Ausstrahlung eines Programms massenhaft zurück vor den Bildschirm bringen und damit das kollektive Erlebnis Fernsehen wiederbeleben. Doch obwohl einige Experimente mit dem sozialen Fernsehen zu erstaunlichen Quotenerfolgen geführt haben, hat etwa die Verleihung der Academy Awards trotz eines höchst aufwändigen Einsatzes sozialer Medien neun Prozent *weniger* Zuschauer vor die Bildschirme gelockt als noch im Jahr zuvor (vgl. Guthrie 2011). Dies ist nur ein Beleg dafür, dass zwischen Quotenerfolgen von Fernsehsendungen und dem gezielten Einsatz sozialer Medien kein einfacher kausaler Zusammenhang besteht, wie es der Diskurs über das soziale Fernsehen gern suggeriert.

Strategien des sozialen Fernsehens

Auch wenn die Erfolgsgeschichte des sozialen Fernsehens stark vereinfacht erscheint, so entwickeln sich doch zur Zeit andere Formen desselben – nicht zuletzt, weil im professionellen Diskurs die Überzeugung vorherrscht, dass der Einsatz sozialer Medien die Zuschauer zurück vor das Fernsehgerät bringen wird. Die Frage ist deshalb, wie diese neuen Formen eines hybriden Medienensembles das Soziale des Fernsehens ausgestalten.

Ein verbreiteter Ansatz gegenwärtiger Experimente lässt sich mit Henry Jenkins als «partizipatorisch» beschreiben (vgl. 1992; 2006). Jenkins zufolge verwischen in der Partizipationskultur die Grenzen zwischen Produktion und Rezeption mit dem Ergebnis, dass Nutzer sich dank der Möglichkeiten digitaler Technologien in die Medienproduktion einmischen können.[7] Vor diesem Hintergrund wollen wir im Folgenden Interaktionen zwischen Fernsehen, sozialen Medien und Zuschauern analysieren, die bei THE VOICE Gestalt annehmen. Damit wollen wir nicht etwa behaupten, dass THE VOICE das erste Format gewesen wäre, das ein Zusammenspiel von Fernsehen und sozialen Medien initiiert hätte; vielmehr verstehen wir die Show gleichsam als Prototypen gegenwärtiger Formen sozialen Fernsehens. Wir unterscheiden vier Formen der Interaktion, die wir als (1) *Erweiterung*, (2) *Einblendung*, (3) *Umhüllung* und (4) *Integration* beschreiben. Auch wenn sich diese vier Formen überlagern und nur auf analytischer Ebene zu trennen sind, wollen wir sie einzeln aufschlüsseln. Zu betonen ist dabei, dass vergleichbare Formen natürlich auch in anderen Genres und Formaten zu finden sind, selbst wenn wir hier ein Beispiel der Fernseh*unterhaltung* analysieren.[8]

Erweiterung

Der erste Typ der Interaktion zwischen Fernsehen und sozialen Medien lässt sich als Erweiterung beschreiben (vgl. Ytreberg 2009; Gillan 2010). Er ähnelt dem von Henry Jenkins beschriebenen «transmedia storytelling» (vgl. 2003; 2006). Jenkins fasst mit diesem Begriff das Auswuchern von Erzählsträngen und Figuren über verschiedenste Medien und Plattformen. Bei THE VOICE werden die offizielle Website von NBC.com sowie Twitter und Facebook eingesetzt, um den Text der Show zu erweitern. So bekommen alle Kandidaten zu Beginn einen Tablet-Computer des Sponsors Samsung zur Verfügung gestellt, sie haben ihren persönlichen Bereich auf der Website NBC.com und werden vorab im Gebrauch sozialer Medien unterwiesen (vgl. Drell 2011).

7 Jenkins unterstreicht mit seinen optimistischen Analysen den demokratischen Charakter von Partizipationskulturen und spielt die strukturierende Macht der Medienindustrie zu sehr herunter; vgl. dazu ausführlicher Müller (2009); Schäfer (2011).

8 Man denke nur daran, wie verschiedene Nachrichtensender den Strom von Tweets in ihre Berichterstattung über die königliche Hochzeit von Prinz William und Kate Middleton integrierten.

Für die 32 Kandidaten, die die zweite Ausscheidungsrunde erreichten, wurden auf NBC.com zahlreiche Hyperlinks angelegt, um Nutzer zu ihren jeweiligen Blogs, Facebook-Profilen, Twitter-Accounts und zu weiteren Foto- und Videodokumenten zu leiten. Für die Zuschauer eröffnen sich damit eine Vielzahl verschiedener Zugangswege zu den Personen und Ereignissen der Show. Neben den Kandidaten waren auch ihre Coaches sowie die Moderatoren und Produzenten auf den Plattformen sozialer Medien aktiv. Damit erweitert Fernsehen das *broadcasting* um Formen des *narrowcasting* auf digitalen Plattformen (vgl. Beyer et al. 2007; Castells 2009; Gillan 2011). Diese Form der Medienkonvergenz konfrontiert Nutzer mit neuen Aufgaben, aber – wie Jenkins (2006, 96f) im allgemeinen Sinn festgehalten hat – auch mit neuen Möglichkeiten zur Partizipation an einem Medienprodukt.

Einblendung

Den zweiten Typen der Interaktion zwischen Fernsehen und sozialen Medien im sozialen Fernsehen beschreiben wir als Einblendung oder *overlay*. Es handelt sich bei The Voice um Einblendungen von Zuschauer-Tweets am unteren Bildschirmrand, die wie auch die Moderatoren dazu motivieren, Gebrauch vom Hashtag #TheVoice zu machen. Diese Form ließe sich mit Bolter und Grusin (1999) als eine ästhetische Variante der ‹Hypermedialität› beschreiben, weil hier die Diversifizierung und Konvergenz der Medien und Kommunikationskanäle inszeniert wird. Gleichzeitig handelt es sich ganz pragmatisch um die Integration von Zuschauerkommentaren, durch die sich das Format als interaktiv geriert.[9]

Umhüllung

Den dritten Typen der Interaktion zwischen Fernsehen und sozialen Medien im sozialen Fernsehen nennen wir Umhüllung. Auf verschiedenen Medienplattformen bilden sich *communities* von Zuschauern, die einer Sendung oder einem Programmereignis folgen und darüber mit

9 So einfach das Einblenden als Strategie auch erscheinen mag: Die Integration von Tweets in Fernsehprogramme erweist sich für Programmgestalter als eine schwierige Angelegenheit. Beispielsweise beschwerten sich viele Zuschauer über die störenden Tweets auf dem Bildschirm, als Fox 2008 bei der Wiederholung von Fringe (USA, seit 2008) und Glee (USA, seit 2009) einen live gesendeten *on screen*-Chat zwischen Zuschauern, Schauspielern und Produzenten anregte; vgl. dazu Steinberg 2009; Dybwad 2009; Gillian 2011, 234.

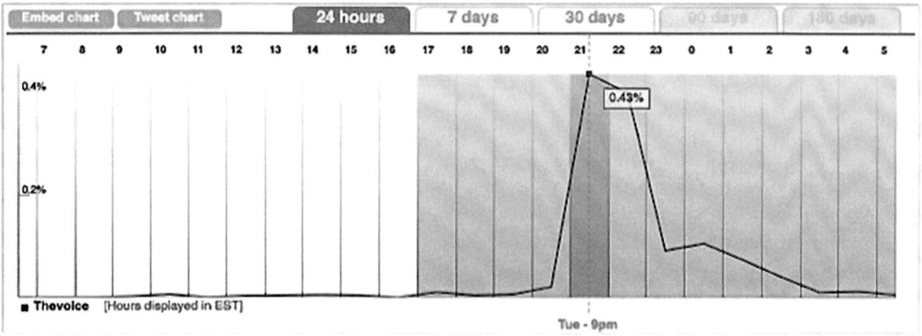

1 Tweet-Frequenz zu The Voice zum Sendetermin der ersten Liveshow in der ersten Staffel (NBC 2011)

anderen kommunizieren. Dies ist eine von der erstgenannten Form der Interaktion zu unterscheidende Strategie, weil es beim Umhüllen die Zuschauer sind, welche die Plattformen nutzen, um direkt miteinander in Kontakt zu treten, während das Programm ausgestrahlt wird.

Twitter ist für diesen Typ ein charakteristisches Beispiel. Mittels des Online-Dienstes Trendistic lassen sich die Tweet-Aktivitaten in Bezug auf ein spezifisches Programm oder Thema dokumentieren und visualisieren. Abbildung 1 zeigt auf der Y-Achse die Frequenz von Tweets vor, während und nach der Ausstrahlung der ersten Liveshow der US-amerikanischen Version von The Voice, die «The Voice» im Text erwähnten oder als Hashtag gebrauchten; die X-Achse bildet diese Aktivität im Verlauf des Sendetags ab.[10]

Diese Grafik stützt die Vermutung, dass soziales Fernsehen Zuschauerpartizipation vor allem *während* der Ausstrahlung eines Programms anregt. Der Höhepunkt wird zu Beginn der Ausstrahlung an der amerikanischen Ostküste erreicht; die Kurve steigt dann, deutlich flacher nach der ersten Stunde,[11] erst wieder am Anfang der Sendung an der Westküste leicht an. Nach einer Stunde sinkt die Twitter-Frequenz erneut und landet nach weiteren drei Stunden auf demselben niedrigen Niveau, das vor Beginn der Ausstrahlung herrschte.

Twitter ist nicht die einzige Plattform, die diese Form der Interaktion ermöglicht. NBC selbst hat die Software-Applikation NBC-Live lanciert, die Zuschauern eine sogenannte *second screen-experience* zu einigen NBC-Shows anbietet.[12] Diese Applikation gibt Zuschau-

10 Dieser Verlauf ist übrigens repräsentativ für alle Liveshows von The Voice.

11 Die Vermutung liegt nahe, dass ein größerer Teil der Twitter-affinen Zielgruppe des Programms gegen 22.30 Uhr zu Bett gehen muss.

12 NBC beabsichtigt, diese Applikation in Zukunft für alle NBC-Programme anzubieten. 2008 haben ABC und CBS begonnen, Zuschauern Zugang zu zusätzlichen

ern während der Live-Ausstrahlung eines Programms Zugang zu zusätzlichen Inhalten sowie zu einem moderierten Forum, auf dem sie mit anderen Zuschauern und mit Mitgliedern des Produktionsteams kommunizieren können. Schließlich können sie mittels dieser Applikation ihre Kommentare auf Facebook und Twitter mit anderen Zuschauern teilen. Sogenannte *check-in apps* wie beispielsweise GetGlue, Philo, Miso oder BeeTV realisieren die Umhüllung von Programmen auf ähnliche Weise. Diese sind übrigens nicht aufs Fernsehen begrenzt und erlauben es Zuschauern, Kommentare über jegliche Form des Medienkonsums auszutauschen oder Sendungen und andere Medienprodukte online zu bewerten, mit Stickern, «thumbs up» oder anderen gebräuchlichen Symbolen. All diese Möglichkeiten zielen darauf ab, die Rezipienten in einen simultanen Live-Chat zu verstricken. Sie integrieren Fernsehen in einen erweiterten kommunikativen Raum und adressieren die Zuschauer damit als *viewser*.

Integration

Den vierten Typ der Interaktion zwischen Fernsehen und sozialen Medien im sozialen Fernsehen bezeichnen wir als Integration. Wir gehen von der Beobachtung aus, dass Fernsehprogramme seit dem Aufkommen digitaler Medien zunehmend interaktive Angebote einbeziehen, und damit von einer Entwicklung des partizipatorischen Fernsehens, deren Formen (Interviews mit Zuschauern, Briefkorrespondenz, Phone-Ins und SMS-Berichte) eine längere Tradition haben (vgl. Schwarz 1995; Gripsrud 2010, 18). Doch im Gegensatz zu diesen Formen sind Berichte und Kommentare, wie sie Plattformen der sozialen Medien ermöglichen, nicht notwendigerweise an die Produzenten eines Programms, seinen Moderator oder seine Kandidaten gerichtet. Sie können vielmehr als Form der «Massen-Selbst-Kommunikation» (vgl. Castells 2009) beschrieben werden, die Zuschauer dank des Web 2.0 nutzen können, um die anderen Zuschauer ‹dort draußen vor den Bildschirmen› zu adressieren. Immer wieder durch den Moderator hierzu aufgefordert, steuert bei The Voice die Korrespondentin für soziale Medien, Alison Haselip, vom sogenannten ‹V-Room› aus Beiträge der Zuschauer zum Dialog auf der Vorderbühne bei. Damit werden in The Voice On- und Offline-Kommunikation nahezu in Echtzeit miteinander verbunden.

Informationen und Diensten wie Umfragen oder Quizze über Websites und soziale Medien zu ermöglichen.

Diese Analyse der unterschiedlichen Formen der Interaktion zwischen Fernsehen und sozialen Medien erlaubt es, Unterschiede zwischen sozialem Fernsehen und vergleichbaren Konzepten des *transmedia storytelling* (vgl. Jenkins 2003; 2006), der Crossmedialität (vgl. Davidson 2010) oder der *deep media* (vgl. Rose 2011) herauszuarbeiten. Soziales Fernsehen im Format von THE VOICE verbindet Live-Fernsehen mit den Kommunikationsströmen sozialer Medien, indem es eine Verknüpfung von Strategien der Erweiterung, Einblendung, Umhüllung und Integration produktiv macht. Obwohl THE VOICE Dimensionen von transmedialem Erzählen, Crossmedialität und *deep media* realisiert, können diese Konzepte die Strategie der Sendung nicht hinreichend erfassen, weil sie sich in erster Linie auf die Interaktionen zwischen Text, Fans und sozialen Medien jenseits der jeweiligen Ausstrahlung eines Programms beziehen. Dagegen scheint THE VOICE das Engagement der Zuschauer *während* der Show als Ideal des ‹Sozialen› aufzufassen, ob es sich dabei nun um die Diskussion über die Show auf Facebook, NBC.com und Twitter handelt oder um den Kontakt mit den Machern und Kandidaten auf diesen drei Plattformen während der Ausstrahlung. Im Folgenden wollen wir darum genauer analysieren, wie THE VOICE Möglichkeiten der Zuschauerpartizipation gestaltet, indem wir erst den sendungsspezifischen «Raum der Partizipation» beschreiben, um anschließend anhand einiger Beispiele zu zeigen, wie Zuschauer die gegebenen Möglichkeiten tatsächlich nutzen.

Der formatierte Raum der Partizipation bei THE VOICE

«Räume der Partizipation», die durch die Integration von digitalen Plattformen entstehen, sind durch vier analytisch zu unterscheidende Dimensionen bestimmt: die technologische, die rechtliche, die ökonomische und die kulturelle (vgl. Müller 2009). THE VOICE setzt sich bekanntlich wie viele Multiplattform-Reality-Programme und -Castingshows mit großem Nachdruck dafür ein, dass die Zuschauer zur Ermittlung des vielversprechendsten Gesangstalents der (Fernseh-)Nation über die Kandidaten abstimmen können. Dazu ist die Show in drei Phasen unterteilt: die Vorrunde der sogenannten «Blind Auditions», die «Battle Round» als K.O.-Phase und schließlich die finalen Live Shows. In THE VOICE spielt Zuschauerbeteiligung insbesondere in der «Battle Round» eine große Rolle und wird von einer für diese Form des sozialen Fernsehens typischen Rhetorik begleitet. So betonen die Moderatoren wieder und wieder, wie wichtig es sei, dass die Zuschauer abstimmen – in den Worten von Daly in der amerikanischen Ausgabe: «You at home get to choose which artist is saved.» Das kann über Telefon, online auf der NBC-Website oder durch den Kauf des Songs eines Kandidaten auf iTunes geschehen. Tatsächlich aber gibt das Zuschauervotum erst beim Finale der letzten vier Kandidaten den Ausschlag, während in den Finalrunden davor das Urteil der Coaches und ihrer Berater zu 50 Prozent mitzählt. Es ist dabei ein offenes Geheimnis, dass sich die Coaches in ihrem Urteil vom Umsatz der Songs ihrer Kandidaten auf iTunes leiten lassen, womit der Publikumseinfluss tatsächlich größer als 50 Prozent sein dürfte.

Zugleich unterliegen die Partizipationsmöglichkeiten offiziellen Bestimmungen, den «Voting Terms and Conditions», in denen beispielsweise die geografischen Bedingungen für die Teilhabe geregelt werden. Bei der amerikanischen Version der Show war der Zugang zur gebührenfreien Abstimmung per Telefon begrenzt und zwar auf das kontinentale Gebiet der USA sowie auf Alaska, Hawaii und Puerto Rico. Auf iTunes konnten Besucher von außerhalb der USA in dem Zeitraum, in dem der Kauf eines Songs als Stimme gewertet wurde, keine Songs der THE VOICE-Kandidaten erwerben. Auch auf der offiziellen Website war der Zugang zu exklusivem Videomaterial durch territoriale Nutzungseinschränkungen (Geo-Filtering) auf Zuschauer aus den USA begrenzt.

Über NBC.com, Twitter und Facebook konnten *viewser* mit den professionell an der Produktion Beteiligten sowie mit anderen Zuschauern Kontakt aufnehmen. Allerdings bildete die ungeheure Menge von Fragen und Kommentaren, mit denen sie die Produktion überfluteten, eher ein Partizipationshindernis. Wegen der schieren Masse von Beiträgen war es nahezu unmöglich, die Kommunikationsströme zu überschauen, zudem sank damit die Chance, überhaupt eine Reaktion zu erhalten. Ein Lösungsvorschlag wurde von *viewsern*, die das Problem erkannt hatten, selbst entwickelt und bestand darin, anstelle von ausführlichen Antworten auf die gestellten Fragen schlicht um eine Reaktion in Form eines «Re-Tweet» oder «Like» zu bitten.

Auch rechtliche Bestimmungen und technologische Bedingungen sind Faktoren, welche die Partizipationsmöglichkeiten der Zuschauer gestalten. So konnten diese auf den oben genannten Plattformen ihre Kommentare hinterlassen, darauf hoffend, dass Moderatoren oder Kandidaten *on-air* darauf reagierten. Von den drei Plattformen hatte Twitter den juristischen Vorteil, dass der Gebrauch eines Tweets nicht jeweils einzeln verhandelt werden musste, mit der Folge, dass Twitter zum wichtigsten Rückkanal der Show avancierte. Das erklärt auch, warum die meisten Fragen und Kommentare, auf die in THE VOICE reagiert wurde, Tweets waren. Dabei stellte es für die Produzenten der Show eine technische Herausforderung dar, die Echtzeit-Kommentare auf Twitter auch simultan auf dem Bildschirm als Einblendung erscheinen zu lassen. Schlussendlich dauerte es jeweils 15 Sekunden, bis ein Tweet, unter rechtlichen und ethischen Gesichtspunkten geprüft, veröffentlicht werden konnte (vgl. Edelsburg 2011). Wenn auch die genauen rechtlichen und ethischen Hintergründe dieser Kontrolle unbekannt sind – sie bestimmte letztlich darüber, ob ein Tweet überhaupt in die engere Auswahl kam.

Zudem blieb die Anzahl der *on-air* erschienenen Tweets gering. Der Handreichung von Twitter für den Gebrauch von Tweets im Fernsehen folgend,[13] stammt ein großer Teil der auf den Bildschirm gebrachten Kommentare von den Coaches oder den Kandidaten selbst. Während der Liveshows wurden nur wenige Tweets eingeblendet und während der gesamten ersten Staffel von THE VOICE nur zwei Fragen aus dem nahezu unendlichen Pool aufgegriffen, die Zuschauer auf einer der sozialen Plattformen geliefert hatten. Dementsprechend blieb die Wahrscheinlichkeit, dass auf einen Beitrag in der Show eingegangen werde, verschwindend gering.

Neben technologischen und rechtlichen Faktoren beschränken in den USA auch sozio-ökonomische Aspekte der Fernsehprogrammierung die Möglichkeiten, einen Tweet während der Sendung aufzugreifen. Obwohl es, wie die alljährliche Liveübertragung der SUPERBOWL (seit 1967, rotierend zwischen NBC, CBS und FOX) zeigt, technisch möglich wäre, ein Programm landesweit live auszustrahlen, wurde THE VOICE wegen der unterschiedlichen Zeitzonen zunächst an der Ostküste übertragen und erst drei Stunden später an der Westküste ausgestrahlt. Damit waren die Zuschauer im Westen der USA vollständig von der Möglichkeit ausgeschlossen, in Echtzeit mit einem Kommentar auf das Livegeschehen reagieren zu können.

Wie im Falle von BIG BROTHER kann man auch bei THE VOICE von einem Produzenten-zentrierten Konzept der «formatierten Partizipation» sprechen (vgl. Müller 2009). Obwohl der Raum der Partizipation hier durch Twitter, Facebook und die offizielle Website erweitert ist, werden die Kommentare der *viewser* nur gelegentlich in das Event auf dem Fernsehschirm integriert. Zuschauer haben also wenig Einfluss auf den Fernsehtext. Zugleich unterwerfen sich diejenigen, die über die sozialen Medien an der Show teilnehmen, einer daten-

13 Vgl. Twitters *Guidelines for Use of Tweets in Broadcast or Other Offline Media* auf: https://support.twitter.com/entries/114233; zuletzt überprüft am 15.05.2012.

technischen Erfassung ihrer partizipativen Aktivitäten (vgl. Andrejevic 2004; Müller 2009, 55). Die Plattformen der sozialen Medien schöpfen Nutzer-generierte Daten, sozusagen das Abfallprodukt ihrer Online-Interaktion, für kommerzielle Zwecke ab (vgl. Schäfer 2011). Fernsehproduzenten nutzen diese Daten, um Zuschauerreaktionen genauer zu dokumentieren und besser deuten zu können (vgl. Edelsburg 2011). Während also die Beiträge von *viewsern* nur selten und mehr oder weniger zufällig ihren Weg bis auf den Fernsehschirm finden, generiert jede einzelne Handlung eines partizipierenden Zuschauers wertvolle Daten für die Produzenten.

Praktiken des *viewsing*

Im vorigen Abschnitt haben wir einige Aspekte des partizipativen Raums von The Voice näher beschrieben, die sich durch die Besonderheiten der Live-Produktion und -Ausstrahlung der Show von solchen Partizipationsmöglichkeiten unterscheiden, wie sie etwa das von Jenkins erforschte *multi-platform storytelling* bietet. Im Folgenden wollen wir auf Reaktionen von *viewsern* eingehen, die Gebrauch von Twitter, Facebook oder NBC.com während der Ausstrahlung von The Voice gemacht haben. Damit wollen wir genauer bestimmen, wie das ‹Soziale› des sozialen Fernsehens in den Praktiken von Zuschauer-Nutzern Form gewinnt.

In den USA erreichte The Voice durchschnittlich 11,5 Millionen Zuschauer und damit etwa fünf Prozent aller Fernsehzuschauer.[14] Flankiert von sozialen Medien konnte die erste Liveshow in den USA sogar 12,3 Millionen Zuschauer vor die Bildschirme locken und 200.000 Tweets für sich verbuchen (vgl. Halperin 2011). Wenn wir um des Arguments willen einmal annehmen, dass jeder einzelne Tweet je einen anderen Zuschauer repräsentiert, hieße das, dass immer noch 98,4 Prozent aller Zuschauer während der Ausstrahlung *nicht* über die Show getwittert haben. Das ist auch kaum erstaunlich, da während der

14 Nielsen schätzte die Anzahl der Fernsehhaushalte in den USA für die Saison 2010/11 auf 115,8 Million; vgl. den Report *Number of U.S. TV Households Climbs by One Million for 2010-11 TV Season* vom 27. August 2010; URL: http://blog.nielsen.com/nielsenwire/media_entertainment/number-of-u-s-tv-households-climbs-by-one-million-for-2010-11-tv-season/; zuletzt besucht am 15.05.2012. In Deutschland erreichte The Voice of Germany mit über 4 Millionen Zuschauern bei den Liveshows und einem Marktanteil von bis zu 26,6 Prozent bei den werberelevanten Zielgruppen der 14- bis 49-Jährigen für ProSieben und Sat.1 überdurchschnittlich hohe Einschaltquoten.

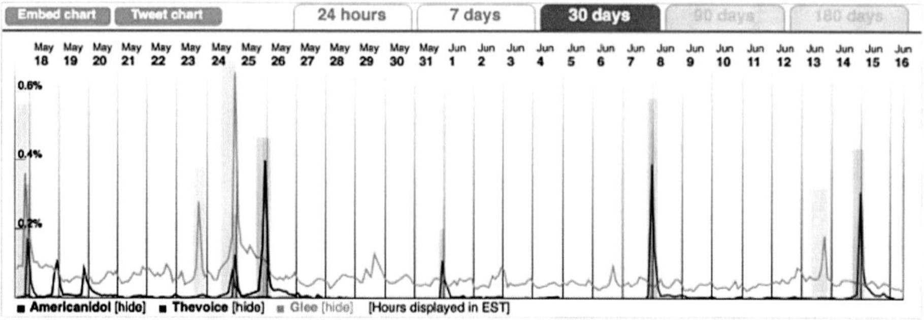

2 Tweet-Frequenz zu The Voice über einen Zeitraum von 30 Tagen in der Phase der Finalrunde 2011 (18.5.–16.6.2011)

ersten Staffel von The Voice nur 13 Prozent aller US-amerikanischen Erwachsenen einen Twitter-Account besaßen (vgl. Smith 2011).

Abbildung 2 gibt einen Überblick über die Tweet-Frequenz zu drei Programmen, die sich um Gesang und Gesangstalente drehen: die Castingshows American Idol (FOX, seit 2002) und The Voice sowie die Highschool-Soap Glee (FOX, seit 2009), letztere erzählt vom Wohl und Wehe einer Musicaltruppe an der fiktiven William McKinley High School in Lima, Ohio. Dieser 30-Tage-Überblick[15] zeigt deutlich, dass Zuschauer vor allem *während* der Ausstrahlung über die Sendungen twittern und bestätigt damit Angaben der Produzenten, dass soziales Fernsehen in erster Linie den simultanen Gebrauch von *second screens* stimuliert. Beim Vergleich der Tweet-Frequenzen fällt auf, dass The Voice auf Twitter ein nur mäßig populäres Thema darstellt – entgegen der ausdrücklichen Behauptung, dass es das am besten ‹digital integrierte› Format des sozialen Fernsehens sei.

Auf Facebook hat die Fan-Seite der Show immerhin 381.188 «Likes» erhalten, und wenn man die Summe der «Gefällt mir» aller vier Top-Kandidaten hinzuzählt, kann man insgesamt rund 500.000 Zustimmungen dieser Form unterstellen. Geht man, wiederum um des Arguments willen, von der geringsten Einschaltquote aller Live-Shows, also von zehn Millionen Zuschauern aus, würde das bedeuten, dass insgesamt weniger als fünf Prozent aller Zuschauer die Show oder einen der vier Top-Kandidaten auf Facebook ausdrücklich mit einem «Like», der häufigsten Form der Interaktion auf Facebook, gewürdigt haben. Auch auf der offiziellen Website waren nicht viele Spuren von *viewser*-Partizipation zu finden, weder was die Anzahl der Seitenabrufe betrifft noch die der Kommentare. Insgesamt ergibt sich somit –

15 In dieser mit dem Marktforschungstool Trendistic erstellten Übersicht wurden nur Tweets gezählt, die den Namen der jeweiligen Show anführen.

im Vergleich zu dem überaus positiven Bild, das Fernsehproduzenten über das ‹neue› Zuschauen beim sozialen Fernsehen verbreiten – ein ernüchterndes Ergebnis: Trotz der vielen partizipativen Möglichkeiten, die das Format seinen Zuschauern bietet, macht nur eine kleine Anzahl von *viewsern* aktiven Gebrauch davon, soziale Medien als Rückkanal einzusetzen, oder anders formuliert: Mit Blick auf die Zuschauerpartizipation scheint soziales Fernsehen zumindest im Falle von The Voice wenig Fortschritt gegenüber traditionellen Fernsehprogrammen zu bieten. Aber lässt sich daraus folgern, dass das ‹Soziale› des sozialen Fernsehens nichts weiter ist als eine Behauptung, die reiner Marketingrhetorik entspringt?

Der Plausch an der Kaffeemaschine, neu definiert

Um diese Frage zu beantworten, wollen wir abschließend auf die Art und Weise eingehen, wie The Voice Zuschauerpartizipation *in* der Fernsehshow selbst gestaltet hat. In der Phase der «Blind Auditions» und der «Battle Rounds» wurden die sozialen Medien lediglich als Möglichkeit propagiert, mit Programm, Machern und Kandidaten in Kontakt zu treten. Während der Live-Shows aber wurde die Präsenz der sozialen Medien in der Show deutlich erhöht, unter anderem durch das regelmäßige Umschalten zur Korrespondentin für soziale Medien, Alison Haislip. In der ersten Liveshow wurde der «V-Room» im Backstage-Bereich feierlich als Ort etabliert, an dem Haislip sich mit den Kandidaten vor und nach ihren Auftritten unterhält. Vor allem aber berichtete sie von dort aus im Stil einer Nachrichtenkorrespondentin über die jüngsten Zuschauerbeiträge, die über die Plattformen sozialer Medien eingingen. Der V-Room brachte die Netzaktivitäten von Zuschauern durch eine riesige Internet-Wand und Fernsehmonitore ins Bild, auf denen Tweets vorbeizogen und die Facebook-Seite sowie die offizielle Seite der Show auf NBC.com dargestellt waren. Während des Umschaltens in den V-Room verwies Haislip jeweils auf die Tweets, die auf dem unteren Bildschirmdrittel eingeblendet wurden, jedoch ohne auf den Inhalt einzelner Tweets Bezug zu nehmen. Im Gespräch mit den Kandidaten bezog sie die Kommentare von Zuschauern über deren Leistung jedoch mit ein. Wie Haislip hatten auch die Kandidaten im V-Room jeweils einen Tablet-Computer des Sponsors Samsung zur Verfügung, um so den Eindruck einer sich live entwickelnden Konversation mit den *viewsern* daheim vor den Bildschirmen zu erwecken.

3 Der V-Room als Inszenierung integrierter sozialer Medien in The Voice

Der V-Room hatte also zwei zentrale Funktionen zu erfüllen: Zum einen bildete er gleichsam die Brücke zwischen der Online- und der Offline-Welt. Haislips Kommentare betonten, wie die Rhetorik des Formats insgesamt, dass die Konversation in Echtzeit während der kollektiven Rezeption der Show zu einer wirklich sozialen Fernseherfahrung führen würde. Dies impliziert, dass die neue Sozialität des Fernsehens direkt mit dem Gebrauch sozialer Medien einhergeht. Zum anderen untermauerten Haislips Berichte aus dem V-Room den besonderen Eventcharakter der Liveshows: Man dürfe es nicht verpassen, an ihnen aktiv teilzunehmen, denn schließlich würden die Liveshows ja enormen *buzz* auf Twitter erzeugen. Die Berichte über die ‹Online-Front› von The Voice *in* der Sendung selbst zielten also darauf ab, einen Eindruck höchster Dringlichkeit in Echtzeit zu erzeugen (vgl. Halperin 2011).

Das spezifisch ‹Soziale› des Formats entsteht mithin weniger als Effekt direkter Zuschauerpartizipation, sondern wird vielmehr diskursiv, als ein Effekt der Rhetorik der Sendung und ihrer demonstrativen Integration sozialer Medien, produziert. Im Gegensatz zu traditionellen Formen des *broadcast*-Fernsehens, bei denen Präsentatoren und Moderatoren den direkten Kontakt mit den Zuschauern durch entsprechende Mimik und Rhetorik suggerierten – von Horton und Wohl (1956) bekanntlich als «para-soziale Interaktion» beschrieben –, erzeugt The Voice durch die exzessiven Verweise auf die sozialen Medien den Eindruck, dass mittels der Konversation über die Rückkanäle sozialer Medien echte Kommunikation und somit Gemeinschaft zwischen Produzenten, Kandidaten und *viewsern* entstünde. Da jedoch nur ein kleiner Teil der Zuschauer dem Aufruf zum Gebrauch sozialer Medien gefolgt

4 Ein Beispiel von «Massen-Selbst-Kommunikation» in The Voice

ist und, wie wir gezeigt haben, das Zusammenspiel von Produzenten und Kandidaten der Show Produzenten-zentriert formatiert und ausgesprochen begrenzt ist, ähnelt die Interaktion zwischen Programm, Kandidaten und Zuschauern nach wie vor der traditionellen para-sozialen Interaktion des *broadcast*-Fernsehens. Ein wesentlicher Unterschied zwischen beiden Formen ist jedoch, dass das gegenwärtige soziale Fernsehen Zuschauer tatsächlich in *viewser* verwandeln *kann*, wie die Rhetorik von The Voice betont. Hierbei spielt der Gebrauch sozialer Medien während der Live-Sendung eine wesentliche Rolle, und The Voice hat in ihrem Raum der Partizipation neue Formen entwickelt, Liveausstrahlung und synchronen Gebrauch sozialer Medien miteinander zu verweben, um so das Gefühl der unmittelbaren kommunikativen Verbindung zwischen Programm und Zuschauern zu verstärken.

Obwohl *viewser* im engeren Sinne nur eine kleine Minderheit der Rezipienten bilden, sind die Kommentare über ihre ‹Zuschauererfahrung› dennoch aufschlussreich. Die Tweets von Zuschauern verdeutlichen zwei Probleme des sozialen Fernsehens: Zum einen erweist sich der Vergleich zwischen sozialem Fernsehen und dem Plausch an der Kaffeemaschine, wie er im populären und professionellen Diskurs häufig gezogen wird, als irreführend. Wie wir oben gezeigt haben, tweeten und posten Zuschauer-Nutzer ihre Berichte und Kommentare vor allem während der Fernsehausstrahlung, kaum aber davor und danach. Hinzu kommt, dass sich die meisten Beiträge auf die Bedingungen und Qualität der Ausstrahlung beziehen und nur wenige den Anlass zu einem weitergehenden Gedankenaustausch bilden. Man könnte dies als einen weiteren Beweis dafür anführen, dass das ‹Soziale› des sozialen Fernsehens nichts mit dem lockeren Gespräch unter Freunden oder Kollegen gemein habe. Doch dass hieße, und dies scheint uns das zweite und grundsätzlichere Problem, das hieran aufscheint, den Plausch als Form der Konversation überhaupt zu romantisieren, wie einige Kritiker des «Kults der leibhaftigen ‹Konversation›» (Simpson 1997) gezeigt haben. Auch dabei realisiert sich nur selten ein wirklich spontaner, gleichberechtigter, reziproker und gehaltvoller Gedankenaustausch; in der Regel bilden Plattitüden den Gegenstand des Gesprächs (vgl. Schudson 1997). Angesichts der Tatsache, dass Zuschaueraktivitäten auf den Plattformen sozialer Medien vorwiegend während der Ausstrahlung von THE VOICE (oder einer anderen Sendung) stattfinden, scheint es sich beim ‹Sozialen› des sozialen Fernsehens somit vielmehr um das Wiederbeleben einer kollektiven Seherfahrung zu handeln, wobei allerdings die Bedingung wegfällt, dass man körperlich am selben Ort anwesend sein muss.

Im Falle der USA mit ihren unterschiedlichen Zeitzonen hat aber gerade das kollektive Zuschauen ohne die Bindung an den physischen Ort zu Konflikten zwischen Zuschauern geführt, wie «msenna» im folgenden Tweet äußert:

> #thevoice ruined the result by not having a live finale. With social media you can't keep results secret for 3 hrs! – *3:35 PM Jun 29th from Echofon*

Der Ärger über die spannungsverderbenden Folgen des Gebrauchs sozialer Medien richtete sich auch allgemeiner gegen das Format der Show, wie ein Tweet von «Aaron Egaas» formuliert:

> Hey live TV shows, don't tell your west coasters to go on Twitter only to have your show spoiled. #fail #theVoice #fail – *30 June via web*

Die Möglichkeit, live zu tweeten, stellt die Programmabteilungen der Sender somit vor ein Problem, dass sich von jenem der ungleichzeitigen Ausstrahlung einer Sendung *in syndication*, also in verschiedenen Zeitzonen, unterscheidet.[16] Im Zeitalter sozialer Medien kritisieren Zuschauer in den USA schon die ungleichzeitige Ausstrahlung von Live-Programmen in den unterschiedlichen Zeitzonen.[17] Soziales

16 So entschieden etwa die Produzenten von DOCTOR WHO (BBC, GB 1963–1989 und wieder seit 2005), das Programm in den USA und in Großbritannien zeitgleich auf BBC und BBC America auszustrahlen, nachdem die um einige Tage versetzte Ausstrahlung zur illegalen Verbreitung der jeweils neuen Folgen über soziale Medien geführt hatte; vgl. dazu Kompare 2010.

17 NBC.com suchte dieses Problem durch das Angebot getrennter Live-Apps für die

Fernsehen fügt der Fernseherfahrung offensichtlich neue Dimensionen zu, die Rezipienten vermissen, wenn Formate sozialen Fernsehens nicht live ausgestrahlt, sondern in unterschiedlichen Zeitzonen zeitversetzt oder als Wiederholung programmiert werden. Anders formuliert scheint es, als ob soziales Fernsehen eine Form des Fernsehens aufwertet, die im professionellen Sprachgebrauch als «Verabredungsfernsehen» bezeichnet wird. Damit verleiht es auch dem Programmschema des Fernsehens und dem Sendeplatz einer Sendung neue Bedeutung, entgegen allen Vorhersagen, dass die «Macht des Programms» mit dem Aufkommen von digitalen Festplattenrekordern und dem Streaming von Video vergangenen Zeiten angehören würde.

Soziales Fernsehen löst also weniger die Probleme, denen sich Programmverantwortliche und Industrie seit der zunehmenden Fragmentierung des Publikums im Zeitalter der digitalen Medien ausgesetzt sehen. Vielmehr verstärkt soziales Fernsehen die Krise des *Broadcast*-Fernsehens im Umbruch und macht sie in gewisser Weise umso deutlicher sichtbar. Wie Jostein Gripsrud formuliert: «Broadcast television may not be dying, but it *is* changing» (2011, 16). Insofern ist soziales Fernsehen selbst ein Phänomen der Krise und Gegenstand einer noch lange nicht abgeschlossenen Transformation des Mediums.

Literatur

Andrejevic, Mark (2004) *Reality TV: The Work of Being Watched*. Lanham: Rowman & Littlefield.

– (2008) Watching Television Without Pity: The Productivity of Online Fans. In: *Television & New Media* 9,1, S. 24–46.

Baym, Nancy (2000) *Tune In Log On: Soaps, Fandom, and Online Community*. London: Sage.

Bergman, Cory (2011) Even DOCTOR WHO Can't Time-shift Social Media. In: *Lost Remote* v. 29.04.2011 [http://www.lostremote.com/2011/04/29/even-doctor-who-cant-time-shift-social-media/].

Beyer, Yngvil et al. (2007) Small Talk Makes a Big Difference: Recent Developments in Interactive, SMS-Based Television. In: *Television and New Media* 8,3, S. 213–237.

Bolter, Jay David/Grusin, Richard (1999) *Remediation: Understanding New Media*. Cambridge, MA: The MIT Press.

West- und Ostküste zu lösen, doch wie Tweets zum Problem der Ungleichzeitigkeit vermuten lassen, haben nur wenige *viewser* diese Lösung akzeptiert.

Castells, Manuel (2009) *Communication Power*. Oxford: Oxford University Press.

Chamberlian, David (2010) Television Interfaces. In: *Journal of Popular Film and Television* 38,2, S. 84–88.

Davidson, Drew (2010) *Cross-Media Communications: An Introduction to the Art of Creating Integrated Media Experiences*. Raleigh, N.C.: ETC Press.

Drell, Lauren (2011) The Voice: How a TV Show Became a 24/7 Media Conversation. In: *Mashable* v. 15.06.2011 [http://mashable.com/2011/06/15/the-voice-social-media-nbc/].

Dumenco, Simon (2011) 7 Things You Need to Know About ‹Social TV› Right Now. In: *AdAge* v. 19.09.2011 [http://adage.com/article/the-media-guy/social-tv/229845/].

Dybwad, Barb (2009) Fox's Fringe «Twitter on TV» Experiment Irks Fans. In: *Mashable* v. 5.09.2009 [http://mashable.com/2009/09/04/fox-fail-tweet-peat/].

Edelsburg, Natan (2011) The Team that Made The Voice a Social TV Hit. In: *Lost Remote* v. 7.07.2011 [http://www.lostremote.com/2011/07/07/the-social-team-that-made-the-voice-possible/].

Gillan, Jennifer (2011) *Television and New Media: Must-Click TV*. New York: Routledge.

Goldsmith, Jack/Wu, Tim (2008) *Who Controls the Internet? Illusions of a Borderless World*. New York: Oxford University Press.

Guthrie, Marisa (2011) Oscar Ratings Fall From Last Year. In: *The Hollywood Reporter* v. 28.02.2011 [http://www.hollywoodreporter.com/news/oscar-ratings-fall-last-year-162408].

Gripsrud, Jostein (Hg.) (2010) *Relocating Television: Television in the Digital Context*. New York: Routledge.

Halperin, Shirley (2011) How Twitter Raises The Voice's Ratings. In: *Billboard* v. 21.06.2011 [http://www.billboard.biz/bbbiz/industry/tv-film/how-twitter-raises-the-voice-s-ratings-1005242752.story].

Harries, Dan (2002) Watching the Internet. In: *The New Media Book*. Hg. v. Dan Harries. London: British Film Institute, S. 171–182.

Horton, Donald/Wohl, Richard R. (1956) Mass Communication and Parasocial Interaction. In: *Psychiatry* 19,3, S. 215–229.

Jacobs, Jason (2000) *The Intimate Screen: Early British Television Drama*. Oxford: Oxford University Press.

Jenkins, Henry (1992) *Textual Poachers: Television Fans and Participatory Culture*. New York: Routledge.

– (2003) Transmedia Storytelling. In: *Technology Review* v. 15.01.2003 [http://www.technologyreview.com/biomedicine/13052/].

– (2006) *Convergence Culture: Where Old and New Media Collide*. New York: New York University Press.

Jonietz, Erika (2010) Making TV Social, Virtually: What Happens When Your Online Pals Meet Your TV? In: *Technology Review* v. 1.11.2010 [http://www.technologyreview.com/web/24340/].

Klayman, Ben (2011) Super Bowl Packs in Record U.S. TV Viewer Total. In: *Reuters* v. 7.02.2011 [http://www.reuters.com/article/2011/02/07/us-superbowl-ratings-idUSTRE7163GS20110207].

Kompare, Derek (2010) Reruns 2.0: Revising Repetition for Multiplatform Television Distribution. In: *Journal of Popular Film and Television* 38,2, S. 79–83.

Lotz, Amanda (2007) *The Television Will Be Revolutionized*. New York: New York University Press.

McCarthy, Anna (2001) *Ambient Television: Visual Culture and Public Space*. Durham: Duke University Press.

Müller, Eggo (2009) Formatted Spaces of Participation: Interactive Television and the Changing Relationship Between Production and Consumption. In: *Digital Material: Tracing New Media in Everyday Life*. Hg. v. Marianne van den Boomen et al. Amsterdam: Amsterdam University Press, S. 49–63.

Nielson Company (2010) *Three Screen Report: Television, Internet and Mobile Usage in the US*. In: The Nielsen Company, Bd. 8, 1. Quartal 2010 [http://www.nielsen.com/us/en/insights/reports-downloads/2010/three-screen-report-q1-2010.html].

Ng, Philiana (2011) TV Ratings: The Voice, America's Got Talent Boost NBC. In: *The Hollywood Reporter* v. 8.06.2011 [http://www.hollywoodreporter.com/live-feed/tv-ratings-voice-americas-got-196218].

Perren, Alisa (2010) Business as Unusual: Conglomerate-sized Challenges for Film and Television in the Digital Arena. In: *Journal of Popular Film and Television* 38,2, S. 72–78.

Rose, Frank (2011) *The Art of Immersion: How the Digital Generation is Remaking Hollywood, Madison Avenue, and the Way We Tell Stories*. New York/London: W.W. Norton & Company.

Schäfer, Mirko Tobias (2011) The Other Side of Social Media. In: *New Media Studies* (Utrecht University) v. 15.08.2011 [http://www.newmediastudies.nl/magazine/other-side-social-media].

Schudson, Michael (1997) Why Conversation is Not the Soul of Democracy. In: *Critical Studies in Mass Communication* 14,4, S. 297–309.

Schwarz, Alexander (1995) Utopie und Realität interaktiven Fernsehens. Ein Bericht aus der Praxis. In: *Montage AV* 4,1, S. 143–160.

Simpson, David (1997) The Cult of ‹Conversation›. In: *Raritan* 16,4, S. 75–85.

Smith, Aaron (2011) 13% of Online Adults User Twitter. In: *Pew Research Center* v. 1.06.1997 [http://pewinternet.org/~/media//Files/Reports/2011/Twitter%20Update%202011.pdf].

Steinberg, Brian (2009) First Network, Then Cable, Now There's ‹Social TV›. In: *Advertising Age* 80,29, S. 3.

Uricchio, William (2008) Television's First Seventy-Five Years: The Interpretive Flexibility of a Medium in Transition. In: *The Oxford Handbook of Film and Media*. Hg. v. Robert Kolker. Oxford: Oxford University Press, S. 286–305.

Warren, Christina (2011) Social TV by the Numbers: VMAs Edition [Infographic]. In: *Mashable* v. 30.08.2011 [http://mashable.com/2011/08/30/vmas-social-tv-infographic/?utm_source=feedburner&utm_medium=feed&utm_campaig=Feed%3A+Mashable+%28Mashable%29].

Ytreberg, Espen (2009) Extended Liveness and Eventfulness in Multi-Platform Reality Formats. In: *New Media Society* 11,4, S. 467–485.

Industry Convergence Shows

Reality TV und das Freizeitfranchise*

Misha Kavka

In seiner Auseinandersetzung mit Reality TV als «the first killer application of media convergence» betont Henry Jenkins: «AMERICAN IDOL (FOX, 2002) was from the start not simply a television program but a transmedia franchise» (2006, 59/61). Um den «flow of content across multiple media platforms» (ibid., 2) aufzuzeigen, beschreibt Jenkins, wie die Produzenten von AMERICAN IDOL die Sendung um Musikverkäufe, Bücher, Konzerttourneen der FinalistInnen und sogar den Spielfilm FROM JUSTIN TO KELLY (2003) erweiterten. Auf diese Weise ließen sie das Medium Fernsehen mit Musik, Printmedien, Theater und Film – von der unvermeidlichen offiziellen Homepage ganz zu schweigen – konvergieren. Es versteht sich von selbst, dass nicht alle medialen Komponenten dieses gewaltigen Franchise – insbesondere nicht der erfolglose *Spin-Off*-Film – den gleichen Einfluss auf die kulturelle Imagination hatten oder gleichermaßen gut mit dem Fernsehen zusammenwirken konnten. So wird etwa der erstaunliche Erfolg der Gewinnerin der ersten Staffel, Kelly Clarkson, von ihrer ersten erfolgreichen Single im Jahr 2002[1] bis zu ihrem gegenwärtigen Status als unumstrittener Popstar, vor allem nach Maßstäben der Musikindustrie beurteilt, während ihre Anfänge im Fernsehen beinahe völlig in Ver-

* [Anm. d. Hg.:] Dieser Text erschien zuerst in *Flow TV. Television in the Age of Media Convergence*. Hg. v. Michael Kackman, Marnie Binfield, Matthew Thomas Payne, Allison Perlman & Bryan Sebok. New York/London: Routledge, 2010. Wir danken den Herausgebern für die freundliche Genehmigung der Übersetzung.

1 Kelly Clarksons Single *A Moment Like This* «went on to become the top-selling U.S. single for 2002» (Jenkins 2006, 61).

gessenheit geraten sind. Auch FinalistInnen späterer Staffeln, die in anderen Bereichen Erfolge feierten – wie Clay Aiken (Staffel 2) auf der Bühne oder Jennifer Hudson (Staffel 3) im Film[2] – profitierten von der Publizität, die ursprünglich durch die Konvergenz der Mediensysteme Fernsehen und Musik hervorgebracht wurde.

Während AMERICAN IDOL als globales Format, mit seinen Erweiterungen in andere Medien und eingebundenen Werbestrategien, zweifellos ein Franchise darstellt, findet sich der entscheidende Erfolgsfaktor an der Schnittstelle dieser beiden großen Industrien, Fernsehen und Musik, die einander zwar perfekt zu ergänzen scheinen, sich gleichzeitig jedoch häufig durch divergierende Produktionsstrategien, Vorgehensweisen und Ziele auszeichnen. Auch wenn AMERICAN IDOL exemplarisch für neue Programm- und Marketingstrategien steht, ist es nichtsdestotrotz nur ein Beispiel unter vielen: Zahlreiche andere Reality TV-Formate verknüpfen das Fernsehen mit den Absichten und Produkten einer Freizeit- oder Konsumindustrie, sogar dann, wenn diese Industrie nicht im engeren Sinne medienbasiert ist. Diese Entwicklung erfordert eine Erweiterung unseres Begriffs von Medienkonvergenz über technologische Multifunktionalität hinaus, um auf diese Weise ein besseres kulturelles und ökonomisches Verständnis der Möglichkeiten von Konvergenz zu schaffen.

Im vorliegenden Beitrag untersuche ich, was ich das ‹*Industry Convergence*›-Subgenre des Realityfernsehens nenne: Jene Sendungen, die Reality TV-Formate mit den Kompetenzen und Produkten einer Freizeitindustrie verbinden, welche etwa Bereiche wie Modeln, Modedesign oder Kochen umfasst. Obgleich dies nur einen kleinen Aspekt der Komplexität von Medienkonvergenz abdeckt, erscheint ein derartig ausgerichteter Ansatz in zweierlei Hinsicht produktiv: Erstens befreit er uns von der Idee, dass Konvergenz allein auf die technologischen Verfahren des *Sharing* und *Crossover* bezogen ist, da Konvergenz sich in diesen Formaten im *industriellen* Maßstab vollzieht und durch das Medium Fernsehen auf spezifische Weise formuliert wird. Zweitens problematisiert dieser Ansatz das eher schlichte Bild eines Konvergenzoptimismus insofern, als die an solchen *Crossover*-Formaten beteiligten Industrien häufig für Produktionsstrategien und Verfahrensweisen stehen, die von denen des Fernsehens deutlich *abwei-*

2 Jennifer Hudson gewann 2007 den *Oscar* und den *Golden Globe* als beste Nebendarstellerin für ihre Rolle in DREAMGIRLS (2006) und soll nun Aretha Franklin im Biopic ARETHA: FROM THESE ROOTS spielen; vgl. «Jennifer Hudson News», www.americanidol-jenniferhudson.com/ (Zugriff am 22.02.2008).

chen, auch wenn dies eine durchaus produktive Abweichung sein mag. Letztlich ermöglicht die Fokussierung auf *Industry Crossover Shows*, einen Pfad durch das verwirrende und oft übermäßig gepriesene Gewirr der Medienkonvergenzen vorzuzeichnen.[3]

Im Zeitalter des ‹Transmedialen› beziehungsweise konvergierender Medienplattformen, -technologien und -ökonomien fällt es oft schwer, den Überblick darüber zu behalten, was womit konvergiert, mit welcher Absicht und zu wessen Nutzen. Während die Konvergenzrhetorik einerseits in der digitalen Technologie und andererseits in der politischen Ökonomie verankert ist, gehen die meisten Konzepte der Medienkonvergenz vom Internet aus und verorten dieses im Zentrum aller Konvergenzstrategien und -effekte. So definiert beispielsweise Gracie Lawson-Borders Konvergenz «*as the realm of possibilities when cooperation occurs between print and broadcast for the delivery of multimedia content through the use of computers and the Internet*» (Lawson-Borders 2006, 4; Herv. i. O.). Die Fähigkeit des Internets, andere Medieninhalte aufzunehmen und wiederzugeben, ist fraglos von entscheidender Bedeutung für ein allgemeines Verständnis von Konvergenz. Gleichwohl weist dieser Ansatz ‹alten Medien› wie dem Fernsehen die Rolle des Mitläufers zu, der darum kämpfen muss, Schritt zu halten. Jenkins bietet mit seinem dreiteiligen Ansatz eine bessere, weil breitere Definition von Konvergenz: Er verwendet den Begriff zur Bezeichnung eines «flow of content across multiple media platforms, the cooperation between multiple media industries, and the migratory behavior of media audiences who will go almost anywhere in search of the kinds of entertainment experiences they want» (Jenkins 2006, 2). Der Umstand, dass Jenkins' Ansatz ‹neue Medien› oder das Internet nicht privilegiert, ermöglicht es ihm, AMERICAN IDOL als bedeutendes Beispiel von Medienkonvergenz herauszustellen, bei dem das Fernsehen im Zentrum steht, seine Effekte auf andere Plattformen und Technologien überträgt und so wiederum die Bedingungen dafür schafft, zahlreiche Werbekunden und Dienstleistungsanbieter ökonomisch

3 Konvergenzoptimistische Ansätze tendieren dazu, den Diskurs der technologischen Konvergenz hervorzuheben und betonen seitens der Vermarktung wie der KonsumentInnen die Vorzüge von ‹*On Demand*›-Technologien, die nun jenes verheißungsvolle Versprechen zu erneuern scheinen, das einst dem Begriff der ‹Interaktivität› vorbehalten war. So bezieht sich beispielsweise Jenkins auf den technologischen Konvergenzoptimismus als «Black Box Fallacy»: «Sooner or later, the argument goes, all media content is going to flow through a single black box into our living rooms [...]» (Jenkins 2006, 14), ungeachtet der Tatsache, dass wir zu Hause von «more and more black boxes» (ibid., 15) umgeben sind.

«glücklich» zu machen (vgl. ibid., 59–61). Während sich Jenkins jedoch größtenteils auf das «behavior of media audiences» konzentriert, möchte ich das Konzept der Kooperation von Medien- mit anderen Industrien in den Vordergrund stellen, um auf Jenkins' Forderung zu reagieren, beim Nachdenken über Konvergenz neben der Rolle der Technologie die Bedeutung kultureller Formen nicht zu übersehen. Im von mir vorgeschlagenen Sinne können derartige kulturelle Konfigurationen am besten verstanden werden, wenn man der Rolle der Fernsehspezifik im Zeitalter medialer und ökonomischer Konvergenzen besondere Aufmerksamkeit schenkt.

Vermeintlich kaum zu unterscheiden von anderen kompetitiven Reality TV-Formaten wie SURVIVOR, FEAR FACTOR oder THE AMAZING RACE, kreuzt das *Industry Convergence*-Subgenre das Fernsehen mit anderen Konsum- oder Freizeitindustrien und bringt damit ansonsten höchst disparate Sendungen wie AMERICAN IDOL und THE APPRENTICE in einen Zusammenhang mit PROJECT RUNWAY, TOP CHEF, HELL'S KITCHEN, DANCING WITH THE STARS und AMERICA'S NEXT TOP MODEL. Hinsichtlich des Genres zeichnen sich diese Sendungen durch die vorausgesetzten mutmaßlichen Fähigkeiten oder Talente der TeilnehmerInnen aus (im Unterschied etwa zu Formaten im Stil von BIG BROTHER), einer Konvergenzperspektive folgend sind sie jedoch vor allem Beispiele der Kooperation von Industrien, die weit über einfaches Sponsoring hinausgehen. Obwohl all diese Sendungen auch durch das Sponsoring von wichtigen Werbekunden ermöglicht werden, unterscheiden sich *Industry Convergence Shows* von anderen Reality TV-Formaten in der Art und Weise, in der die Interessen der Sponsoren sich vollständig mit den ökonomischen Interessen der Produzenten und dem Inhalt der Programme überschneiden. Diese Überschneidung oder Konvergenz der Interessen impliziert, dass es in Bezug auf diese Shows zu einfach wäre, vornehmlich über Werbespots oder geschicktes Product Placement zu sprechen; was diese Sendungen vielmehr kennzeichnet, ist die Fähigkeit des Reality-Fernsehens – verstanden als Industrie mit eigenen Bedingungen für kommerziellen Erfolg –, sich mit anderen, häufig nicht verwandten Industrien wie Modedesign oder Gastronomie* zu überschneiden und für deren Produkte zu werben.

Industry convergence vollzieht sich gleichwohl nicht reibungslos: Die eine oder andere Seite wird gegebenenfalls zu Kompromissen gezwun-

* [Anm. d. Ü.:] Kavka verwendet hier den nicht wörtlich übersetzbaren Neologismus «*restauranteurism*», welcher den Bereich der Gastronomie in spezifischer Weise kulturell aufwertet.

gen sein, für gewöhnlich muss sich der Partner den Produktions- und Rezeptionsbedingungen des Fernsehens anpassen, da dieses die Plattform für das Angebot zur Verfügung stellt. Beispielsweise müssen die beiden AMERICAN IDOL-FinalistInnen jeder Staffel oft innerhalb einer Woche nach Gewinn des Wettbewerbs eine Single auf den Markt werfen, um das Interesse der ZuschauerInnen auszuschlachten, obwohl dies für die Musikindustrie eine aberwitzig kurze Produktionszeit darstellt. Anders ausgedrückt: Reality TV schafft die Möglichkeitsbedingungen für Medienkonvergenz und liefert zugleich Beispiele dafür, wie eine solche Konvergenz Divergenzen verschleiert. Der kapitalistische Kontext der *Industry Convergence Shows* bringt, so meine These, wertvolle Bindungen zwischen ZuschauerInnen und Produkten hervor, während er gleichzeitig Konflikte erzeugt, die nicht im Sinne konventioneller Marketingstrategien von Einzelindustrien gelöst werden können.

Das Zeitalter der Konvergenz

Wichtig ist vor diesem Hintergrund, dass es vor der Ära konvergierender Medienplattformen und -ökonomien kein Reality TV gab. Ganz gleich, ob man COPS (FOX, 1989) als Ausgangspunkt des Reality TV begreift oder seine etwas ‹ausgereiftere› Form, die mit CHANGING ROOMS 1996 begann (die britische Lifestyle-Perspektive[4]), oder ob man die Anfänge mit der Erstausstrahlung von BIG BROTHER auf 1999 (die europäische Perspektive) oder SURVIVOR im Jahr 2000 datiert (die amerikanische Perspektive[5]) – Reality TV ist gebunden an und definiert durch das Zeitalter der Konvergenz. In den frühen Tagen der *Real-Crime Shows*, *Disaster Clips* und Dokusoaps, die in etwa mit der ersten Hälfte der 1990er Jahre zusammenfallen, wurde diese vergleichsweise günstige Programmgestaltung durch die Konvergenz des Mediums Fernsehen mit Überwachungs-, CCTV- (*closed-circuit television*) und mobilen Kameratechnologien ermöglicht (vgl. West 2005), parallel zur Hybridisierung von Fernsehreportagen und Dokumen-

4 Vgl. hierzu u.a. Brunsdon et al. 2001.

5 Vgl. Huff 2006, insbesondere Kapitel 1: *Survivor: The Start of It All*, 1–10. Selbstverständlich ist SURVIVOR selbst eine Adaptation des schwedischen Programms EXPEDITION ROBINSON (SVT, 1997-2003), welches wiederum in Großbritannien von Charlie Parsons entwickelt wurde, der weiterhin als *Executive Producer* von SURVIVOR aufgeführt wird. Für zusätzliche Informationen zu den verwirrenden Ursprüngen von SURVIVOR vgl. Brenton/Cohen 2003, insbesondere Kapitel 3: *Format Wars*, 44–80. Fakt ist jedoch, dass SURVIVOR die erste extrem erfolgreiche Reality TV-Show in den USA war und oft als Ausgangspunkt für amerikanisches Reality TV in Anspruch genommen wird.

tarformaten im Stil des *Direct Cinema*[6]. In ausgereifteren Formen des Reality TV bestärkten Sendeanstalten die Produzenten, durch zusätzliche mediale Absatzmöglichkeiten und eingebautes Marketing mit ökonomischer Konvergenz zu experimentieren, während verschiedene Formen der Konvergenz von Plattformen sich rasch auf das Telefon und das Internet ausweiteten. Das in Großbritannien enorm erfolgreiche Format CHANGING ROOMS (BBC, 1996–2004) kann im Bereich des Reality TV als Auslöser für die Konvergenz von ZuschauerInnen und KonsumentInnen angesehen werden («Auch Du kannst Dein Schlafzimmer wieder mit neuem Leben füllen! Alles, was Du dazu brauchst, sind ein neuer Nachttisch und 20 Meter violetter Stoff!»), indem es sich gemeinsame Interessen von Wohn-Makeover-Shows, Buchverkauf und Konsumprodukten konsequent zunutze machte. BIG BROTHER (Endemol, 1999), das erste wirklich globale Reality TV-Format (vgl. Mathijs/Jones 2004), stellte einen entscheidenden Moment in der Plattformkonvergenz von Fernsehen mit Internet und Telefonie dar, indem die Show Zuschauervotings einführte und in den meisten Ländern – teilweise gegen eine Mitgliedergebühr – *Live-Feeds* aus dem BIG BROTHER-Haus auf den jeweiligen offiziellen Webseiten ausstrahlte. Es war jedoch der bahnbrechende Einfall von Produzent Mark Burnett, noch vor Produktionsbeginn von SURVIVOR (CBS, 2000) einen Pool von Sponsoren für das Format zu finden und damit einen Marktgiganten zu erschaffen, der aus der engen Verflechtung von Reality TV mit Markenwerbung und lukrativen Product Placement-Verträgen hervorging. So konnte später die Show selbst zu einer Marke weiterentwickelt werden, welche wiederum für *Crossover*-Vermarktung zur Verfügung stand (vgl. Magder 2004).

Aus einer erweiterten Perspektive haben die Bedingungen für den Aufstieg der Medienkonvergenz auch die Entwicklung des Reality TV begleitet und unterstützt. Die Deregulierung des Rundfunksystems erschütterte die Fernsehindustrie in den 1980er Jahren weltweit und führte zu anhaltendem Wettbewerb zwischen Networks und staatlichen Sendeanstalten auf der einen sowie Satelliten- und Kabelsendern auf der anderen Seite (vgl. Downing 1990 sowie Raphael 2004). Dieser Wettbewerb führte jahrzehntelang zu schrumpfenden Marktanteilen und verzweifelten (oder kreativen) Bemühungen, die überlegene Position der etablierten Fernsehsender aufrechtzuerhalten.

Angesichts neuer Technologien und veränderter Praktiken, die es ZuschauerInnen ermöglichen zu zappen, stumm zu schalten, eine

6 Vgl. Nichols 2004, insbesondere Kapitel 3: *At the Limits of Reality (TV)*, 43–62.

DVD zu schauen oder ein Programm mit dem Video- oder DVD-Rekorder aufzuzeichnen und es gänzlich ohne Werbung anzusehen, nahm gleichzeitig die Wirksamkeit der klassischen Fernsehwerbung stetig ab. Hinsichtlich der sinkenden Marktanteile haben sich plattformbasierte und technologische Formen der Konvergenz als effektiver Weg für Sender erwiesen, mehr ZuschauerInnen zu erreichen und gleichzeitig ihr Angebot besser auf die gewünschten Zielgruppen zuzuschneiden (insbesondere auf die begehrten 18-34-Jährigen). Die Streuung von Werbeanzeigen über miteinander verbundene technische Geräte, die ohnehin zu Unterhaltungs- und Informationszwecken genutzt werden, setzt vor allem jene ZuschauerInnen wieder verstärkt Marken [*brands*] aus, die eigentlich technisch versiert genug sind, um traditionelle Werbung zu umgehen. Im Zeitalter der Deregulierung entstanden, hat Reality TV mehr geleistet, als nur an den Bedingungen teilzuhaben, unter denen sich derartige Konvergenzen entwickelten; es hat diese Bedingungen aktiv genutzt, um seine eigene Popularität und Reichweite auszudehnen.

American Idol (nachfolgend AI) stellt ein ergiebiges Beispiel für die bewusste Nutzung dieser Bedingungen der Medienkonvergenz durch Reality TV dar. Jenkins' Begriff des *transmedia franchise* lässt sich ebenso gut auf die Bandbreite an Medientechnologien beziehen, die die Sendung selbst nutzt, wie auf ihre geschickte Ausdehnung über verschiedene Medienplattformen. Die Tatsache, dass ZuschauerInnen aufgefordert sind, wöchentlich zu WählerInnen ihrer liebsten Performer zu werden, hat zur Folge, dass der Akt des Fernsehens den Griff zum Telefon auslöst, entweder in seiner ‹alten› oder ‹neuen› medialen Form, das heißt, um einen Anruf zu tätigen oder eine SMS zu versenden.[7] Das Interesse der ZuschauerInnen an AI führt diese regelmäßig ins Internet, wo sie eine Reihe offizieller und inoffizieller Seiten besuchen können, um Clips abzuspielen, zusätzliche Informationen zu den KandidatInnen einzuholen, verpasste Episoden anzusehen oder in Foren die Qualität einzelner Performances zu diskutieren. Songs und Performanceclips aus AI sind zum Download auf MP3-Player, Mobiltelefone und andere mobile Endgeräte erhältlich; tatsächlich lässt die episodische, fragmentarische Form der Sendung sowie die Verdoppelung der Medieninhalte in audiovisuelle und rein auditive Elemente dieses Format als beson-

7 Jenkins schreibt, dass AT&T [Anm.d.Ü.: der größte US-amerikanische Telekommunikationsanbieter] die ersten Staffeln von American Idol als Instrument verstand, die amerikanische Bevölkerung an den Gebrauch von SMS zu gewöhnen, selbstverständlich mit dem Ziel, die wirtschaftliche Rentabilität dieses mobilen Kommunikationsangebots zu erhöhen; vgl. Jenkins 2006, 59.

ders gut geeignet für das Zeitalter mobilen Medienkonsums erscheinen. Während diese Überlegungen auf die medienspezifischen Konvergenzen von AI abzielen, ruft der Status der Show als Franchise die ökonomischen Aspekte von Konvergenz in Erinnerung. Wie Jenkins anmerkt, ist AI eine Sendung, die jeden glücklich macht – Telefongesellschaften, Werbekunden, Sendeanstalten und Medienkonzerne (vgl. Jenkins 2006, 59ff.) – indem sie Taktiken aus dem *brand marketing* in Programmstrategien überführt und mittels Product Placement (am auffälligsten im Fall von Coca-Cola), veränderter Mediennutzung (die zu neuen Mobilfunkverträgen mit AT&T ermuntern soll) und transmedialer Absatzmöglichkeiten (beispielsweise Musiksingles) ZuschauerInnen mühelos in KonsumentInnen verwandelt. AI ist das perfekte Beispiel für Jenkins' These, die besagt: «in the world of convergence, every important story gets told, every brand gets sold, and every consumer gets courted across multiple media platforms» (ibid., 3).

Zugleich ist AI nur ein Beispiel für einen solchen Zusammenschluss von Geschichten, Marken und Plattformen, der aus der engen Verknüpfung zweier Unterhaltungs- bzw. Freizeitindustrien hervorgeht. Später entwickelte Formate haben andere Mittel der Profitgenerierung durch Industriekonvergenzen erdacht, unter anderem etwa durch den Verkauf von Formaten, den Aufbau der ModeratorInnen zu einer eigenen Marke sowie den Werbewert von in der Sendung zu gewinnenden Preispaketen. Obgleich AI das bisher erfolgreichste Konvergenzmodell aller IDOL-Ableger* darstellt, ist es weder die einzige Show in diesem mit POP IDOL (ITV 2001) gestarteten internationalen Franchise, noch ist es die erste Musik-Reality TV-Show. Diese Ehre gebührt der Sendung POPSTARS (TVNZ, 1999), welche zahlreiche Musik-Casting-Formate inspiriert hat, von denen Sean Combs' MAKING THE BAND (ABC/MTV 2001-2009, eine Hip-Hop-Variante von POPSTARS)[8] das langlebigste war. MAKING THE BAND wiederum sticht heraus durch die Art und Weise, in der die Sendung über reines Product Placement hinausgeht, indem sie den Rapper und Produzenten Sean ‹Diddy› Combs selbst als Produkt oder Marke positioniert.

* [Anm. d. Ü.:] Während in englischsprachigen Ländern meist der Begriff *Idol* im Titel des unter der so genannten *Pop-Idol*-Lizenz vertriebenen Formats verwendet wird, ist die Sendung in Deutschland als DEUTSCHLAND SUCHT DEN SUPERSTAR (RTL seit 2002) bekannt.

8 Im Musik-Reality TV ließ sich eine Verschiebung von der Entdeckung von Newcomern zur Suche nach neuen Mitgliedern bereits etablierter Bands beobachten, etwa in der Reihe ROCKSTARS (CBS, 2005/2006) oder der Sendung SEARCH FOR THE NEXT (PUSSYCAT) DOLL (The CW, 2007).

Ein vergleichbares Branding einer Person lässt sich im Fall der Sendung THE APPRENTICE beobachten, mit der SURVIVOR-Produzent Mark Burnett seinen kreativen Sponsoringansatz um die Marke ‹Donald Trump› erweitert und dabei sowohl die öffentliche Person als auch das Imperium einbezieht. Während Trump sich immer schon selbstbewusst als Marke zu positionieren wusste, hat sich Reality TV-Neuling Tyra Banks selbst zu einer solchen gemacht, indem sie den Trend zum *industry convergence programming* für ihre Zwecke zu nutzen verstanden hat.[9] Durch den Erfolg von AMERICA'S NEXT TOP MODEL (UPN, 2003–2006; The CW, 2006) wurde deutlich, dass das Fernsehen auch mit anderen Industrien als nur der Musikindustrie kooperieren kann. Tyra Banks' Erfolg als *Creative* und *Executive Producer* der Show steht in Zusammenhang mit der – bewussten oder unbewussten – Einsicht, dass das Modelbusiness als Partnerindustrie des Fernsehens funktionieren kann – nicht zuletzt aufgrund der wechselseitigen Abhängigkeit des Modelns und der Werbung über eine Reihe von Medienplattformen hinweg.

AMERICA'S NEXT TOP MODEL (nachfolgend ANTM) ist darüber hinaus bemerkenswert, weil es von Anfang an mit einem klaren Bewusstsein dafür ausgestattet war, wie Sponsoring noch nahtloser in Programmkonzepte integriert werden kann. Selbstverständlich ist die ‹*message from our sponsor*› so alt wie das kommerzielle Fernsehen selbst, doch mussten Fernsehprogramme traditionell unterbrochen oder beendet werden, um derartigen Ankündigungen der Sponsoren Raum zu geben. Im Gegensatz dazu hat AMERICAN IDOL es geschafft, Sponsoring direkt in jede sich bietende Lücke innerhalb des Talent-Show-Formats zu integrieren – von Coca-Cola-Bechern auf den Tischen der Jury-Mitglieder bis zu Ford-Musikvideos mit den KandidatInnen in den Werbepausen – und ANTM-Produzenten hatten die Idee, das zu gewinnende Preispaket selbst als Mittel zur Konvergenz von Programm und Sponsoren zu etablieren.

Während AI-KandidatInnen im Falle des Sieges (nicht genauer spezifizierte) Kontakt zur Musikindustrie und damit erhöhte Sichtbarkeit gegenüber ihren potentiellen KonsumentInnen gewinnen, erhält die Siegerin einer ANTM-Staffel zwei Verträge: einen mit einer Modelagentur (zunächst mit *Ford Models*, in späteren Staffeln mit der Modelagentur *Elite*) und einen mit *CoverGirl Cosmetics*, zusätzlich zu einer Modestrecke in einem populären Magazin, zunächst *Elle* und später *Seventeen*.[10] Dahinter steckt natürlich die Erkenntnis, dass die gleich-

9 Für zusätzliche Informationen zur Marke Tyra Banks vgl. Hirschberg 2008.

10 Staffel 5 von AMERICA'S NEXT TOP MODEL beinhaltete als Preis sowohl eine Mode-

zeitige Herstellung eines Kontakts der Kandidatinnen zu Brancheninsidern wie zu KonsumentInnen bereits die wertvollste Ware ist, die den ANTM-Kandidatinnen angeboten wird. Doch dies ist für beide Seiten von Vorteil, da die Publizität für die Kandidatinnen unmittelbar übersetzbar ist in integrierte Werbung für die Sponsoren, deren Markenwert entsprechend dem kulturellen Kurswert von ANTM ansteigt. Eine solche zweiseitige Exponierung stellt zudem die *raison d'être* der Programminhalte dar: *CoverGirl Cosmetics* zum Beispiel, seit der dritten Staffel Sponsor von ANTM, wird regelmäßig in eine der *Challenges* integriert, bei der die Kandidatinnen einen Werbedreh für *CoverGirl* absolvieren müssen (und die Montage des Materials sicher stellt, dass wir den Slogan «easy, breezy, CoverGirl» wieder und wieder hören, gesprochen von den Kandidatinnen, die den Slogan mehr oder weniger gut aufsagen). Man mag versucht sein zu sagen, dass dies die Art von Publizität ist, die man für Geld nicht kaufen kann – aber selbstverständlich ist diese Art des Exponierens gleichsam der Eckpfeiler der ökonomischen Konvergenz von ANTM und seinen Hauptsponsoren in der Modelindustrie: einer Kosmetikfirma, einem Modemagazin und einer Modelagentur.

Irgendwo zwischen America's Next Top Model und dem erfolgreichen Stil-Makeover Queer Eye for the Straight Guy (Bravo, 2003–2007) wurden die *skill-based* (also auf Fähigkeiten der Kandidaten aufbauenden) Reality-Shows des Senders *Bravo* geboren. Diese Shows, unter anderen Project Runway, Top Chef, Top Design und Shear Genius, vermischen kompetitive Reality TV-Formate mit dem, was *Bravo*-Chefin Laura Zalaznick als die «five affinity groups» der Popkultur bezeichnet: Mode, Ernährung, Beauty, Design und Pop (und sie fügt ergänzend hinzu: «It's not coincidental that the five guys in *Queer Eye* each represented one of those things» (vgl. Senior 2007). Zalaznick benennt damit nicht nur genau jene Kulturindustrien, mit denen das Reality TV verstärkt zu konvergieren bestrebt ist, sondern verdeutlicht zugleich, dass Konvergenz nicht länger beschränkt ist auf «cooperation between multiple media industries» (Jenkins 2006, 2). Fernsehen kann die Trennung zwischen Medien und Nicht-Medien leicht überschreiten und sich in einem Boot mit Freizeit- bzw. Unterhaltungsindustrien wiederfinden, welche ihrerseits das Reality TV

strecke im Magazin *Elle* als auch ein Titelfoto für *Elle Girl*, erstere fotografiert von Gilles Bensimon, dessen Name dadurch *gebranded* wird, dass er Teil der großen Aufzählung zu gewinnender Preise ist, die der jeweiligen Juryentscheidung am Ende der Sendung vorausgeht.

nutzen, um das eigene Medienprofil zu stärken und ihre Reichweite auszudehnen. Das äußerst erfolgreiche Format PROJECT RUNWAY (nachfolgend PR) lässt eine Gruppe unbekannter ModedesignerInnen in jeder Episode gemäß festgelegten Spielregeln und mit begrenzten Mitteln ein neues Design entwerfen, das sie schließlich auf dem Laufsteg vor einer Jury präsentieren. TOP CHEF verfolgt einen ähnlichen Ansatz, bloß stellen sich hier aufstrebende KöchInnen, ebenfalls vor dem Hintergrund spezifischer Regeln, den *Challenges* und einer Bewertung durch die Jury.

Das innovative Potenzial dieser Shows liegt in den Konvergenzmöglichkeiten, die nicht nur die Preispakete bieten, sondern auch die Besetzung der jeweiligen Jury. In der ersten Staffel von PR bestand das Preispaket beispielsweise aus einem 100.000 US-Dollar-Geldpreis, Anleitung und Betreuung durch die Firma *Banana Republic* (einem der Hauptsponsoren) sowie einer Modestrecke im Magazin *Elle*. Obwohl in späteren Staffeln *Banana Republic* zunächst durch *Macy's* und dann durch *Bluefly.com* ersetzt wurde sowie *Saturn* als Sponsor hinzukam und ein neues Auto zum Preispaket hinzufügte, ist die Modestrecke in der *Elle* als Gewinn erhalten geblieben – und zwar aus gutem Grund: Nina Garcia, eine der JurorInnen, war ihres Zeichens *Fashion Director* der *Elle* und ihr Platz in der Jury sicherte *Elle* eine dauerhafte und wortgewaltige Werbepräsenz (Garcia ist mittlerweile beim Magazin *Marie Claire* beschäftigt). Die Präsenz des Modedesigners Michael Kors in der Jury wiederum dient dazu, dessen Namen zur Marke zu machen und dessen Modelinie zu bewerben; tatsächlich begann eine *Challenge* in der zweiten Staffel mit dem Besuch eines seiner Geschäfte, bevor die KandidatInnen, auf der Suche nach Inspiration, auf die Straßen New Yorks geschickt wurden. Moderatorin und Jurorin Heidi Klum ist wie Tyra Banks ein Supermodel, das selbst zu einer Marke geworden ist: Ihre prominente Rolle nicht nur bei PR, sondern auch als Tyras Pendant bei GERMANY'S NEXT TOP MODEL (ProSieben, seit 2006) ruft die Triade von Modeln, Mode und Werbung deutlich in Erinnerung.

Das womöglich innovativste Konvergenzelement in Bezug auf PROJECT RUNWAY besteht jedoch zwischen Fernsehen und jener Bildungsinstitution, die PR ihre Räumlichkeiten für die Aufzeichnung zur Verfügung stellt, der *Parsons New School for Design*. Establishing Shots des *Parsons*-Gebäudes, die für gewöhnlich nach jeder Werbepause zu sehen sind, markieren *Parsons* deutlich als ‹*home of design*›. Darüber hinaus erhalten die KandidatInnen von PR Anleitung und konstruktive Kritik durch Tim Gunn (Slogan: ‹*make it work*›), vormals *Chair of Fashion Design* bei *Parsons*, der durch seine Rolle bei den *Challenges* als lebendige

Verkörperung der Parsons-Expertise positioniert wird. Da das (Reality) Fernsehen Konvergenzen innerhalb des Mediums und über das Medium hinaus ermöglicht, ist es wenig überraschend, dass Tim Gunn als Personality-Marke die Institution *Parsons* derart überstiegen hat, dass er seitdem zum *Chief Creative Officer* von *Liz Claiborne** ernannt wurde und sein eigenes Makeover-Programm bekommen hat, TIM GUNN'S GUIDE TO STYLE (welches, in guter intra-medialer *Crossover*-Tradition dazu genutzt wurde, die TeilnehmerInnen der vierten Staffel von PROJECT RUNWAY bekannt zu geben). Seit den ersten Konvergenzen von Fernsehen und Modeindustrien ist es PR gelungen, zahlreichen Marken, Sponsoren und in deren Orbit kreisenden Satellitenindustrien öffentliche Präsenz zu verschaffen. Man muss Konvergenz vor diesem Hintergrund also als Form des televisuellen Überfließens [*overflow*] verstehen, welches beliebte Modemarken, Kollektionen von Designern, Stoffgeschäfte im New Yorker Garment District genauso erfasst wie *Saturn*-Autos, *Trésemme*-Haarprodukte, die Zeitschrift *Elle*, die *Parsons School,* die Markennamen ‹Heidi Klum› und ‹Tim Gunn› und schließlich das Marken-Werden jener KandidatInnen, die sich durch ihre Exponierung im Fernsehen, Internet und auf der *New York Fashion Week* als am erfolgreichsten erwiesen haben.

Merkwürdige Partnerschaften

Die Fähigkeit der *Industry Convergence Shows,* einer großen Anzahl gesponserter Produkte und Marken eine Öffentlichkeit zu verschaffen, ist offensichtlich, aber ebendiese Marken, Sponsoren und Satellitenindustrien müssen auch Kriterien aushandeln, um als kooperative und zuweilen sogar tauschbare Waren in Reality Television-Formaten verfügbar zu werden. Tatsächlich bleibt die Frage offen, ob sie in der Lage sind, umfassend zu kooperieren, da jede Industrie ihre eigenen Möglichkeitsbedingungen und Vermarktungsmodalitäten aufweist. Dies betrifft zuallererst das Fernsehen als Industrie und Medium. Ganz im Sinne Jenkins', der daran erinnert, dass alte Medien nie sterben oder auch nur verblassen (vgl. 2006, 13), ist zu berücksichtigen, dass die Bedingungen, die das Fernsehen von anderen Medien unterscheiden, auch dann noch vorherrschen, wenn dieses sich über andere, digitale Wiedergabeplattformen ausbreitet. Raymond Williams hat das Hauptcharakteristikum

* [Anm. d. Ü.:] *Liz Claiborne Inc.* ist ein 1976 in New York City gegründetes, international erfolgreiches Modeimperium, das heute unter dem Namen *Fifth and Pacific Companies* firmiert.

des Fernsehens bekanntermaßen als *Flow* definiert, der die Wirkung von Programmen, Werbung und anderen Textformen auf die ZuschauerInnen beschreibt, die sich in einem (scheinbar) undifferenzierten Fluss entfalten und fortsetzen. Während Veränderungen in Technologie und Rezeptionspraxis – wie die Möglichkeit, Programme ohne Unterbrechungen auf einem Videorekorder oder auf einem DVD-Player anzusehen – diese spezifische Fernseherfahrung sicherlich verändert haben, entwickelten sich andere Formen des *Flow*, die für Williams nicht vorstellbar gewesen wären. Beispielsweise beschreibt die gebräuchliche Erfahrung des *Zapping* von Sender zu Sender eine Art lateralen *Flow*, der die ZuschauerInnen in einer einzigen Begegnung mit dem Medium [*viewing session*] über Dutzende oder sogar Hunderte von Sendern führt. Die aktuellen Möglichkeiten, Fernsehen auf anderen digitalen Plattformen herunterzuladen oder zu *streamen,* kann ebenfalls als eine Form von *Flow* betrachtet werden, in dem Fernsehinhalte sozusagen auf jedwede Plattform überfließen, die sie technisch aufnehmen kann.[11]

Abgesehen vom Aspekt des *Flow* ist für die Medienspezifität des Fernsehens die Sendung als Basiseinheit der Programmstruktur charakteristisch. Obgleich diese die ‹*old media*›-Version des Fernsehens verkörpert, stellt die Sendung für digitalisierte Fernsehinhalte in Form von *Clips* oder *Bites* weiterhin den kontextuellen Rahmen und wichtigsten Bezugspunkt dar, ganz gleich, ob die ZuschauerInnen ein Interview aus GOOD MORNING AMERICA sehen, einen angesagten Ausschnitt aus LOST oder eine Performance aus AMERICAN IDOL vom Vorabend. Gleichwohl erweist sich eine solche Perspektive. Auch wenn die Sendung ihren Status als Basiseinheit und primäre Ware der Fernsehindustrie bewahrt, erweist sich eine solche Perspektive als zu limitiert, um die Wechselwirkungen der unterschiedlichen Warenflüsse zwischen Fernsehen und anderen Industrien konzeptionell zu erfassen – und dies ungeachtet der Konfektionierung derartiger Möglichkeiten im Rahmen der Sendung. Letztlich sind solcherlei *Flows* sowohl durch die Produktions- und Distributionsbedingungen der Ware selbst definiert als auch durch die Zielgruppe der ZuschauerInnen und KonsumentInnen ebendieser Ware. Da unterschiedliche Industrien – insbesondere im Fall von Konvergenzen zwischen Medien- und Nicht-Medien-Industrien – unterschiedliche Marketingstrategien und Zielgruppen haben, lassen *Industry Convergence*-Partnerschaften Divergenzen innerhalb der Konvergenzmuster hervortreten, während sie diese gleichzeitig zu verschleiern versuchen.

11 Für zusätzliche Informationen zum Konzept des *overflow* vgl. Brooker 2004.

Ich habe bereits auf die grundlegend voneinander abweichenden Produktionszeiträume und -abläufe von Fernseh- und Musikindustrie hingewiesen, welche die an den POPSTARS- oder IDOL-Reihen beteiligten MusikproduzentInnen dazu zwingen, übliche Produktionszeiten für eine Single oder ein Video radikal zu komprimieren, um sich der unmittelbareren Zeitlichkeit des Fernsehens anzupassen. In einem aufschlussreichen Moment der Sendung IRISH POPSTARS (RTE One, 2002) sah man Musik-Impresario Peter Waterman aus dem Tonstudio stürmen, in welchem er gerade mit der neu formierten Gruppe arbeitete, und hörte ihn – in die Tiefen des Flurs verschwindend – brüllen: «Es ist unmöglich, eine Single an einem Tag zu produzieren!» Bei PROJECT RUNWAY wurde die strukturelle Divergenz zwischen den Anforderungen des Fernsehens und denen der Modeindustrie nie offen auf dem Bildschirm verhandelt, doch wurden deren Auswirkungen in der zweiten Staffel im Konflikt zwischen der Gewinnerin Chloe Dao und dem Zweitplatzierten Santino Rice offenkundig. Obwohl Chloe gewann, behauptete Santino: «No one wanted to interview [her]... I'm sure I did like 500 percent more interviews. That's what *I* won» (vgl. Senior 2007). Im Unterschied zu Santino, dessen Entwürfe sich durch aufwendige Designs und ein besonderes Flair auszeichneten, erarbeitete sich Chloe in jener Staffel eine Reputation als Schöpferin von «pretty but unremarkable clothes» (ibid.). Dass die Wahl auf Chloe als Gewinnerin fiel, mag die ZuschauerInnen folglich überrascht haben – jedoch nur, wenn man den Umstand außer Acht lässt, dass das Preispaket eine einjährige Zusammenarbeit mit dem Hauptsponsor des Programms, *Banana Republic*, beinhaltete, der ein begründetes Interesse daran haben musste, sicherzustellen, dass im Sinne seiner eher am Mainstream orientierten, wiewohl gut betuchten Zielgruppenkundschaft Chloe Dao und nicht Santino Rice diese Kooperation gewinnt. Zweifelsohne hätten nur wenige PROJECT RUNWAY-ZuschauerInnen die extrem gerüschte, im Kontext eines Lederhosen-Mottos entworfene Lingerie (eine von Santinos denkwürdigeren Kreationen) tatsächlich tragen wollen, doch der praktische Anspruch der Mode ist für die FernsehzuschauerInnen zweitrangig, wenn es um Kleidung als Spektakel und die Vertrautheit mit den KandidatInnen geht. Im Gegensatz dazu hatte die Partnerfirma von PR, *Banana Republic*, deren Geschäft der Verkauf von Kleidung ist, mutmaßlich einen starken Einfluss darauf, Chloe zur Gewinnerin des gesponserten Preises zu machen, wobei bemerkenswert ist, dass sich *Banana Republic* nach der zweiten Staffel als Sponsor und Mentor der KandidatInnen aus PR zurückgezogen hat. Dafür waren die Gewinner der dritten und vierten Staffel – Jeffrey

Sebelia und Christian Siriano – Designer mit jener Art von Flair, das besser zum Fernsehen als zur Freizeitkleidung der Mittelschicht passt. Das Fernsehen scheint also in dieser Partnerschaft – für welche es im Grunde das Wiedergabemedium darstellt – die Oberhand gewonnen zu haben. Gleichwohl wirft der Aushandlungsprozess zwischen gegensätzlichen Kriterien für die Bestimmung des Siegers ein Schlaglicht auf die Divergenz der Bedürfnisse von Fernseh- und Modeindustrie.

Einen Teil der Faszination derartiger Programme stellt der Umstand dar, dass Fernsehen und Mode, wie auch Fernsehen und das Restaurantwesen [*restauranteurism*], Industrien sind, die sehr unterschiedliche Waren unter unterschiedlichen Produktionsbedingungen an unterschiedlich abgegrenzte Zielgruppen von ZuschauerInnen und KonsumentInnen verkaufen. Bis zu einem gewissen Grad stellte dies schon immer ein Problem für die Verbindung von Fernsehprogrammen und Fernsehwerbung dar, aber die *Industry Convergence Shows* bringen die Spannung dieser Divergenzen sehr viel deutlicher ans Tageslicht. Als Reaktion auf die Kritik, keine Gewinnerin von AMERICA'S NEXT TOP MODEL habe es jemals zu einer erfolgreichen Modelkarriere gebracht, führte Tyra Banks dies auf die Divergenz zwischen den Anforderungen der Industrien zurück: «Of course I know what a supermodel looks like [...] But I also know that a show filled with 13 girls that have the right look but no personality is not going to be relatable or watched» (Hirschberg 2008). Tom Colicchio, Juryvorsitzender bei TOP CHEF, hat seinerseits zugegeben, dass in den ersten beiden Staffeln die Hälfte der 12 TeilnehmerInnen eher für die Zwecke einer Reality Show als einer Kochshow ausgewählt wurde: «The top chefs could always hold their own, but you walked into the kitchen and knew: *These other six people, there's no way they're going to be able to compete*» (Senior 2007; Herv. i. O.). Während Colicchio darauf besteht, dass die Produzenten von TOP CHEF in späteren Staffeln ein größeres Verständnis dafür entwickelt hätten, dass ihre Stammzuschauerschaft aus *‹hard-core foodies›* besteht und man die Sendung stärker auf dieses Publikum ausgerichtet habe, wird zugleich eine gewisse Abwehrhaltung im Kommentar Colicchios als Vertreter der Partnerindustrie ablesbar. Schließlich wird Colicchio von den TOP CHEF-Produzenten dafür bezahlt, dem Format *‹foodie›*-Glaubwürdigkeit einzuflößen und diese aufrechtzuerhalten, doch diese Integrität wird *per definitionem* durch die Strategien der Produzenten und Ansprüche der ZuschauerInnen kompromittiert – ganz gleich wie kulinarisch versiert dieses spezielle Nischenprogramm auch sein mag.

Diese Kerndivergenz zwischen den Partnerindustrien wird am deutlichsten in jenen Momenten sichtbar, in denen die Interessen einer der beteiligten Industrien plötzlich *nicht* auf dem Spiel stehen und dadurch die warenförmigen Bedingungen des Mediums Fernsehen freigelegt werden. So hatten beispielsweise die Juroren in der zweiten Episode der ersten Staffel von TOP CHEF bei der Eliminierung einer Kandidatin die Wahl zwischen Cynthia und Andrea, die beide keine vielversprechenden Köchinnen waren. Colicchio erkärte, dass er beide nach Hause schicken würde, wenn er könnte, und machte auf diese Weise deutlich, dass für ihn als Restaurantfachmann [*restauranteur*] die Entscheidung nicht von Bedeutung war. Das Ergebnis war letzten Endes schlicht auf die Fernsehtauglichkeit dieser beiden Kandidatinnen zurück zu führen: Wie vorauszusehen war, schied Andrea aus, da Cynthia – zu gleichen Teilen ansteckender Charme und vulgäre Anti-Haltung – bessere Unterhaltung versprach und folglich als geeignetere Kandidatin für eine Fernsehshow erscheinen musste. Solche Momente, in denen das Reality TV dabei beobachtet werden kann, seine berechtigten Interessen voranzutreiben, erinnern daran, dass Divergenz in Konvergenzpartnerschaften für gewöhnlich ein verborgenes Charakteristikum ist, welches im Zuge der geschmeidigen Tauschoperationen zwischen den Industrien zum Zwecke allseitiger Profitmaximierung verschwiegen wird.

Diese verschleierten, aber unvermeidlichen Divergenzen innerhalb der Konvergenzpartnerschaft werfen die größere Frage nach Grenzen und Funktionen des Fernsehens im Zeitalter ökonomischer Konvergenz auf. Sie erinnern daran, wie eingeschränkt die Perspektive auf die ‹Sendung› als singuläre oder primäre Ware des Fernsehens ist. Eine breitere Perspektive lässt deutlich werden, dass Fernsehen spezifische Vermarktungsbedingungen anbietet, die andere Industrien auf weitere Weise glauben ausnutzen zu können, als nur durch den bloßen Ankauf von Werbezeit. Ein Weg, diese neuen Aspekte des Medienkapitalismus nachzuvollziehen, besteht darin, das in den Mittelpunkt zu stellen, was Henry Jenkins «affective economics» nennt und definiert als «the emotional underpinnings of consumer decision-making as a driving force behind viewing and purchasing decisions» (Jenkins 2006, 62). Ganz im Sinne der Vermarkterlogik bringt Jenkins affektive Ökonomien mit Programmloyalität zusammen, welche wiederum in Produktloyalität übersetzt wird. In meinen eigenen Begriffen wäre Loyalität gegenüber einer Sendung als Effekt eines Intimitäts*flows* aufzufassen, der von der jeweiligen Sendung zu assoziierten Produkten gelenkt werden kann, obgleich seine konkreten Auswirkungen häufig kaum vorhersagbar sind. Natürlich erzeugen nicht alle Formate das gleiche Maß an Intimität für die gleichen Arten von Zuschauerschaften, aber die Programmgestaltung des Reality TV verfügt mit der Serialisierung des Kontakts von ZuschauerInnen und ‹echten› Menschen über ein Schlüsselinstrument für die Erzeugung von Intimität. Wie Jenkins bestätigt: «[v]iewers get to know the contestants, learn their personality, their motives for competing, their backgrounds, and, in some cases, other members of their families» (ibid., 79). Die Verbindung von Serialisierung mit der Kontinuität ‹echter› Identitäten von einem Medium zum anderen, wo etwa KandidatInnen sich vom Fernsehen in die Printmedien ins Internet bewegen, bedeutet beispielsweise zu verstehen, inwiefern *Industry Convergence*-Formate sich von ihren Vorläufern im Fernsehen, wie Talentshows und Kochsendungen, unterscheiden. Serialisierung, so Jenkins, «may be why American Idol has become such a powerful marketing tool for launching the careers of young performers compared to earlier televised talent competition» (ibid.) – und selbstverständlich der Grund, warum es ein so machtvolles Marketingtool beim Verkauf von Produkten durch Sponsoren geworden ist, die eine Verbindung mit der Konvergenzindustrie eingegangen sind. So überzeugend dieses Modell der affektiven Ökonomien sein mag, so adressiert die Betonung von Markentreue doch weiterhin Formate als Orte des Branding, anstatt zu erörtern, wie die mediale Spezifik des Fernsehens neue Arten der kulturellen wie auch der affektiven Konvergenz hervorbringt und unterstützt. Reality TV, so meine These, dient in besonders prominenter Weise als ermöglichender Rahmen für Warentransfer und Konvergenz, nicht nur aufgrund seiner Serialisierung oder Verfügbarkeit für Product Placement, sondern wegen der Art und Weise, in der es eine Hauptkomponente des Mediums selbst mobilisiert: sein Vermögen zu Nähe, Unmittelbarkeit und insbesondere Intimität.

Wie zuvor nahegelegt, hat Reality Television seinen Platz im Programmschema des Fernsehens gefunden, weil es sich unter den gleichen Bedingungen entwickelt hat, die auch zu Modellen der Medienkonvergenz geführt haben. Aus dieser Perspektive gehört Reality TV zum ‹New Media›-Aspekt des Fernsehens. Seine Langlebigkeit hingegen hat weniger mit der Eigenschaft zu tun, in Clips aufteilbar zu sein und heruntergeladen werden zu können, als mit der Art und Weise, wie es die Schlüsseleigenschaften von Fernsehen als ‹altem Medium› erfüllt und sogar erweitert. Große Teile der Fernsehwissenschaft haben sich der Demarkation der räumlichen und zeitlichen Attribute des Fernsehens in Begriffen von Unmittelbarkeit und ‹Liveness› gewidmet.[12] Es mag an dieser Stelle ausreichen, darauf hinzuweisen, dass allein das Wort ‹Fernsehen› uns an seine Kernfunktion erinnert: ZuschauerInnen zu ermöglichen, über eine Distanz hinweg zu sehen und

12 Vgl. u.a. Heath 1990; Feuer 1983; Auslander 1999.

auf diese Weise Dinge und Ereignisse nah an sie heranzubringen, in ihr eigenes Wohnzimmer (vgl. Spigel 1992) (oder heute in ihre Handflächen). Was in den Diskussionen um die Unmittelbarkeit des Fernsehens oft übersehen wird, ist jedoch die Art und Weise, in der räumliche und zeitliche Nähe durch die Seherfahrung in Beziehungen von Intimität übersetzt wird. Cecilia Tichi hat sich dieser Frage in ihrer Untersuchung zu Intimitätsversprechen in Marketingkampagnen für das Fernsehen in den 1940er und 1950er Jahren in historischer Perspektive angenommen (vgl. Tichi 1991), während Margaret Morse sich der gleichen Fragestellung theoretisch nähert und eine imaginäre «Z-Achse» nachzeichnet, die ZuschauerInnen mit dem Bildschirm durch den televisuellen Modus der direkten Adressierung verbindet (vgl. Morse 1998). Ich würde diese Argumentationen dahingehend erweitern, dass Intimität ein Hauptcharakteristikum des Mediums Fernsehen darstellt: Wenn Unmittelbarkeit die Tiefenstruktur des Fernsehens beschreibt, dann beschreibt Intimität seinen Tiefenaffekt (vgl. Kavka 2008; insb. Kapitel 1). Tatsächlich war das Fernsehen als vermarktbare Ware spätestens seit der Nachkriegszeit abhängig von seiner affektiven Funktion. Das Zeitalter neuer Medien bringt dieses Charakteristikum weder zum Verschwinden, noch lässt es dieses verblassen; vielmehr würde ich umgekehrt sagen, die dem Medium eigene Intimität besteht fort und treibt sowohl KonsumentInnen an, Fernsehinhalte auf anderen Plattformen zu verfolgen, als auch assoziierte Industrien, KonsumentInnen durch Fernsehinhalte zu verfolgen.

Reality TV ist aufgrund seiner Faszination für Nahverhältnisse ausgesprochen gut darin, intime Beziehungen zwischen TeilnehmerInnen zu stiften. Gleichzeitig ist es, aufgrund der Kontinuität zwischen den Bildschirm- und Real-Identitäten der TeilnehmerInnen in der Lage, Intimität zwischen TeilnehmerInnen und ZuschauerInnen zu erzeugen. Santino Rice, der charismatische Zweitplatzierte der zweiten Project Runway-Staffel, hat die Art, in der televisuelle Nähe durch Reality TV-ZuschauerInnen als intimes Wissen erfahren wird, sehr treffend zum Ausdruck gebracht: «Yeah, people feel like they know me [...] there's no barrier there. I've been at parties where there've been a lot of actors, but people don't feel like they know them» (Senior 2007). Die von Santino getroffene Unterscheidung verschiebt die gewöhnlich von Fernsehwissenschaftlern gezogene Grenze zwischen (Film-)SchauspielerInnen und (Fernseh-)Persönlichkeiten hin zu einer neuen Grenze zwischen Performern in Reality-Programmen und solchen in fiktionalen Formaten: ZuschauerInnen verspüren eine intime Verbundenheit mit ‹echten› Menschen auf dem Bildschirm, die mit ‹SchauspielerInnen› so nicht möglich wäre. Während Santino, wie mutmaßlich alle TeilnehmerInnen an Shows des *Industry Convergence*-Subgenres, in PROJECT RUNWAY aufgetreten ist, um öffentliche Aufmerksamkeit zu erlangen, ist das Gegenstück einer solchen Zurschaustellung das Gefühl von Intimität auf Seiten der ZuschauerInnen. Tatsächlich ist Intimität Teil der Exponierung der TeilnehmerInnen, sie ist dieser eingeschrieben und befördert sie, indem sie sich vom Bildschirm auf die Personen und Objekte ausdehnt, die sie herstellen/tragen/essen etc.. Intimität im Reality TV wirkt daher wie ein Strom: Sie kann von der Sendung, welche sie hervor gebracht hat, in andere Formate, Plattformen und Produkte fließen; sie kann auch als Strom zwischen einstigen ZuschauerInnen und ehemals Fremden fließen, in einer Welt, die die ZuschauerInnen nun zu ‹kennen› glauben. In seiner ökonomischen Dimension bestimmt dieser Intimitätsstrom nicht nur die mediale Spezifik des Fernsehens, sondern unterstützt die Warenströme, welche selbst wiederum die Programmgestaltung des Reality TV bestimmen.

Intimität als Währung

Intimität ist die Währung der Reality-Programmgestaltung [*programming*], das, was die verschiedenen warenförmigen Ebenen, auf denen Reality TV funktioniert – Produkte, Marken, Prominenz, sogar die Exponierung als solche – miteinander tauschbar macht und so zur Konvergenz befähigt. Jede Ware kann, wie die von Santino erlebte Prominenz, gegen eine Ware ungefähr gleichen Werts getauscht werden, so wie der Wert von Santinos Publizität durch PROJECT RUNWAY oder der seiner freundlich-spöttischen Imitation der Stimme Tim Gunns, die unmittelbar zur Bildung der Marke ‹Tim Gunn› beiträgt. Dies wird insbesondere dadurch ermöglicht, dass all diese Waren durch Intimitäts*flows* befördert und in eben diesem Strom tauschbar gemacht werden. Konvergenz ist im Reality TV daher ein Prinzip, das nicht durch technologische Multifunktionalität oder Plattform-*Crossover* realisiert wird, sondern durch einen affektiven *Flow*, der als Intimität erfahren wird. Obwohl (sehr viel) Geld für die Herstellung und das Franchising dieser Shows eingesetzt wird, bleibt es zu einem gewissen Grad unsichtbar und, was noch wichtiger ist, unverhältnismäßig: Warum sollten TeilnehmerInnen 1 Million oder 100.000 US-Dollar und einen Vertrag, oder ein Haus, dessen tatsächliche Baukosten wir nur erahnen können (wie in EXTREME MAKEOVER: HOME EDITION) gewinnen? In welchem Verhältnis stehen diese Summen zur Arbeit der TeilnehmerInnen auf der einen und den Bilanzen der Produktionsfirmen auf der anderen Seite? Präziser noch: Wie beziffert man den finanziellen Wert einer Marke in US-Dollar, deren eigentlicher Wert durch kulturelle Affekte bestimmt ist? Angesichts der Inkommensurabilität dieser Werteinheiten sind es eher die konkret fühlbaren Intimitäts*flows* als die unsichtbaren Geldströme, die in diesen Sendungen als Währung in Umlauf sind und die ihrerseits den Wert der mit ihnen assoziierten Waren und Marken ansteigen lassen. In den *Industry Convergence Shows* versuchen die Freizeitindustrien, die sich in Reality TV-Formate einkaufen, sich deren spezifische Art der Währung – Intimität – anzueignen, um daraus Einkünfte zu generieren.

Für die Fernsehwissenschaft bedeutet diese ökonomische Beziehung, dass wir danach fragen müssen, inwiefern es für eine (Reality) TV-Show als kulturelle, ökonomische und insbesondere affektive Ware möglich ist, gleichermaßen Diener zweier Herren zu sein: des Fernsehens und seiner Anforderungen einerseits sowie andererseits der Industrie, die Sponsoring zur Verfügung stellt und die thematische Ausrichtung bestimmt. Die Antwort lautet selbstverständlich, dass zwei Herren niemals vollständig gleichberechtigt sind, was in der Praxis bedeutet, dass Reality TV zunächst die Bedingungen seiner eigenen Warenförmigkeit pflegt, indem es Intimitäts*flows* von den KandidatInnen zu den ZuschauerInnen und schließlich zu den Produkten erzeugt und aufrechterhält, so dass andere Unterhaltungs- und Freizeitindustrien den Wunsch verspüren, in diese zu investieren. In einigen Fällen ist die Divergenz zwischen den Waren und den ZielkonsumentInnen zu groß, was zum Abzug der Sponsorenunterstützung aus Sendungen führt. In anderen Fällen jedoch erweitert die Konvergenzpartnerschaft die Möglichkeiten des Mediums Fernsehen selbst. Die sichtbaren Bereiche der Freizeitkultur – Modeln, Mode, Tanz, etc. – sind naheliegende Anwärter für *industry convergence* mit dem Fernsehen, ähnlich dem Musik/Fernseh-*Crossover*, das bereits auf eine lange Geschichte zurückblickt, von Live-Musikperformances in *Variety*- und Talkshows bis zu den Anfängen von MTV und anderen Musikvideosendern. Viel weniger naheliegend jedoch erscheinen Partnerschaften mit Industrien, die nicht auf visuellem und auditivem Vergnügen basieren, wie etwa im Falle der Nahrungsmittelindustrie in Top Chef oder Hell's Kitchen (wie können wir als ZuschauerInnen wissen, dass ein Gericht besser als das andere geschmeckt hat?), oder des Firmen-Vorstellungsgesprächs in The Apprentice (wie können wir als ZuschauerInnen Unternehmenserfolge ermessen?). Diese Programme suggerieren, dass es vielmehr *industry convergences* und nicht allein technologische oder Plattform-Konvergenzen sind, die die Fähigkeit besitzen, das Repertoire der Wirkungen des Fernsehens auf ZuschauerInnen grundlegend zu erweitern – bis hin zur Synästhesie von Geschmack, Geruch und sogar der haptischen Erfahrung der Geschäftigkeit in der Vorstandsetage oder dem Rascheln eines schräg geschnittenen Rocks.

Diese Fähigkeit, das traditionell mit der Bildschirmkultur assoziierte visuelle Vergnügen für die ZuschauerInnen von *Industry Convergence Shows* in höchst synästhetische Freizeitvergnügen zu verwandeln, bezeichnet das zentrale Element der Flexibilität des Reality TV, nämlich seine Fähigkeit, Warentausch durch die Nutzung der affektiven Aufladung des Mediums zu ermöglichen. Ganz gleich, ob es die Vorstandsetage oder die Gastronomie ist, die auf den Bildschirm ausgedehnt wird, Reality TV ermöglicht Konvergenz, indem es Intimität für Investoren verfügbarer und für KonsumentInnen intensiver und zugänglicher – ‹echter› oder erlebbarer – macht. Der abstrahierte Mehrwert dieser Intimität, die das Reality TV produziert, ist – über die ‹Arbeit› seiner TeilnehmerInnen hinaus – die tatsächliche Währung der Konvergenz. Es ist das Mittel, mithilfe dessen Konvergenzpartner, die in Reality TV-Programme investieren, ihre Profite maximieren können.

Genau so verstehe ich Jenkins' «affective economics» in Bezug auf Reality TV: Die Dehnbarkeit des Mediums, die mit seiner Nähe, Präsenz und Zugänglichkeit zu tun hat, verwandelt die Arbeit der TeilnehmerInnen an *Convergence Shows* in eine neue und höchst profitable Form von Kapital.

Dies mag zu einigen merkwürdigen, bislang nicht vorstellbaren Industriepartnerschaften und sogar vermeintlich exzentrischen Konsumentenentscheidungen im Auf und Ab des Kapitalflusses führen, aber der Kapitalismus der Neuen Medien zeitigt auch Effekte, die nicht mit seinen eigenen Mitteln kontrolliert oder zurückgenommen werden können. In der Terminologie der Industrie ausgedrückt, hieße das, dass es immer potentielle neue Konvergenzpartner für dieses alte Medium gibt. Während *Industry Convergence*-Sendungen folglich die aktuell ausgeklügeltste Lösung für das beständige Problem darstellen, wie Werbekunden den KonsumentInnen einen Schritt vorausbleiben können, hat ihr Erfolg viel weniger mit dem Verkauf von Waschpulver oder sogar Coca-Cola zu tun, als mit der televisuellen Eigenschaft des Überfließens [*overflow*] – d.h. der Fähigkeit zur Erzeugung und Lenkung affektiver *Flows*, die den individuellen Bedürfnissen der Industrie dienen und diese zugleich überschreiten. Dies ist der Mehrwert, von dem potenzielle Partner profitieren, während er gleichzeitig potenzielle produktive Differenzen zwischen Konvergenzpartnern zu Tage treten lässt.

Unter den Bedingungen einer divergenten Konvergenzkultur, fließt Reality TV in nicht-visuell verfasste und sogar nicht-mediale Industrien über und macht auf diese Weise eine Menge Menschen ‹glücklich›.

Aus dem Amerikanischen von Hanna Surma und Sebastian Scholz

Literatur

Auslander, Philip (1999) *Liveness. Performance in a Mediatized Culture.* London/New York: Routledge.

Brenton, Sam/Cohen, Reuben (2003) *Shooting People. Adventures in Reality TV.* London: Verso.

Brooker, Will (2004) Living on *Dawson's Creek*. Teen Viewers, Cultural Convergence, and Television Overflow. In: *The Television Studies Reader.* Hg. v. Robert C. Allen & Annette Hill. London/New York: Routledge, S. 569–580.

Brunsdon, Charlotte/Johnson, Catherine/Moseley, Rachel/Wheatley, Helen (2001) Factual Entertainment on British Television: The Midland Research Group's ‹8-9 Project›. In: *European Journal of Cultural Studies* 4,1, S. 29–62.

Downing, John (1990) The Political Economy of U.S. Television. In: *Monthly Review* 42, S. 30–41.

Feuer, Jane (1983) The Concept of Live Television. Ontology as Ideology. In: *Regarding Television.* Hg. v. E. Ann Kaplan. Frederick: University Publications of America, S. 12–22.

Heath, Stephen (1990) Representing Television. In: *Logics of Television.* Hg. v. Patricia Mellencamp. London: British Film Institute, S. 267–302.

Hirschberg, Lynn (2008) Banksable. In: *New York Times Magazine* v. 1.06.2008; www.nytimes.com/2008/06/01/magazine/01tyra-t.html?pagewanted=1&_r=2&ref=magazine (Zugriff am 25.07.2008).

Huff, Richard M. (2006) *Reality Television.* Westport/London: Praeger.

Jenkins, Henry (2006) *Convergence Culture. Where Old and New Media Collide.* New York/London: New York UP.

Kavka, Misha (2008) *Reality Television, Affect and Intimacy.* Basingstoke/New York: Palgrave Macmillan.

Lawson-Borders, Gracie (2006) *Media Organizations and Convergence. Case Studies of Media Convergence Pioneers.* Mahwah/London: Lawrence Erlbaum Associates.

Magder, Ted (2004) The End of TV 101. Reality Programs, Formats, and the New Business Television. In: Murray/Ouellette 2004, S. 137–156.

Mathijs, Ernest/Jones, Janet (Hg.) (2004) *Big Brother International. Formats, Critics & Publics.* London: Wallflower Press.

Morse, Margaret (1998) *Virtualities. Television, Media Art, and Cyberculture.* Bloomington: Indiana UP.

Murray, Susan/Ouellette, Laurie (Hg.) (2004) *Reality TV. Remaking Television Culture.* New York: New York UP.

Nichols, Bill (2004) *Blurred Boundaries.* Bloomington: Indiana UP.

Raphael, Chad (2004) The Political Economic Origins of Reali-TV. In: Murray/Ouellette 2004, S. 119–136.

Senior, Jennifer (2007) The Near-Fame Experience. In: *New York Magazine* v. 6.08.2007; http://nymag.com/news/features/35538/index4.html (Zugriff am 08.09.2007).

Spigel, Lynn (1992) *Make Room for TV. Television and the Family Ideal in Postwar America.* Chicago: University of Chicago Press.

Tichi, Cecilia (1991) *Electronic Hearth. Creating an American Television Culture.* New York: Oxford UP.

West, Amy (2005) Caught on Tape. A Legacy of Low-Tech Reality. In: *The Spectacle of the Real. From Hollywood to «Reality» TV and Beyond.* Hg. v. Geoff King. Bristol: Intellect Books, S. 83–92.

«Der Begriff Fernsehen wird auf etwas übertragen, das überhaupt kein Fernsehen ist»

Joan Bleicher über altes und ‹neues› fernsehen

Judith Keilbach: *Vergleicht man das gegenwärtige Fernsehen mit dem, was Fernsehen vor 10 Jahren war, so lassen sich zahlreiche Veränderungen feststellen. Das Fernsehen scheint momentan eine erhebliche Transformation zu durchlaufen. Worin unterscheidet sich das ‹neue› vom alten Fernsehen?*

Joan Bleicher: Als Fernsehhistorikerin machen mich innovativ wirkende Labels wie ‹Neues Fernsehen› grundsätzlich misstrauisch, denn bei näherer Betrachtung stellt man meistens fest, dass es für viele der gegenwärtigen Entwicklungen Vorläufer gibt. Während das Label ‹neu› benutzt wird, um klare Zäsuren zu markieren, interessieren mich vor allem Kontinuitäten. Was das ‹neue Fernsehen› angeht, so werden mit dem Begriff ja ganz unterschiedliche Phänomene bezeichnet: Unter anderem wird mit ihm eine Genre-Hybridisierung verknüpft, d.h. neue Grenzgänge zwischen Fakten und Fiktionen, zwischen Dokumentation und Erzählen. Der Blick in die Geschichte zeigt allerdings, dass gerade mit der Auflösung dieser Grenzen in der frühen Phase des Fernsehens viel experimentiert wurde. So beispielsweise in den Dokumentarspielen des ZDFs in den 1960er Jahren. Ein weiteres Phänomen, das als ‹neues Fernsehen› gilt, ist die Loslösung des Fernsehens von den herkömmlichen Distributions- und Rezeptionsformen. Es wird suggeriert, dass zum einen die Zeitbindung des Programms und zum anderen die Distribution durch die Sender verloren geht. Schaut man sich jedoch die Strukturen auf YouTube an, so stellt man eine Renaissance des alten Sendermodells fest. Da gibt es z.B. private Videoblogs, die sich «Sender der Familie Soundso» nennen. Das Ordnungsmodell des Fernsehens wird hier also übertragen auf den Bereich des Amateurfilms und auf Tagebuchformen. Auch in Form der ‹Channels› scheint das Modell des Senders bei YouTube deutlich auf. Es gibt also gewissermaßen eine Entwicklungslinie von den analogen und kommerziellen Programmen über die digitalen Programmbouquets hin zur deutlich ausdifferenzierteren Senderstruktur von YouTube. Und was die Zeitbindung angeht: Zwar wird immer behauptet, dass online fernsehen zeitunabhängig wäre, aber wenn man sich beispielsweise die Online-Talkshow von Jürgen Fliege anschaut, dann heißt es: «Nächste Sendung: 16 Uhr. Geht online, wenn Ihr mich live sehen wollt». Die klassische Zeitbindung wird in den Bewegtbildangeboten also wieder aufgegriffen.

Wäre das nicht ein typisches Beispiel von ‹Remedation›, wie Bolter und Grusin sie beschreiben? ‹Neue› Medien übernehmen zunächst Elemente von alten Medien; sie eignen sich diese an und tragen dadurch gleichzeitig auch zu deren Veränderung bei.

Mein Eindruck ist, dass man für diese neuen Formen der Bewegtbildkommunikation den Begriff ‹Fernsehen› wählt, um an bisherige mediale Erfahrungen, mediale Erinnerungen und Nutzungsgewohnheiten anzuknüpfen. Der Begriff Fernsehen wird also auf etwas übertragen, das überhaupt kein Fernsehen im traditionellen Sinn ist. Übrigens wird auch im Rahmen der Qualitätsdebatte vom ‹neuen Fernsehen› gesprochen, wobei es in diesem Diskurs dann aber umgekehrt darum geht, dass Fernsehen gerade nicht mehr Fernsehen ist, sondern eben Kinoästhetik bietet. Schaut man etwa in die 1960er oder 1970er Jahre, ist diese Hybridisierung von Spielfilm- und Fernsehästhetik natürlich auch nicht neu.

Ich nehme an, damit beziehst Du Dich auf die Beteiligung der Rundfunkanstalten an der bundesdeutschen Filmproduktion?

Genau. Günter Rohrbach hat mit seinem Konzept des ‹amphibischen Films› ja implizit behauptet, dass es keine Kinofilme mehr gibt, sondern nur noch Fernsehfilme. Fast alle Filme sind neben der Filmförderung auch mit Fernsehgeld produziert und somit auf die Fernsehverbreitung ausgerichtet. Es ließe sich also provokativ behaupten, dass das deutsche Fernsehen spätestens seitdem sich die Sendeanstalten offiziell an der Filmförderung beteiligt, also seit den 1970er Jahren, Kinoqualität besitzt - die nach dem Kriterienkatalog von Robert Thompson ja ein Merkmal von Quality TV ist.

Lässt sich die Kategorie Quality TV, die ja ursprünglich ein Phänomen des US-amerikanischen Fernsehens beschreibt, überhaupt aufs europäische bzw. bundesdeutsche Fernsehen übertragen? Die Adressierungsformen des öffentlich-rechtlichen und des kommerziellen Fernsehens unterschieden sich doch sehr deutlich voneinander. Um Deine Problematisierung des Begriffs weiterzutreiben: Ist dem öffentlich-rechtlichen Fernsehen ein bestimmter Qualitätsanspruch – siehe beispielsweise das Erziehungsmodell der BBC oder der bundesdeutsche Bildungsauftrag – nicht geradezu eingeschrieben?

Was das öffentlich-rechtliche Fernsehen immer begleitet hat, war ein Legitimationsdiskurs. Von Anfang an gab es zum einen den kritischen Anspruch, also die Konzeption von Fernsehen als Kulturmedium, und zum anderen die Kritik an der fehlenden Qualität. Das berühmte Telegramm, das der Bundestagspräsident Dr. Hermann Ehlers am 29.1.1953 an den NWDR Fernsehintendanten Werner Pleister geschickt hat, mit dem Inhalt «Sah eben Fernsehprogramm. Bedaure, dass Technik keine Möglichkeit gibt, darauf zu schießen», ist ein gutes Beispiel für das Entsetzen über die schlechte Qualität. Auch die Geräteindustrie hat in den 1950er Jahren bessere Sendungen gefordert, weil sie sonst keine Geräte absetzen könne. Und Horkheimer/Adorno haben bekanntlich vor der Kulturverflachung und -nivellierung des Fernsehens gewarnt. Die Qualitätsdiskussion durchzieht das Fernsehen also schon immer, wobei sie mit unterschiedlichen Zielsetzungen und aus unterschiedlichen Interessensgebieten geführt wird. So versuchen kommerzielle Sendeanstalten wie Pro Sieben durch die Produktion von Qualitätsserien wie DR. PSYCHO ihr Image zu optimieren. Gleichzeitig lehnt der Verband der privatrechtlichen Telekommunikationsanbieter die Gebührenfinanzierung ja nach wie vor mit dem Argument der mangelnden Qualität ab.

Geht man von Jane Feuers Begriff von Quality TV – und nicht von Thompsons Kriterienkatalog oder den Werturteilen enttäuschter Politiker – aus, so stellt sich die Situation nochmals ganz anders dar. In ihrer Studie zu MTM hat Jane Feuer gezeigt, dass es der Fernsehindustrie vor allem um quality audience *geht, d.h. um ein bestimmtes Zuschauersegment – nämlich gebildete Zuschauer mit hohem Einkommen – für das sich die Werbekunden besonders interessieren. Um diese Zuschauer zu erreichen, wurden Programme produziert, die sich von dem herkömmlichen* least objectionable programming *unterschieden. Quality ist somit eigentlich eine Zuschauerkategorie und als solche Bestandteil eines ökonomisch bedingten Hierarchiegefüges.*

Quality wird zu einem Label von Produktionsunternehmen und Sendeanstalten, das die Aufmerksamkeit spezifischer Zuschauergruppen auf bestimmte Sendungsangebote lenken soll. Auffällig an der gegenwärtigen Debatte finde ich, dass ausschließlich fiktionale Programmangebote als Quality TV gelten; dokumentarische oder hybride Formen werden nicht mit diesem Label versehen. Schaut man sich jedoch das Publikum an, so stellt man fest, dass DAS DSCHUNGELCAMP die selben Zuschauer adressiert wie DIE SOPRANOS. Ein großer Anteil der DSCHUNGELCAMP-Zuschauer sind Intellektuelle mit guter Ausbildung, die gut verdienen und deren Lust am Trash deutlich ausgebildet ist. Oft ist das intellektuelle und einkommensstarke Publikum also gerade nicht da, wo die Fernsehmacher es gerne hätten, sondern bei Sendeformen, wo es eigentlich nichts zu suchen hat.

Wenn man den Begriff Quality als Zuschauerkategorie versteht, dann ist DAS DSCHUNGELCAMP also Quality TV?

In jedem Fall! Gleichzeitig gilt Reality TV aber auch als Trash. Einerseits finden sich zahlreiche visuelle Qualitäten des Dokumentarfilms, andererseits wird mit Figurenstereotypen gearbeitet und es fehlt die narrative Komplexität... Kurz: mit den Qualitätszuordnungen ist es schwierig. Übrigens zeichnet sich im Bereich Reality TV eine Transformation des Fernsehens besonders deutlich ab, nämlich die Veränderung seines dokumentarischen Charakters. Denn mit dem *scripted content* gibt das Fernsehen ja seine alte Abbildfunktion auf zugunsten eines realitätsnahen Erzählens. Das alte Versprechen, ‹Fenster zur Welt› zu sein, wird von dem Versprechen abgelöst, die Lebenswirklichkeit der Menschen zu erzählen. Damit findet zugleich eine Verschiebung der Medialität des Fernsehens statt.

Verändert sich damit nicht auch die Konzeption von Zuschauen und von Publikum?

Roger Silverstone hat ja in einer seiner letzten Publikationen die Veränderungen des Zuschauens beschrieben und auf Wechselwirkungen zwischen dem im Reality TV präsentierten Alltag mit dem Zuschaueralltag hingewiesen. Doch die Veränderungen sind auch von crossmedialen Entwicklungen beeinflusst. Es bilden sich inzwischen *commu-*

nities, die über Facebook oder andere soziale Netzwerke Sendungen während der Ausstrahlung kommentieren – ähnlich wie man früher mit Kollegen am nächsten Tag das Fernsehprogramm besprochen hat. Natürlich hat sich durch das Internet auch vieles verändert: Zum einen die ganze Mash-Up-Kultur auf YouTube, wo sich Fans einer Serie die Geschichte so zusammenmontieren, wie sie es gerne hätten, und nicht wie das Fernsehen sie erzählt. Und zum anderen die Transmedialität der Erzählung. Inzwischen werden ja ganze Beiträge nur fürs Internet produziert, wie beispielsweise bei der LINDENSTRASSE, oder können sich Zuschauer zusätzliche Plots über Spiele erarbeiten. Das sind natürlich neue Formen des Fernsehens. Wenn man eine Zäsur setzen will, mit der das ‹neue Fernsehen› begann, dann ist das der Moment, in dem das Fernsehen online ging.

Insgesamt klingt es aber so, als ob Du dem Begriff des ‹neuen Fernsehens› skeptisch gegenüberstehst.

Ich glaube in der Tat nicht, dass er die Forschung weiterbringt. ‹Neues Fernsehen› ist ein Marketing-Begriff, mit dem man versucht, Dinge zu verkaufen oder Aufmerksamkeit zu lenken. Daher würde ich dafür plädieren, immer erst den jeweiligen Gegenstandsbereich genauer zu definieren. Auch ‹Fernsehen› ist ja ein sehr großer Begriff. Es ist meines Erachtens notwendig, genauer zu schauen, in welchen Bereichen des Fernsehens sich was, warum und in welchem Kontext verändert – und die Begrifflichkeiten dann dem konkreten Untersuchungsgegenstand anzupassen.

Das Gespräch fand am 16. Februar 2012 in Hamburg statt.

Literatur

Bleicher, Joan Kristin (2009) Zirkulationen medialer Bilderwelten. Wechselwirkungen zwischen Fernsehen und YouTube. In: *Probleme filmischen Erzählens*. Hg. v. Hannah Birr, Maike Sarah Reinerth & Jan-Noel Thon. Münster: Lit, S. 177–197.

Bolter, Jay David/Grusin, Richard (2000) *Remediation. Understanding New Media*. Boston: MIT Press.

Feuer, Jane/Kerr, Paul/Vahimagi, Tise (1984) *MTM. Quality Television*. BFI Pub.

Hickethier, Knut unter Mitarbeit von Peter Hoff (1998) *Geschichte des deutschen Fernsehens*. Stuttgart: Metzler.

Rohrbach, Günter (1977) Das Subventions-TV. Plädoyer für den amphibischen Film. In: *Jahrbuch Film 77/78*. München: Hanser, S. 95–100.

Silverstone, Roger (2002) Complicity and Collusion in the Mediation of Everyday Life. In: *New Literary History* 33, S. 761–780.

Thompson, Robert J. (1997) *Television's Second Golden Age. From Hill Street Blues to ER*. New York: Continuum.

«Ich weiß ja nicht, was ich suche»

Betrachtungen zu Flow, Segmentierung, *liveness* und Subjektivität des Fernsehens im Internet

Herbert Schwaab

Wer als Dozent Fernsehen in der Medienwissenschaft unterrichtet, begegnet immer häufiger jungen Menschen, die mit dem Fernsehen nichts anfangen können. So beklagt ein Kollege, dass sich die Studierenden nicht mehr dazu hinreißen ließen, eine konservative Kulturkritik im Geiste Adornos auf das Medium zu beziehen: Sie kennen das Fernsehen einfach nicht. Wird nach den Rezeptionspraxen der Studierenden gefragt, finden sich perfekte Beispiele von Post-TV-Betrachtern, die behaupten, das Medium deshalb nicht zu nutzen, weil es sich nicht lohne. Stattdessen findet für sie das Fernsehen im Internet statt. Natürlich handelt es sich um medienkompetente Eliten, die kein Abbild einer immer noch vom ‹alten› Fernsehen dominierten Wirklichkeit darstellen, aber sie sind Indikatoren einer Fokussierung nicht nur der Medienkultur, sondern auch der Medienwissenschaft auf die Neuen Medien. Charlotte Brunsdon weist darauf hin, dass das Fernsehen als altmodisches Medium in einer (neuen) Identitätskrise steckt: «Initially, television was inferior to cinema – and to older, more authentic (music-hall) or prestigious forms (theater); now it is inferior to ‹digital media›, as well as having a bit of an identity crisis of its own» (Brunsdon 2008, 128). Allerdings bezieht sich die Befürchtung auf einen Diskurs, der das Fernsehen immer wieder auf unterschiedliche Weise als defizitär imaginiert. Neue Medien bieten tatsächlich aber auch die Möglichkeit, das Fernsehen neu zu denken, beispielsweise nicht mehr als ein von der Industrie erdachtes und kontrolliertes Medium (vgl. Parks 2009, 127).

Ich werde in diesem Beitrag einige Aspekte der Wahrnehmung, Programmgestaltung und Distributionsform des Fernsehens nicht nur medienwissenschaftlich, sondern auch philosophisch in den Blick nehmen, um sie von den im Internet angebotenen Inhalten abzugrenzen, gerade weil der Verlust einer spezifischen Form der Begegnung mit Gegenständen droht. Es wird hier hauptsächlich um eine aktualisierte Betrachtung des klassischen, von Raymond Williams (1975) definierten fernsehwissenschaftlichen Begriffs des ‹Flow› gehen, doch auch andere Begriffe wie ‹liveness› oder ‹Segmentierung› werden eine Rolle spielen. Vor allem möchte ich versuchen, so etwas wie eine Philosophie des Flow zu skizzieren und dabei auf unterschiedliche Formen der Konstitution eines Publikums oder von Subjektivität zu schauen – eine Untersuchung, die sich auf Praxen, Diskurse, Vorstellungen und Erfahrungen des Fernsehens bezieht. Es geht um eine neue Rezeptionshaltung, die nicht nur vom Fernsehen im Internet, sondern auch vom Internet selbst hervorgebracht wird.

Wie der Eindruck entsteht, dass das Fernsehen keine neuen Inhalte biete – das Programm ist immer noch umfangreich heterogen und das Angebot wird eher größer als kleiner –, ist rätselhaft. Für die jungen Rezipienten der Internet-Plattformen offerieren diese offensichtlich mehr Inhalte als das Fernsehen, was angesichts des unüberschaubaren Angebots auch eine gewisse Überforderung impliziert. So spricht etwa Richard Grusin in einem Text über die Plattform YouTube vom «YouTube sublime» und dem überwältigenden, aber auch latent ohnmächtigen Gefühl, sich mit der unbegreiflichen Menge an Inhalten zu beschäftigen, die über die Archive des Netzes angeboten werden (Grusin 2009, 60). Die Menge ist für den Nutzer allerdings kein Problem, wenn er gezielt nach Inhalten sucht, was von bestimmten Rezeptionshaltungen gegenüber dem Fernsehen massiv abweicht. Es handelt sich hier um das sich selbst regierende Subjekt eines neuen Fernsehens, dessen Selbstermächtigung beispielsweise zum Gegenstand der Strategien der neuen Anbieter von digitalem Bezahlfernsehen wird (Stauff 2005, 237). Angesichts der aktuellen Entwicklungen muss allerdings die Beschreibung dieses Betrachters viel stärker vom Fernsehen wegrücken. In Bezug auf das Fernseh-Dispositiv spricht bereits Hickethier von einer Individualisierung der Rezeption, durch die Fernsehen in eine gesamtgesellschaftliche Entwicklung eingeordnet sei: Es offeriere im Gegensatz zum ortsgebundenen Kino den neuen Ort des Zuhauses, der einer flexibler werdenden Zuschauerschaft entspricht und sie zugleich zu einer Vielfalt von Inhalten, an denen sie ihre Lebensentwürfe orientieren können, in Beziehung setzt (Hickethier 1995, 78).

Dieses Modell ist hilfreich, aber es erfasst nicht alle Aspekte der Besonderheit von Fernsehrezeption, wie sie heute im Kontrast zum Internet herausgestellt werden müssen. Denn das Internet steht nicht nur für einen Betrachter, der individuellere, seinen Bedürfnissen besser angepasste Angebote sucht und damit eine Entwicklung fortsetzt, die bereits die Entwicklung von Programmen des Quality Television in den 1970er Jahren gekennzeichnet hat (vgl. Feuer/Kerr/Vihamagi 1984). Vielmehr wird ein Exzess der Anpassung an eigene Wünsche erkennbar, der eher als Produkt eines Bruches mit vielen nachvollziehbaren medialen und kulturellen Logiken zu verstehen ist: Der neue Betrachter will alles zu jeder Zeit. Er will nicht nur unabhängig sein von der zeitlichen Strukturierung des Fernsehangebots – wie etwa der Betrachter, den die frühen Werbestrategien für Videorekorder imaginieren (vgl. Marlow/Secunda 1987, 122). Es handelt sich auch nicht um den Kunden, der mit dem für ihn bestimmten, seinem Lifestyle und seinem intellektuellen Verständnis angepassten erlesenen Produkt beliefert werden möchte, wie es die Anbieterstrategien von Qualitätsserien und Bezahlsender wie HBO oder AMC versprechen (McCabe/Akass 2005, 7). Der neue Betrachter, den etwa Mario Sixtus (2004) in der internetaffinen Zeitschrift *De:Bug* skizziert, will eine durch das «Broadcatching» statt dem «Broadcasten» gesicherte totale Unabhängigkeit vom Fernsehen, will die Dinge zu jeder Zeit an jedem Ort sehen können. Der Bruch, der sich hier andeutet, liegt in einer völligen Negation des Fernsehens, das nicht einmal als Vergleichsmedium eines sich verändernden, individueller werdenden Fernsehens gebraucht wird. Der von Sixtus formulierte Abgesang und Nachruf darauf stellt sich den Betrachter offensichtlich als Demiurg vor, der mit seinen Bewegungen im Netz die Serien und andere Gegenstände zum Leben erweckt, von denen er offenbar schon im Voraus weiß, dass er sie sehen möchte: Es sind ja seine Gegenstände. Fernsehen im Internet, auf DVD oder als Teil des Angebots für das Nischenpublikum eines Bezahlsenders wird zu dem, was William Uricchio als «viewer determined experience» bezeichnet (in Wood/Taylor 2008, 145).

Der Aspekt des Demiurgen bringt ein magisches Element ins Spiel, das auch bestimmte Theorien zum Internet im Blick haben. So spricht etwa Boris Groys (2003, 45) von einem Moment der Beschwörung, das in den Handlungen und Navigationen des Users im Netz zu finden sei: Er steuere Seiten an und bringe die Inhalte der Seiten zur Aufführung. Hier vollendet sich die Selbstermächtigung des sich selbst regierenden, individualisierten Users in dem Eindruck, selbst das zu schaffen, was gesehen werden will. Natürlich ist dies ein eingebildeter

Schöpfungsakt, aber er ist nicht nur kennzeichnend für einen Narzissmus, den etwa Seeßlen und Metz in *Blödmaschinen* – einem Buch, das eine eher altmodische Kritik am Fernsehen und den Neuen Medien entwickelt – als alarmierendes Kennzeichen der neuen Medienkultur herausstellen (Seeßlen/Metz 2011, 175). Der Narzissmus zeigt sich in Begriffen wie ‹MeTV›, mit dem der Abschluss einer Entwicklung bezeichnet wird, die von einem begrenzten Zugang über wenige Sender über ein von vielen Sendern bestimmtes größeres Angebot des Fernsehens bis zu jenem Zustand des MeTV reicht, bei dem sich die Nutzer das Programm selber machen (vgl. Nolam in Hart 2009, 133). Es ist mehr als ein nur eingebildeter Schöpfungsakt, weil dabei der Bruch mit dem Fernsehen markiert wird, der in anderen Deutungen des Verhältnisses zwischen dem unsicheren Objektstatus des Fernsehens und den Strategien der Bestimmung des Objekts, die beispielsweise im Aufnehmen und Archivieren zu finden sind, noch nicht vollzogen ist. Diese Haltung entspricht tatsächlich einem Fernsehen ganz ohne Fernsehen, fußt aber auf einigen Aporien: Das wird deutlich, wenn Sixtus mit großer Genugtuung das Ende eines werbefinanzierten Senders wie RTL prognostiziert, aber keine Angaben dazu macht, woher die Gegenstände des Fernsehens dann kommen sollen. Er unterschätzt, wie parasitär das Medium Internet gegenüber dem Fernsehen ist. Weil das Internet auch einen radikalen Bruch mit der Zeitlichkeit des Fernsehens vollzieht und ohne große Anstrengung eine Vielzahl von Gegenständen für den Betrachter zugänglich werden (die vielleicht zuvor schon in zunehmendem Maße durch die DVD zugänglich wurden), fällt die Bezogenheit der Inhalte auf das Fernsehen, die einen anderen Aggregatzustand des Fernsehens anzeigen, noch nicht auf, wofür aber auch eine angestrengte Verdrängungsarbeit geleistet wird. ‹MeTV› ist eine gute Bezeichnung für diese Verdrängung, aber auch eine gute Bezeichnung für eine Kontrastfigur zum klassischen Fernsehen, das aus guten Gründen eben kein MeTV ist.

Welchen Betrachter das Fernsehen im Gegensatz zum Internet hat und welche Gegenstände es hervorbringt, wird deutlich, wenn man einige der Veränderungen seines Aggregatzustands ins Auge fasst, die in der Theorie beschrieben werden. Dabei geht es häufig darum, wie die Betrachter sich in Beziehung zum Flow setzen. So schreibt etwa Will Straw (2000, 117), dass neue Serien und neue Gegenstände verstärkt danach trachten, aus dem Flow des Fernsehens auszutreten und ihre Anerkennung als Gegenstände zu bekommen. Der Grund dafür liegt auch im Bemühen der Sender und ihrer Angebote, in einer sich ausdifferenzierenden Fernsehlandschaft erkennbar zu bleiben. Das Fernsehen versuche, die Alltäglichkeit, Flüchtigkeit und Häuslichkeit hinter sich zu lassen, die mit ihm assoziiert werde.

Hier soll herausgestellt werden, dass diese Alltäglichkeit tatsächlich noch nicht genügend aufgearbeitet ist und das dialektische Verhältnis zwischen Flow und Objekt eben den besonderen Objektstatus hervorbringt, der Fernsehen von anderen Medien unterscheidet. Weitere Beispiele für eine Zustandsveränderung finden sich etwa in einer griffigen Beschreibung des amerikanischen Filmkritikers J. Hoberman, der in den 1980er Jahren in einem Artikel zu Video von einer fundamentalen Veränderung der damals noch vom Fernsehen dominierten Medienkultur spricht: «TV without Video like langue without parole» (Hoberman 1991, 44). Seine Formulierung beschreibt sehr gut, auf was die durch eine Erweiterung der Medienkonstellation erzeugte Veränderung des Mediums zielt, in diesem Fall auch auf die Möglichkeit, die Flüchtigkeit des Fernsehens, die eng mit seinem Flow-Charakter verbunden ist, aufzuheben, Strukturen und Objekte zu erkennen, aus wissenschaftlichen Gründen oder aus Gründen des Wunsches, das festzuhalten, was einen fasziniert. Hier geht es um eine Neuverteilung der Macht, die nicht nur mit ökonomischen Überlegungen verknüpft ist.

Die Verschränkung beider Aspekte zeigt sich deutlich in Derek Kompares Auseinandersetzung mit DVD-Serienboxen. Er unterscheidet zwischen dem «publishing model» und dem «flow model» der Distribution von Inhalten (Kompare 2006, 338). Da im Flow-Modell versucht wird, durch die Dauerausstrahlung von Inhalten Werbezeit zu verkaufen, gibt es eigentlich kein Interesse der Sender, Serien zu veröffentlichen und als eigenständige Objekte zu verkaufen. Die Veränderungen der Besitzverhältnisse in der Medienökonomie, bei der große Sender nur noch ein Teil von großen Medienunternehmen sind, bedeutet auch für die Sender eine Abkehr vom Flow-Modell und mündet in den Versuch, Serien auf andere Weise auszuwerten. Allerdings biete erst die DVD-Box, unter anderem wegen ihrer Handlichkeit, der größeren Speicherkapazität oder der Orientierung an Staffeln, ein geeignetes Format, den Flow einer Serie in ein ‹publizierbares› Objekt zu konvertieren (ibid., 343). Wichtig ist, dass es in diesem Prozess einer Umformung auch eine mit Video verbundene Zwischenstufe gibt: Bestimmte Zuschauer, die keinen Wert auf die durch Video nahegelegte individuelle Rezeptionsform des ‹timeshifting› legen, sehen sich durch die ungreifbare Konfiguration des Fernsehens dazu autorisiert, dem Fernsehen durch das Aufnehmen eine eigenständige Form zu geben und sich ein Videoarchiv zuzulegen. Sie fühlen sich, wie Kompare mit Kim Bjarkmann anführt, besser befähigt, sich um das Fernsehen zu kümmern, als das Fernsehen selbst (ibid. 341). Diese Position schwankt zwischen Überlegenheit gegenüber dem Fernsehen und Achtung vor ihm; sie betrachtet es definitiv nicht als Medium, das überwunden werden soll. Daher lässt sich auch die Praxis des Videoaufzeichnens und das Anlegen eines privaten Archivs als Praxis des Verleihens von Anerkennung beschreiben (Schwaab 2002).

Beschreibungen des Zappens oder Switchings als frühe Formen der Modifikation des Flow verweisen dagegen immer auf ein Moment notwendiger Veränderung, als Möglichkeit, sich einen neuen Gegenstand des Fernsehens zu schaffen. Hartmut Winkler beschreibt, wie diese Tätigkeit des Zuschauers die Strukturen und Sinneinheiten des Fernsehens zerstört und neue Bedeutungen hervorbringt (Winkler 2009, 223). Switching wird als Phantasieproduktion begriffen, die sich die Möglichkeit der Überraschung durch das Umschalten schafft, aber auch als Reaktion auf eine Überforderung betrachtet werden kann, die der Zuschauer durch die zeitliche Struktur des Fernsehens zu spüren scheint (ibid., 225). Hickethier betrachtet das Zapping als Möglichkeit, sich den Strukturen des Fernsehens zu entziehen und eine flexible Rezeptionshaltung zu entwickeln (Hickethier 1995, 74). Eggo Müller beschreibt das Zapping als einen sozialen Akt, als Sinnsuche, die den Zuschauer als Konsumenten wie als Bürger begreifen lässt (Müller 2005, 140f). Allerdings sollte der Akzent auch darauf liegen, dass sich viele Handlungen, die sich mit Neuen Medien vollziehen, nicht als das Fernsehen verändernd oder gar ersetzend, sondern als darauf bezogen vorstellen lassen. Es geht nicht nur um eine Veränderung des Fernsehens, sondern um Anschlusshandlungen, die sich auf die von ihm ausgelösten Effekte beziehen, welche auch ein mögliches Ideal des Fernsehens skizzieren.

Denn was Beschreibungen der Veränderung und der Neuverteilung von Macht ‹philosophisch› verkennen, ist das produktive Moment der Passivität, die gar nicht in Aktivität umgewandelt werden will. Dies zu beschreiben ist deswegen wichtig, weil es den deutlichsten Unterschied zwischen dem Fernsehen und dem Internet markiert. Zunächst ist festzuhalten, dass die Zerstörung der Sinneinheiten des Fernsehens und deren Neukonstruktion nur möglich sind, weil der Flow durch einen Fluss von Einheiten, von Segmenten bestimmt ist, die sich neu zusammensetzen lassen. Während Williams eher beschreibt, wie es dem Fernsehen gelingt, den Zuschauer an einem Programm zu halten, indem es darauf verzichtet, den einzelnen Inhalten einen zu eigenständigen, von den übrigen abgesetzten Status zu geben, erlaubt die Definition von Segmenten durch John Ellis (als Differenzierung der Williams'schen These) zu erklären, warum es möglich ist, von einem

Sender zum nächsten zu wechseln und aus den einzelnen Segmenten einen neuen Gegenstand zu schaffen (vgl. Ellis 2002). Die Überakzentuierung von Aktivität lässt aber verkennen, welche Möglichkeit von Passivität dieser Flow eigentlich bietet, welche Form oder Dialektik von Aufmerksamkeit/Nicht-Aufmerksamkeit also mit dem Fernsehen verbunden ist. Dass der Gegenstand nicht geschlossen, sondern entweder unendlich (alle Elemente in seinen Programmfluss integrierend) oder segmentiert ist (auf spezifische Weise strukturiert), bedeutet nicht, dass er nicht unsere Aufmerksamkeit fordern würde und uns die Möglichkeit gäbe, aus dem Fluss und den Segmenten einen Gegenstand zu machen – eben nicht im Sinne eines neuen Gegenstandes, den Williams als hochgradig heterogen beschreibt, und auch nicht im Sinne eines die Linearität des Programmflusses zersetzenden Gegenstandes, der aus der zeitlichen Beanspruchung durch das Fernsehen mit dem Mittel des Switching heraustritt (vgl. Winkler 2009). Was eigentlich viel besser die Tätigkeit des Fernsehens im Unterschied zu anderen Medien beschreibt, ist eine suchende Bewegung, die sich nicht nur, was Winkler erwähnt, Überraschungen schafft (die vielleicht nur von kurzer Dauer sind), sondern dazu führt, dass wir als Zuschauer an etwas hängen bleiben. Es ist die große Herausforderung und Leistung des Fernsehens, eine Sehanordnung anzubieten, die es den Betrachtern ermöglicht, überrascht und überwältigt zu werden und ihre Aufmerksamkeit auf intensive Weise einem Gegenstand zu widmen, von dem sie nicht wussten, dass sie ihn gesucht haben.

Es ist also nicht unbedingt treffend, die Konfiguration des klassischen Fernsehens folgendermaßen zu beschreiben: «Architecturally, it consists of an intelligent center where information is generated and processed and a dumb periphery where information is received and consumed» (Kim 2009, 540). Die Beschreibung unterschlägt, was genau mit dieser ungleich verteilten Macht verbunden ist, welche Effekte die ‹Blödheit› des Rezipienten wirklich hat und wie daraus eine verschobene Aktivität generiert wird, die weitaus weniger naiv ist als die eingebildete Aktivität des neuen Rezipienten. In *Erfahrung des Gewöhnlichen* (2010) habe ich versucht, diese Sehanordnung, die bestimmte Merkmale von Subjektivität zu unterlaufen trachtet und damit eine Aktivität fordert, die mit dem Begriff der *active audience* der Cultural Studies nicht genügend erfasst ist, als das philosophische Potenzial von Fernsehen zu beschreiben. Fernsehen ist dem Kino ähnlich und leistet eine ähnliche Form von ‹Entsubjektivierung›, wie sie Bazin in seiner Ontologie des Kinos als Befreiung von der Subjektivität des Menschen skizziert (Schwaab 2010, 76).

Wie Fernsehen unsere Aufmerksamkeit fordert, lässt sich mit einer Passage aus Henry David Thoreaus Selbsterfahrungsexperiment *Walden* beschreiben: «You only need to sit still long enough in some attractive spot in the woods that all its inhabitants may exhibit themselves to you by turns» (Thoreau 2004, 228). Stanley Cavell, auf dessen Filmphilosophie die hier vorgelegten Überlegungen beruhen, führt Thoreaus Transzendentalismus mit einer Auseinandersetzung mit Wahrnehmung, Subjektivität und Alltag zusammen. Cavell zitiert die Passage Thoreaus, um eine andere Form der Rezeption zu kennzeichnen, in der sich die Aktivität des Lesens umkehrt und die Lesenden von einem Text gelesen werden (Cavell 1984, 51). Diese Rezeptionshaltung scheint mir für das Fernsehen konstitutiv zu sein: Wenn wir uns suchend durch die Sender bewegen, dann häufig auch, um uns die Möglichkeit zu geben, an einem Gegenstand hängen zu bleiben, weil es der Gegenstand fordert und nicht wir. Man könnte dieses Verhältnis in Bezug setzen zu einer Bemerkung aus einem Text, in dem Frank Schäfer auf die Frage, warum er noch immer in Antiquariate gehe, wo doch das Internet alles viel einfacher anbiete, antwortet: «Ich weiß ja nicht, was ich suche?» (Schäfer 2010, 250). Die Suche im Fernsehen ist ähnlich ungerichtet; die Geduld wird häufig genug belohnt, wenn man tatsächlich etwas findet, das man nicht gesucht hat. Ein zufällig entdeckter Spielfilm kann dabei, wie Serge Daney beschreibt, eine völlig neue Qualität bekommen und intensiver wirken, als wenn er zielgerichtet betrachtet wurde (Daney 2000, 157).

In Cavells Schriften zum Kino wird diese Art der Aufmerksamkeitsgewinnung philosophisch als die Fähigkeit der Kamera gedeutet, einen Moment einer flüchtigen, ungreifbaren und unverstandenen Alltäglichkeit zu fixieren. Dies führt zu einem Zusammenspiel von Flüchtigkeit und Permanenz, bei der es auch von unserer Einstellung dem Gegenstand gegenüber abhängt, ob wir dem, was Bedeutung hat oder haben kann, Bedeutung geben (Cavell 2004, 402). Im Grunde lässt sich damit auch die Sehanordnung des Fernsehens beschreiben als eine Dialektik zwischen dem segmentierten, linearen Strom des Flow des Fernsehens, dem nicht nur Video, DVD oder YouTube Festigkeit verleihen, sondern auch unsere Wahrnehmung, die sich auf etwas ausrichtet und dem Aggregatzustand dieses Stroms unmerklich eine andere, festere Form verleiht, ohne dass hier sicher zu bestimmen wäre, ob es der Gegenstand oder unsere Wahrnehmung ist, die diese Leistung vollbringen. Auch Hans-Jürgen Wulff hat in seinem Text zum Flow auf das philosophische Moment einer mit diesem Begriff verbundenen Offenheit, Vielstimmigkeit, Endlosigkeit und Widersprüchlichkeit hingewiesen, die auf Georg Simmels Unterscheidung zwischen *fest* und *flüssig* zurückgeht (Wulff 1994, 38). Diese philosophische Akzentuierung der Offenheit ist wichtig, weil sie einen deutlichen Unterschied zum Internet markiert. Fernsehen ermöglicht es, dass wir dem ‹Anderen› begegnen, uns etwas aussetzen, das wir nicht kennen, das aus einem scheinbar formlosen, flüchtigen Strom herausgehoben wird. Tatsächlich reflektieren auch einige wenige Texte über das neue Fernsehen explizit den Verlust dieser Möglichkeit, die auf einen latenten Narzissmus des MeTV-Betrachters hinweist: «On the minus side, there is the potential for people to organize their lives, a la the MeTV hypothesis, so that they never encounter a discordant idea that might help them to understand or respect the views of others» (Hart 2009, 144).

Dass der Flow in seinem Widerspruch zum Betrachter des MeTV auch eine Irritation darstellt, wird in Begriffen wie ‹dirt› deutlich, mit denen der Flow assoziiert wird. Amy West greift in einem Artikel über Reality TV diese Bestimmung John Hartleys aus den 1980er Jahren wieder auf und weist mit ihm auf die Tendenz des Fernsehens hin, keine Enden zu markieren, alles ineinander übergehen zu lassen und dabei auch die Beziehung zwischen Text und Leser zu vermischen (West 2011, 65). Die philosophische Aneignung dieser Unbestimmtheit und Vermischung, die nicht einfach als eine Aktivität des Lesers gedeutet werden darf, stellt die große Leistung und Möglichkeit des Fernsehens dar. Es handelt sich um eine verschobene Autorisierung, die noch Momente einer medial bedingten Entsubjektivierung in sich birgt und bei der aus dem Medium, im Sinne Luhmanns, Form wird – Form aber, die überrascht, Erwartungen durchkreuzt und bei Serien auch eine sich über längere Zeiträume erstreckende Aufmerksamkeit fordert. Meine Auseinandersetzung mit diesem Modell versteht die Fernsehzuschauer als Subjekte, die, ähnlich wie Thoreau den Betrachter im Wald beschreibt, sich suchend einer Wildnis von Signalen und Inhalten aussetzen, aber in dieser Suche auch immer wieder an ein Ende kommen. Das Ende mag, wie beschrieben, ein Spielfilm im Fernsehen sein – oder auch eine Sitcom oder eine Prime-Time-Soap, was einen wichtigen Unterschied zum Film markiert, weil dies eine über Jahre immer wieder aufgerufene Aufmerksamkeit bedeuten kann.

Die Endlosigkeit des Flow kann durch die Aufmerksamkeit für bestimmte Gegenstände durchbrochen werden. Wenn beispielsweise eine Serie wie DYNASTY (USA 1981–1989) Form bekommt, dann auch, weil sie über die Endlosigkeit der Erzählung oder der Folge der Episoden bestimmte Gefühle und Vorstellungen transportieren kann und, wie etwa von Jane Feuer beschrieben, durch die seriell bedingte Komplikation in einem melodramatischen Format auch die Widersprüche und das verborgene Unglück der Gesellschaft in den Reagan-Jahren wiedergeben kann (Feuer 1995, 128f). Das Fernsehen lernt aber auch selbst, wie Amy Holdsworth in einem Text über ästhetische Aspekte der Konstitution von Erinnerung im Fernsehen darstellt, ‹bewusst› mit dem Flow umzugehen, durch bestimmte Muster, Wiederholung und Rhythmisierungen im Flow und über den Flow hinaus eine Konfiguration zu erhalten, die einprägsame Momente schafft. Eine Serie nimmt dabei zum Flow ein ähnliches Verhältnis ein wie Dichtung zur Sprache, sie schafft aus Flüchtigkeit Permanenz, was Holdsworth (2010, 141) sehr schön an einigen ‹poetischen› Sequenzen der Krankenhausserie ER (USA 1994–2009) deutlich macht.

Der Fernsehzuschauer bleibt an diesen Momenten hängen, der Internet-User hat zu den gesuchten und gefundenen Inhalten ein anderes Verhältnis. Dieser Unterschied zeigt sich auch an kleinen, unscheinbaren Merkmalen einer dispositiven Anordnung beider Medien. Die Suche, die das Fernsehen ermöglicht, ist eine andere als die Suche im Internet. Ein wichtiger Aspekt ist hierbei, dass das Fernsehen sich leichter anschalten lässt als das Internet, für das der Computer erst hochgefahren werden muss. Ein weiteres Merkmal ist, dass die Suche im Internet immer in einem stärkeren Maße erfordert, dass man auch weiß, was gesucht wird, und es immer einer Anstrengung bedarf, diese Suchbewegung aufrecht zu erhalten. Das Schalten durch die Fernsehsender gleicht dagegen einer anstrengungslosen, unbewussten und ziellosen Bewegung, die dann an ein Ziel kommt (oder auch nicht), wenn der Gegenstand, an dem man hängen bleibt, die Suche beendet. Dies impliziert einen höheren Grad von Passivität, die allerdings als ihr Subjekt nicht den Typus der *couch potato* hat, sondern ein Subjekt, das überrascht und irritiert werden will.

Die Unterschiede erstrecken sich auch auf die Form und Segmentierung der Inhalte. Die Strukturierung in Segmente im Fernsehen führt zwar bereits dazu, dass es zur Wahrnehmung kurzer Einheiten kommt, die der kürzeren Aufmerksamkeitsspanne des Fernsehzuschauers entspricht (Ellis 2002, 48). Aber Fernsehformate im Internet neigen zu einer Art Hypersegmentierung, die als «unbundling», eine Entflechtung der Wahrnehmung bezeichnet wird: «Ultimately, what unites these heterogeneous forms is their amenability to a type of extreme textual segmentation I term unbundling. Unbundling describes the dismantling of integral television texts into fragmentary, yet self-contained, segments» (Dawson 2007, 233f). Dawson findet Momente einer Hypersegmentierung beispielsweise in der Neigung, Gegenstände als «entertainment snacks» anzubieten, verkürzte, zusammengefasste Inhalte, die dem Betrachter zum Beispiel unterwegs, auf mobilen Mediengeräten der angenommenen kurzen Rezeptionssituation entsprechend aufbereitet werden (ibid., 241). Dieser Hang zur Hypersegmentierung wird von Dawson mit Barbara Klinger kritisch auch als «Hardware-Ästhetik» bezeichnet, weil der Gegenstand dem Internet und mobilen Medien angepasst wird (ibid., 235). In der Mobisode-Variante von 24 (USA 2005) sind die Segmente kürzer, die Gesten theatraler, die Großaufnahmen größer, was sie eher zu einer unfreiwilligen Parodie der Fernsehserie macht.

Hier sind zwei Aspekte festzuhalten. Die Hypersegmentierung korrespondiert mit einer aufdringlichen Ausstellung von Kuriositäten, die häufig per E-Mail mit der Aufforderung weitergeleitet werden, dass man dies unbedingt sehen müsse. Das verweist auf eine andere Form der Adressierung, nicht mehr auf eine Aufmerksamkeitsstrategie, bei der ein nebenbei rezipiertes Medium ein kurzes Aufflackern von Aufmerksamkeit erreicht (Ellis 2002, 51) und insbesondere der Ton eine komplexe Steuerung einer Dialektik von Aufmerksamkeit und Nicht-Aufmerksamkeit ermöglicht (Altman 2002). Aber das Internet ist kein Nebenbei-Medium. Die Fernsehgegenstände oder kurzen Clips, die dort häufig zu sehen sind, fordern auf ostentative Weise eine fokussierte Rezeption, welche die zurückhaltende Form der Ansprache, mit der das Fernsehen häufig arbeitet, nicht zulässt. Das Segment im Fernsehen ist stets abhängig vom folgenden Segment, das übergangslos folgt. Im Internet stehen die Inhalte dagegen isoliert. Die Segmentierung wird zwar nicht immer überakzentuiert, es findet sich aber auch kein Fluss von Segmenten. Die Segmente versenden sich nicht selbst, sondern müssen vom Nutzer versendet werden. Einer viralen Logik folgend muss der Clip dafür sorgen, dass die Nutzer für ihn Aufmerksamkeit erzeugen und Mails weiterleiten, die den entsprechenden Link und die entsprechende Aufforderung enthalten («Du musst das sehen!»). Nur so kann so etwas wie ein Pendant zu einem Fluss von Segmenten erzeugt werden, der im Fernsehen einfach da ist. Dies ist auch ein Hinweis darauf, dass es in einem anderen Sinne *da* ist als das Segment im Fernsehen.

Fernsehformate im Internet mögen wie YouTube zwar auch die Funktion haben, den Gegenstand festzuhalten und seine Formen zu erkennen, aber sie schaffen zugleich eine auf radikalere Weise unterbrochene Wahrnehmung, da es zwischen den einzelnen Elementen keine Verbindung und keinen Übergang gibt. Wir rufen Gegenstand nach Gegenstand auf, und jedes Aufrufen impliziert eine kleine Pause, die auf der Ebene der technologischen Limitationen etwa in der Zeit besteht, die ein aufgerufener Gegenstand braucht, um geladen zu werden, die aber auch auf der Ebene der Wahrnehmung, selbst wenn die Verzögerung minimiert werden kann, als der bewusste Wechsel von einem Segment zu einem anderen empfunden wird. Eine Sitcom-Episode auf YouTube muss mühsam aus drei Segmenten zusammengesetzt werden, was den Fluss der Bilder unterbricht. Selbst wenn ganze Episoden oder Dokumentationen auf Mediatheken der Sender zu betrachten sind – wenn das Programm zu Ende ist, folgt kein Übergang zu einem anderen Segment, es ist definitiv zu Ende: Es hat eine grundlegend andere Konfiguration als ein Programm im Fernsehen. Das Internet bietet kein Programm, sondern Myriaden von eigenständigen, kurzen Texten. Es hat keinen Flow, weil es immer unterbrochen ist, und es ist nicht in der Form unterbrochen, die Altman (2002, 394) beschreibt, wenn er darauf hinweist, dass der Fernsehflow bei der häuslichen Wahrnehmung von einer unterbrochenen Aufmerksamkeit bestimmt sei. Die Unterbrechung geht hier eher auf das Konto des Rezipienten und seines häuslichen Kontextes, während die Unterbrechung im Internet nur schwer vermeidbar ist, da sie aus seiner technischen Konfiguration erwächst.

Dass es Unterbrechungen gibt, hat eine starke Auswirkung darauf, wie die Gegenwart der Welt im Internet im Unterschied zum Fernsehen gespürt wird. Das Endlosprogramm sorgt für einen Zeitfluss ohne Lücken (Neverla 1992, 63), was sich auch darin manifestiert, dass das Fernsehen auch dann weiterläuft, wenn es nicht angeschaltet ist, und uns das Medium das Versprechen einer ständigen und auch tröstenden Gegenwart oder Geselligkeit selbst zu später Stunde bietet, wenn Verkaufsshows uns wenigstens der Präsenz der Welt versichern (Cavell 2002, 146f). Es stellt sich die Frage, ob die Form, wie Informationen und audiovisuelle Formate im Internet angeboten werden, ebenfalls diese Gewissheit einer Kopräsenz der Welt vermitteln: Das Internet läuft nicht weiter, wenn es nicht an ist; es läuft nicht einmal, wenn es an ist, weil jeder Informationsfluss eines Aufrufs bedarf. Die Daten schlafen auf den Servern, daher gibt es, genau genommen, keinen Flow. Spürt der Nutzer eine Kopräsenz, so handelt es sich um eine andersartige Gegenwart, weil er sie in einem höheren Maße selbst erzeugt, wenn er etwas im Netz aufruft und aus dem Schlaf erweckt. Das Fernsehen ist dagegen auf eine derartige Intervention nicht angewiesen, es kümmert sich nicht um den Zuschauer. Das Internet bietet nicht die Präsenz von etwas, das wie der Programmfluss des Fernsehens ‹ohne mich› präsent wäre, sondern bietet eher eine verschobene Form von Kopräsenz. Das ist auch ein Grund, warum sich das Internet mit dem Aspekt der *liveness* so schwer tut.

William Uricchio (2009, 32) kennzeichnet es als Mangel von YouTube, dass es unfähig sei, die *liveness* des Fernsehens wiederzugeben.

Man könnte einwenden, dass das Internet mit *live-streams* ja Live-Angebote macht und immer wieder versucht wird, Live-Ereignisse über das Internet auszusenden. Aber es ist eher eine Imitation von *liveness*, da der Aspekt des Flow fehlt: Bei YouTube und anderen Plattformen sind alle Inhalte zu jeder Zeit in gleichem Maße zugänglich, es handelt sich nicht um einen Strom, in den man sich einklinken kann oder auch nicht. Tatsächlich zeigt sich, wie Uricchio deutlich macht, dass YouTube *liveness* eher als Irritation betrachtet; denn wird der Begriff *live* dort eingegeben, finden sich keine genuinen Live-Ereignisse, sondern eher Unfälle und Missgeschicke, die in Live-Sendungen vorkommen (ibid.). Hier ist zu berücksichtigen, dass die Geschichte und der Ursprung des Mediums Fernsehen von einer *liveness* geprägt ist, die vielen Formaten, auch wenn nicht mehr die technologische Notwendigkeit der *liveness* besteht, noch immer als ästhetisches Kennzeichen anhaftet. Aus diesem Grund nennt auch Jeremy G. Butler in seinem Versuch, eine Fernsehästhetik zu skizzieren, «to signify liveness» als eine der bestimmenden Funktionen (Butler 2010, 11).

Das Internet ist von einer ganz anderen Geschichte geprägt, eher einer Geschichte des schnellen Informationsaustauschs und des Zugänglichmachens von Daten, so dass es nicht darauf ausgerichtet ist, dieselbe Form von Gegenwärtigkeit zu bieten wie das Fernsehen. Begriffe wie Castells' ‹spaces of flow› (2001, 433) scheinen zwar den Fernseh-Flow in die Informations- und Warenströme und die Modernisierungsprozesse der neuen Medienkultur zu integrieren (Lury/Massey 1999, 235f), was auch bereits in Altmans Beschreibung des Zusammenspiels von Haushaltsflow und Fernsehflow anklingt, der die Aufmerksamkeit der Fernsehzuschauer zur Ware werden lässt (Altman 2002, 290). Das darf aber nicht den Blick darauf verstellen, dass das Internet von einer anderen Konfiguration bestimmt ist als das Fernsehen: Denn die Daten strömen nicht, sie werden aufgerufen, kommen dann in Paketen bei uns an und werden wieder zu ganzen, wahrnehmbaren und lesbaren Gegenständen zusammengesetzt. Zwischen dem Fließen dieser Daten und dem Fließen der Signale, die das analoge Fernsehen charakterisieren, gibt es relativ wenige Ähnlichkeiten. Es wäre daher besser, den Flow des Fernsehens von anderen Formen der Informationsvermittlung abzugrenzen und seine spezifischen Eigenschaften herauszustellen, auch wenn sie bei Digitalisierung des Fernsehens genau genommen nur auf dessen Herkunft und technologische Vergangenheit verweisen. Auch hilfreiche Begriffe wie Will Brookers Unterscheidung von *interflow* (wie sich Fernsehoberflächen im Internet gegenüber anderen Inhalten im Fernsehen positionieren) und *over-*

flow (wie Inhalte des Fernsehens transmedial auf andere Medien übergreifen; vgl. Brooker 2009, 52) bezeichnen eher Eigenschaften, die die spezifische Sendestruktur des Fernsehens nur tangieren. Und selbst wenn ein Strömen in Echtzeitübertragungen von Fernsehprogrammen imitiert werden kann, ist zu berücksichtigen, dass das Netz gar kein Interesse daran hat, zu viele dieser Formate anzubieten, weil dies die Kapazitäten der Datenübertragung allzu sehr belasten würde (Hart 2009, 134). Netzbetreiber sind, so könnte hier argumentiert werden, geradezu auf den vom Flow befreiten, individualisierten Nutzer und neuen Fernsehzuschauer angewiesen, der sich Inhalte herunterlädt, weil so eine gleichmäßigere Auslastung der Leitungen zu erzielen ist.

Ein wichtiger Unterschied zwischen Internet und Fernsehen besteht auch darin, wie sie sich gegenüber dem Alltag positionieren. Alltäglichkeit ist eng mit dem Flow und der Serialität des Fernsehens verbunden und drückt sich in Aspekten der Wiederholung und Endlosigkeit aus. Diese Analogie zwischen Alltag und Serie stellt unter anderem Cavell heraus. Wiederholung wird hier nicht nur als eine aus der seriellen und effizienten Produktion resultierende Eigenschaft betrachtet, sondern auch als Möglichkeit, einen von Wiederholungen und Ereignislosigkeit geprägten Alltag abzubilden (Cavell 2002, 150; Schwaab 2010, 311f). Serialität ist also eine neue, von den Bedingungen des Mediums geschaffene Möglichkeit, bestimmte Aspekte unseres Lebens wiederzugeben. Diese Deutung von Alltäglichkeit unterscheidet sich von Beschreibungen, die nicht zuletzt aufgrund der Endlosigkeit von der Fähigkeit des Fernsehens sprechen, den Alltag zu strukturieren (Neverla 1992).

Das Internet ist mittlerweile viel stärker als das Fernsehen Voraussetzung für Alltag, Kommunikation und Information. Seine eigene Identität und Medialität muss, auch weil es andere Medien simulieren kann, immer unbestimmt bleiben. Seine Fähigkeiten, diesen Alltagsbezug auch in der Form seiner Inhalte zum Ausdruck zu bringen, sind begrenzt; zumindest hat das Internet bisher noch kein der Serie verwandtes, eindeutig seinem Medium zugeordnetes Format hervorgebracht. Auch seine Tendenz, das Betrachten zu desynchronisieren und damit die Kategorie von Publikum und Gemeinschaft massiv in Frage zu stellen, ist ein Aspekt dieser fehlenden Alltäglichkeit. Zwar macht Horace M. Newcomb, der den Begriff des Fernsehens als kulturelles Forum mitdefiniert hat, in einem Text zum Status der Fernsehwissenschaft in den Neuen Medien deutlich, dass es eine ideale, vom Fernsehen konstituierte Gemeinschaft vielleicht nur für einen kurzen Moment gegeben habe; sie sei bereits in den 1970er Jahren mit dem «consensus TV» (mit neuen, subversiven, an ein junges, modernes, liberales Zielpublikum gerichteten Formaten wie ALL IN THE FAMILY (USA 1968–79) gebrochen worden (Newcomb 2009, 117). Aber er zeigt, dass gerade die Tendenz des Fernsehens, viele Menschen anzusprechen, nicht als dessen Limitation, sondern als eine der vielen noch immer nicht genügend ergründeten Besonderheiten erscheint, die durch den Fokus auf neue Medien nicht verlorengehen sollte (ibid.). Helen Wood und Lisa Taylor (2008,144) weisen darauf hin, dass das Studium der Neuen Medien tatsächlich die Auseinandersetzung mit dem Publikum, die so viele Ansätze der Fernsehwissenschaft geprägt hat, weitestgehend ignoriert. Es ist jedoch sehr wichtig, diese Forschung fortzuführen, gerade weil das Internet die Atomisierung des Publikums nahezulegen scheint, dafür aber andere Formen der Assoziierung offeriert. Dies ist auch eine Möglichkeit, den Unterschied zwischen Internet und Fernsehen differenzierter zu beschreiben und beispielsweise in Frage zu stellen, ob die Dissoziierung des Publikums im Internet als Befreiung zu begreifen ist. So machen Wood/Taylor mit Paddy Scannell darauf aufmerksam, dass Fernsehen und Radio einen «for-anyone-as-someone»-Modus der Ansprache finden, dass sie sich an jeden richten können, als sei es für sie oder ihn allein präsent (ibid., 147). Das Internet biete damit nur eine weitere und nicht einmal bessere Variante dieser Vereinzelung.

Diese Zusammenstellung sollte auf einige Limitationen des Netzes und auf einige Eigenschaften hinweisen, die das Internet nicht einfach imitieren kann. Dabei soll nicht unterschlagen werden, dass das Netz viele Möglichkeiten für das Fernsehen enthält. Es bietet ein neues Archiv, es dient als Erkenntnisinstrument für das Fernsehen, auch als Verarbeitung dessen, was dort in einem radikalen Sinne fremd ist und als Irritation begriffen werden müsste: der Flow, die Zufälligkeit, das Eindringen ins Zuhause etc. Das Internet gibt dem mit dem Fernsehen verbundenen Fantum neuen Raum, es offeriert vielfältige neue Perspektivierungen des Fernsehens. Tatsächlich sind viele der Nutzungspraktiken im Internet unmittelbar darauf bezogen. So geht es bei der Online-Variante von Fernsehrezeption häufig darum, das zu sehen, was im Fernsehen verpasst wurde, oder, was ein Unterschied zum *timeshifting* mit Video ist, das zu sehen, was ein Bekannter im Fernsehen gesehen und weiterempfohlen hat (vgl. Einav/Carey 2009, 121).

Dieser Beitrag über das Neue am Fernsehen ist darum eher ein Plädoyer dafür, das Neue nicht oberflächlich zu betrachten. Es deuten sich neue Modelle der Generierung von Inhalten an, aber häufig sind Internetportale wie *Current TV*, *iFilm* oder *Atomfilms*, die Hart in seinem Text zum IPTV-Fernsehen beschreibt, gerade wegen ihres

Nischen-Appeals eher Experimentierfelder, die etwa als Sprungbrett zur Arbeit in etablierteren Medien dienen (Hart 2009, 142f). Einige Texte, wie etwa der Versuch von L. Meghan Pierce (2010), den ‹relativen› Erfolg einer Online-Serie wie QUARTERLIFE (USA 2007–08) zu erklären, finden interessante Aspekte einer vielleicht neuen Internetfernseh-Ästhetik, die mit der Form einer intimen Adressierung, einer Reflexion über die narzisstische Darstellungslust auf Internetportalen oder der Verarbeitung von Remediatisierungseffekten verbunden sein könnte. Zurzeit wird allerdings das Internetfernsehen noch am ehesten im Zusammenhang mit dem Effekt der Transmedialität in Serien wie LOST (USA 2004–10) diskutiert (Pearson 2007), wobei allerdings auch immer das Zusammenspiel mit dem ‹alten› Fernsehen eine Rolle spielt. Es kann aber nur darauf verwiesen werden, dass noch viele Fragen beantwortet oder überhaupt erst gestellt werden müssen – Fragen, die in Richtung einer Phänomenologie, Medienarchäologie und Philosophie des Rezipierens im Netz führen –, um sich von einer oberflächlichen Deutung der Neuheit der Neuen Medien und des neuen Fernsehens im Internet zu emanzipieren. Zumindest sollten sich Fernsehwissenschaftler auch das Recht herausnehmen, etwas von der Verachtung, die ihrem Gegenstand entgegengebracht wurde und zum Teil auf begründeten, zum Teil auf unbegründeten Ängsten gegenüber dem Medium beruhten, zurückzugeben, den Betrachtern des Neuen Fernsehens im Internet ihrerseits mit Skepsis zu begegnen und sie für nicht ganz so smart zu halten, wie sie es gerne wären.

Literatur

Altman, Rick (2002) Fernsehton. In: *Grundlagentexte zur Fernsehwissenschaft. Theorie – Geschichte – Analyse.* Hg. v. Ralf Adelmann et al. Konstanz: UVK, S. 388–412.

Akass, Kim/McCabe, Janet (2005) Introduction. In: *Reading Six Feet Under. TV to Die For.* London: I.B. Tauris, S. 1–18.

Brooker, Will (2009) Television Out of Time. Watching Cult Shows on Download. In: *Reading* Lost. *Perspectives on a Hit Television Show.* Hg. v. Roberta Pearson. London/New York: I.B. Tauris, S. 51–72.

Butler, Jeremy G. (2010) *Television Style.* New York/London: Routledge.

Castells, Manuel (2001) *Das Informationszeitalter. Teil 1: Der Aufstieg der Netzwerkgesellschaft.* Opladen: Leske + Budrich.

Cavell, Stanley (1984) The Politics of Interpretation (Politics as Opposed to What?). In ders.: *Themes Out of School. Effects and Causes.* Chicago/ London: The University of Chicago Press, S. 27–60.

– (2002) Die Tatsache des Fernsehens. In: *Grundlagentexte zur Fernsehwissenschaft. Theorie – Geschichte – Analyse.* Hg. v. Ralf Adelmann et al. Konstanz: UVK, S. 25–164.

– (2004) *Cities of Words. Pedagogical Letters on a Register of Moral Life.* Cambridge, Mass.: The Belknap Press of Harvard University Press.

Daney, Serge (2000) *Von der Welt ins Bild. Augenzeugenberichte eines Cinephilen.* Hg. v. Christa Blümlinger. Berlin: Vorwerk 8.

Dawson, Max (2007) Little Players, Big Shows. Format, Narration, and Style on Television's New Smaller Screens. In: *Convergence: The International Journal of Research into New Media Technologies* 13,3, S. 231–250.

Ellis, John (2002) Fernsehen als kulturelle Form. In: *Grundlagentexte zur Fernsehwissenschaft. Theorie – Geschichte – Analyse.* Hg. v. Ralf Adelmann et al. Konstanz: UVK, S. 44–73.

Enav, Gali/Carey, John (2009) Is TV Dead? Consumer Behavior in the Digital TV Environment and Beyond. In: *Television Goes ‹Digital›.* Hg. v. Darcy Gerbarg. New York: Springer, S. 115–129.

Feuer, Jane/Kerr, Paul/Vahimagi, Tise (Hg.) (1984): *MTM. Quality Television.* London: Bfi.

Feuer, Jane (1995) *Seeing Through the Eighties. Television and Reaganism.* Durham/London: Duke University Press.

Groys, Boris (2003) Die Topologie der Aura. In ders.: *Topologie der Kunst.* München/Wien: Hanser, S. 33–46.

Grusin, Richard (2009) YouTube at the End of New Media. In: *The YouTube Reader.* Hg. v. Pelle Snickars & Patrick Vonderau. Stockholm: National Library of Sweden, S. 60–67.

Hart, Jeffrey A. (2009) Video on the Internet. The Content Question. In: *Television Goes Digital.* Hg. v. Darcy Gerbarg. New York: Springer, S. 131–146.

Hickethier, Knut (1995) Dispositiv Fernsehen. Skizze eines Modells. In: *Montage AV* 4,1, S. 63–83.

Hoberman, J. (1991) *Vulgar Modernism. Writing on Movies and Other Media.* Philadelphia: Temple University Press.

Holdsworth, Amy (2010) Televisual Memory. In: *Screen* 51, 2, S. 129–142.

Kim, Pyungho (2009) Internet Protocol TV in Perspective. A Matrix of Continuity and Innovation. In: *Television & New Media* 10,6, S. 536–545.

Kompare, Derek (2006) Publishing Flow. DVD Box Sets and the Reconception of Television. In: *Television & New Media* 7,4, S. 335–360.

Marlow, Eugene/Secunda, Eugene (1987) *Shifting Time and Space. The Story of Videotape.* New York: Praeger.

Müller, Eggo (2005) Performativ, transformativ, interaktiv. Fernsehen als Dienstleistungsagentur im digitalen Medienensemble. *Montage AV* 14,1, S. 136–154.

Neverla, Irene (1992) Das Medium Fernsehen als sozialer Zeitgeber. In dies.: *Fernseh-Zeit. Zuschauer zwischen Kalkül und Zeitvertreib. Eine Untersuchung zur Fernsehnutzung*. München: Ölschläger, S. 59–75.

Parks, Lisa (2009) My Media Studies. Thoughts from Lisa Parks. In: *Television & New Media* 10,1, S. 126–129.

Pearson, Roberta (2007) Lost in Transition. From Post-Network to Post-Television. In: *Quality Television. Contemporary American Television and Beyond*. Hg. v. Janet McCabe & Kim Akass. London/New York: I.B.Tauris, S. 239–256.

Schäfer, Frank (2010) *111 Gründe, Heavy Metal zu lieben. Ein Kniefall vor der härtesten Musik der Welt*. Berlin: Schwarzkopf & Schwarzkopf.

Schwaab, Herbert (2002) Videoalltag und Subjektivität. For Daily Use. In: *REC. Video als mediales Phänomen*. Hg. v. Ralf Adelmann/Hilde Hoffmann/Rolf F. Nohr. Weimar: VDG, S. 247–260.

– (2010) *Erfahrung des Gewöhnlichen. Stanley Cavells Filmphilosophie als Theorie der Populärkultur*. Münster: LITverlag.

Seeßlen, Georg/Metz, Markus (2011) *Blödmaschinen. Die Fabrikation von Stupidität*. Frankfurt a.M.: Suhrkamp.

Sixtus, Marius (2004) R.I.P. TV: Das Ende des Fernsehens als Broadcasting-Medium. In: *De:Bug* 86, S. 10–11.

Straw, Will (2000) Proliferating Screens. In: *Screen* 41,1, S. 115–119.

Stauff, Markus (2005) *Das Neue Fernsehen. Machtanalyse, Gouvernementalität und Digitale Medien*. Münster: LITverlag.

Thoreau, Henry David (2004) *Walden* [1854]. Princeton/Oxford: Princeton University Press.

Uricchio, William (2009) The Future of a Medium Once Known as Television. In: *The YouTube Reader*. Hg. v. Pelle Snickars & Patrick Vonderau. Stockholm: National Library of Sweden, S. 23–27.

West, Amy (2011): Reality Television and the Power of Dirt: Metaphor and Matter. In: *Screen* 52,1, S. 63–77.

Williams, Raymond (1975) *Television. Technology and Culture*. London/New York: Routledge.

Winkler, Hartmut (2009) Eins, zwei, eins, vier, x. Switching: Die Installation der Tagtraummaschine. In: *Texte zur Theorie und Geschichte des Fernsehens*. Hg. v. Michael Grisko. Stuttgart: Reclam, S. 222–230.

Wood, Helen/Taylor, Lisa (2008) Feeling Sentimental about Television and Audiences. In: *Cinema Journal* 47,3, S. 144–151.

Wulff, Hans-Jürgen (1994) *Flow*. Kaleidoskopische Formationen des Fern-Sehens. In: *Montage AV* 4,2, S. 21–29.

Neue Gemeinschaften

Die Fernseh-Sitcom als Gesellschaftsbild

Lukas Foerster

In der klassischen Sitcom der 50er und frühen 60er Jahre schien das Fernsehen als Medium der Häuslichkeit und des Familiären ganz zu sich selbst zu kommen (vgl. Spigel 2001), indem der fiktionale Text und seine Rezeption kurzgeschlossen wurden: Die dargestellten Situationen und Konflikte waren ausgerichtet am Alltagsleben der wohlhabenden Mittelklasse, die gleichzeitig das begehrteste, weil konsumfreudigste Segment der Zuschauerschaft darstellte. Der wichtigste, manchmal fast der einzige Schauplatz dieser Serien war das Wohnzimmer, also der Ort, an dem sie selbst konsumiert wurden; der *laugh track* verdoppelte und leitete den Genuss der Pointen. Die Familie auf dem Bildschirm kann dann, je nach ideologischer und ästhetischer Ausrichtung der Serie, gedacht werden als anzustrebendes Ideal, seltener als bloße Widerspiegelung, noch seltener als warnendes Beispiel für die Familie vor dem Bildschirm.[1]

Die nachfolgenden Transformationen der ästhetischen Form ‹Sitcom› schwächen diese enge Kopplung von Text und Rezeption zwar ab,[2] gleichzeitig aber schlägt sich in ihnen umso deutlicher die nah verwandte Kopplung von Text und sozioökonomischen und politischen Entwicklungen nieder:[3] Sitcoms über alleinerziehende Väter

1 Siehe Jones 1992, 5; zur Kritik der Sitcom als Medium konservativer Ideologie auch Grote 1983, v.a. 57–105.

2 Einen ersten Hinweis darauf liefern bereits die Mitte der 60er Jahre populären Fantasy-Sitcoms wie Bewitched (1964–1972) oder I Dream of Jeannie (1965–1970).

3 Die meisten Monografien zur Geschichte der Sitcom stellen diese Kopplung ins Zentrum. Siehe u.a. Marc 1989; Hamamoto 1989; Jones 1992; Tueth 2005.

und Mütter in den späten 60ern, Sitcoms über ethnische Minderheiten und unabhängige Frauen in den 70ern, Sitcoms über Single-Leben und serielle Monogamie in den 90ern und so weiter. Selbstverständlich vollziehen die Serien in dieser Progression nicht einfach reale soziodemografische Veränderungen nach: Nicht-weiße Ethnien und alternative Lebensentwürfe sind keine Erfindungen der 70er Jahre. Dass beide erst im dritten Jahrzehnt der Sitcom-Geschichte prominent figurierten, kann – lässt man schwer fassbare Kategorien wie den Zeitgeist beiseite – auf mindestens zwei Weisen erklärt werden: Zum einen vollziehen die Serien passiv den Eintritt vorher ausgeschlossener gesellschaftlicher Gruppierungen in den öffentlichen Diskurs nach; zum anderen bemühen sie sich, als Vermittler ihrer Werbekundschaft, aktiv um eben diese Gruppierungen als Konsumenten. Die Sitcom adressiert also auch in ihren moderneren Spielarten die Zuschauer als Teil eines kulturellen Kollektivs, in das nun lediglich einige Ausdifferenzierungen entlang (unter anderem) ethnischer und sozialer Demarkationslinien eingetragen werden.

In all diesen Wandlungen scheint die Sitcom, zumindest in ihren dominanten Spielarten auf den vier großen Networks,[4] ihren Anspruch beizubehalten und vielleicht sogar etwas glaubwürdiger formulieren zu können, für die, über die und zu der gesamten amerikanischen Gesellschaft zu sprechen. Sichtbar wird das geradezu beispielhaft an Modern Family (seit 2009), der erfolgreichsten neuen Sitcom der letzten Jahre. Die Serie ist eine Rückkehr zum jahrzehntelang kaum noch – oder nur als Parodie – präsenten Subgenre der Familiensitcom, die nun wieder zu funktionieren scheint; aber nur, weil Modern Family zeigt, dass sie ethnische und sexuelle Differenz sowie gebrochene Biografien mit der klassischen Form in Einklang bringen kann. In diesen Zusammenhang gehören auch The Simpsons (seit 1989) oder Married with Children (1987–1997), – der Hauptdarsteller Ed O'Neill gibt programmatisch auch in Modern Family den Patriarchen.

4 Für das Kabel- oder Bezahlfernsehen produzierte Serien vertreten diesen Anspruch deutlich seltener; den absichtsvoll unspezifisch gehaltenen Milieus der Network-Comedies von Father Knows Best (NBC, 1954–1960) bis How I Met Your Mother (CBS, seit 2005) setzen Sitcoms wie Louie (FX, seit 2009) oder Eastbound & Down (HBO, seit 2009) auch in ihren Überzeichnungen genaue Milieubeschreibungen entgegen. Auf die Gefahr hin, diesen Unterschied überzustrapazieren, könnte man die These aufstellen, dass die Kabel-Sitcoms ihren Zuschauer eher als Teil einer subkulturellen Szene denn als eines gesellschaftlichen Ganzen, mithin allerdings immer noch als Teil eines Kollektivs positionieren.

Dennoch scheint sich die Fernseh-Sitcom in einer Krise zu befinden. MODERN FAMILY ist zwar zweifellos ein Erfolg für das Network ABC, verglichen mit dem «Blockbuster-TV» (Staiger 2000) vergangener Jahrzehnte allerdings ein eher bescheidener. Im Nielsen-Rating erreichen die einzelnen Episoden meist zwischen zehn und 13 Punkte, während die Erfolgsformate der 60er und 70er Jahre mitunter die dreifache Reichweite hatten.[5] Diese Entwicklung ist einerseits auf den Bedeutungsverlust der Networks und den Aufstieg der Kabel- und Pay-TV-Sender zurückzuführen,[6] andererseits verlieren aber die Sitcoms selbst im Vergleich mit anderen Formaten an Popularität. In früheren Jahrzehnten galten sie als sichere Geldanlage für Sender und Sponsoren; noch in der Saison 1998/99 fanden sich in der Top 10 der meistgesehenen Programme fünf Sitcoms.[7] Laut den Nielsen-Ratings stand MODERN FAMILY in der Saison 2010/2011 lediglich auf dem 24. Platz; unter den erfolgreichsten zehn befand sich keine einzige Sitcom mehr.

Dieser Text möchte nicht die Gründe dieser Krise erkunden; stattdessen geht es darum zu untersuchen, was mit der Sitcom und ihrem Anspruch auf gesamtgesellschaftliche Wirkungsmacht geschieht, wenn sie ihren angestammten, aber zunehmend unbequemen Ort, das Fernsehen, verlässt und ins Internet wechselt. Die Form der Sitcom stammt aus dem Radio, ist also nicht im Fernsehen geboren, und es gibt Anzeichen dafür, dass sie dort auch nicht sterben wird. Die Analyse dreier internetbasierter Comedy-Formate wird zeigen, welche Auswirkungen der Medienwechsel nicht nur auf die Form, sondern auch auf den Adressierungsmodus und den impliziten Publikumsbegriff der Sitcom hat.

5 Die von der Nielsen Company seit den 1930er Jahren erhobenen «Nielsen-Ratings» sind ein Marktforschungsinstrument, das die – vor allem für Werbekunden relevanten – Einschaltquoten US-amerikanischer Fernseh- und Radiosendungen ermittelt. Die Daten basieren auf Hochrechnungen, werden mithilfe von Sehtagebüchern und elektronischen Aufzeichnungsgeräten erhoben und enthalten inzwischen auch zahlreiche demografische Aufschlüsselungen, unter anderem nach Alter, Geschlecht und sozialem Status. Kritiker weisen regelmäßig auf die Probleme der Nielsen-Ratings hin, unter anderem auf die kleine Stichprobengröße und die mangelnde Flexibilität der Erhebung angesichts einer sich verändernden medialen Umgebung (siehe unter anderem Segal 2007). Auch hier werden sie nur aufgeführt, weil kein besseres Messinstrument zur Verfügung steht.

6 Siehe den Diskurs zum «post-network television», unter anderem in Turner/Tay 2009.

7 FRIENDS; FRASIER; VERONICA'S CLOSET; JESSE; HOME IMPROVEMENT (Quelle: Brooks/Marsh 2007).

Die Web-Serie

Die Web-Serie ist ein junges und hybrides Format, das eine derart große morphologische Vielfalt aufweist, dass es kaum möglich erscheint, ihre bisherige Geschichte auch nur kursorisch zu erfassen.[8] Textbasierte Vorläufer lassen sich bis in die 1980er Jahre zurückverfolgen, das von AOL vertriebene QUANTUMLINK SERIAL (1988–1989) gilt als das erste kommerziell ausgerichtete Format, die ersten film- und werbebasierten Web-Serien entstanden allerdings erst Mitte der 1990er Jahre.

Inzwischen gibt es Web-Serien in den unterschiedlichsten Genres, dokumentarische und fiktionale, animierte und *live-action*-Formate; die meisten sind unabhängig produziert, einige von großen Medienunternehmen oder anderen Firmen in Auftrag gegeben (IKEA HEIGHTS, 2009; YOU SUCK AT PHOTOSHOP, 2007–2008).

Es fällt schwer, allgemeine Aussagen über ein derart breites Feld zu treffen. Auffällig sind jedoch einige Unterschiede zur Fernsehserie, die fast alle Web-Serien über die genannten Differenzierungen hinweg auszeichnen und sich zum Teil aus den technischen Eigenschaften des Internets ableiten: Da die Episoden nicht in ein Sendeschema passen müssen, sind sie weit weniger normiert, Staffeleinteilungen erscheinen, soweit vorhanden, eher willkürlich gewählt, und der Veröffentlichungsrhythmus ist oft unregelmäßig. Dass die Web-Episoden fast durchgängig kürzer als Fernseh-Episoden sind, lässt sich jedoch weniger leicht auf die technischen Voraussetzungen des Internet zurückführen.[9] Im Fernsehen etablierte sich schon in den 1950er Jahren das bis heute dominante Format von (inklusive Werbepausen) halb- bis einstündigen, in Ausnahmefällen auch anderthalbstündigen Episoden; webbasierte Serien dagegen gliedern sich meist in Segmente von zwei bis zehn Minuten Länge.

Dieser Text beschäftigt sich nicht mit dem gesamten Spektrum der Web-Serie. Ich beschränke mich auf rein internetbasierte – also nicht an vorgängige Fernsehserien und ihr Publikum angedockte – Formate, die ästhetisch (unterschiedlich deutlich) an die Form der Fernseh-Sitcom anschließen. Der unübersichtliche Markt verunmöglicht al-

8 Eine Kategorisierung der Inhalte des «web-tv» versucht Joan Kristin Bleicher 2009. Zur Einbindung der Web-Comedies in die transmediale Unterhaltungsindustrie siehe Marx 2011.

9 Vgl. Gurney 2011, 6. Einzig die Laufzeitbeschränkung von YouTube-Videos auf zehn Minuten könnte eine Erklärung darstellen. Allerdings ist diese Beschränkung bereits 2008 aufgeweicht worden, und andere Plattformen erlaubten schon vorher längere Videoclips.

lerdings eine an strengen Kriterien orientierte Auswahl der Beispiele – die Produktionen sind über verschiedene Videoportale und Websites verteilt, eine einheitliche Erfassung oder gar ein Ranking nach Art der Nielsen-Ratings existiert nicht und ist auch mittelfristig nicht in Sicht. Die drei Serien, die ich im Anschluss vorstellen und analysieren werde, gehören zwar zu den bekanntesten und meist gesehenen ihrer Art; ausgewählt habe ich sie jedoch, weil sie ein Spektrum der Web-Sitcom eröffnen, anhand dessen die Kontinuitäten und Differenzen von Fernseh-Sitcom und serieller Netz-Comedy beschreibbar werden. Die Serien offenbaren in ihrer Gestaltung auf jeweils unterschiedliche Art den Adressierungsmodus und das Selbstverständnis eines neuen Mediums, das seine Nutzer nicht mehr wie das Fernsehen als Teil eines kulturellen Kollektivs oder auch nur einer subkulturellen Teilöffentlichkeit positioniert.

The Guild

Alle drei hier analysierten Serien schließen bereits über personelle Verbindungen an das Fernsehen und andere Medien an. The Guild (seit 2007) ist eine Kreation der Schauspielerin Felicia Day, die durch eine Rolle in Buffy the Vampire Slayer (1997–2003) eine gewisse Bekanntheit erlangte. Day ist alleinige Produzentin, Autorin und Hauptdarstellerin einer Serie, deren Episoden allein auf YouTube mitunter über fünf Millionen Zugriffe aufweisen; da The Guild auch auf weiteren Videoportalen präsent ist, dürfte die Reichweite noch höher liegen. The Guild ist eine professionell produzierte Serie, eingeteilt in Jahresstaffeln von zehn bis zwölf Episoden; bislang liegen fünf Staffeln vor. Von den hier vorgestellten Serien orientiert sie sich am deutlichsten am Modell der Fernseh-Sitcom, und zwar sowohl in formaler als auch inhaltlicher Hinsicht.

Die Protagonisten von The Guild sind Mitglieder eines World of Warcraft-Clans. Dass die Grenzen zwischen den digitalen Avataren und den zugehörigen leiblichen Menschen nicht immer leicht zu ziehen sind, sieht man bereits daran, dass die Namen aus dem Spiel auch im Leben verwendet werden: Die in sozialen Situationen zutiefst verunsicherte, zurückgezogen lebende Hauptfigur (Day) nennt sich Codex, ihre Mitstreiter heißen Zaboo, Vork, Bladezz, Clara und Tinkerballa. Hinter den Pseudonymen verbergen sich Menschen, die alle, wenn auch aus unterschiedlichen Gründen und in unterschiedlichem Maße, im echten Leben als gescheiterte Existenzen gelten müssen. Zu Beginn der Serie kennen sich die Spieler nur über ihre Online-Aktivitäten. Am Ende der ersten Episode steht Zaboo (Sandeep Parikh) bei Codex vor der Tür und überreicht ihr einen Strauß handbemalter Blumen. Bald sind auch die übrigen Clan-Mitglieder gezwungen, im echten Leben miteinander Kontakt aufzunehmen. An den Problemen, die daraus entstehen, arbeitet sich THE GUILD seit mittlerweile fünf Jahren ab.

Die meisten Episoden beginnen mit derselben Einstellung: Codex sitzt vor ihrem Laptop und spricht in die Kamera, im Stil eines Internet-Tagebuchs, wie man es von YouTube kennt. Die zentrale Situation – das Individuum, das allein auf den Bildschirm seines Computers blickt – wird also schon in der ersten Einstellung etabliert. Damit simuliert THE GUILD eine Webcam-Aufnahme, also eine innerdiegetische Kamera, wie sie in den letzten Jahren insbesondere im Horrorfilmbereich verbreitet ist (REC, 2007; PARANORMAL ACTIVITY, 2010).

Der Großteil der Serie ist dann konventionell mit ‹unsichtbarer Kamera› gefilmt, die meist schräg hinter dem Monitor positioniert ist. Eine Einstellung, welche die Serie – zumindest in den ersten drei Staffeln – konsequent verweigert, ist der zugehörige Gegenschuss als *point of view*: der Blick der Spieler auf den Bildschirm. Die künstlichen, digital animierten Welten des WORLD OF WARCRAFT-Universums, die das Leben aller Hauptfiguren und auch viele Handlungsstränge dominieren, tauchen im Bild selbst nicht auf. WORLD OF WARCRAFT und im weiteren Sinne der Computerbildschirm fungieren als strukturierende Abwesenheit, um die herum sich die Serie organisiert. Erst am Ende der vierten Staffel bricht THE GUILD diese selbstauferlegte Regel und wechselt für einige Szenen in die WORLD OF WARCRAFT-Welt.

Diese Konstruktion hat ein Äquivalent in einer wichtigen Strömung der Fernsehkomödie: In zahlreichen Familien-Sitcoms fungiert der Fernsehapparat der fiktionalen Familie oder, genauer, das über den Apparat konsumierte Fernsehprogramm in ähnlicher Weise als strukturierende Abwesenheit. Insbesondere ALL IN THE FAMILY (1968–1979) und MARRIED WITH CHILDREN, in abgeschwächter Form aber auch die animierte Serie THE SIMPSONS, ordnen ihre Diegese in dieser Weise um den für ihr eigenes Publikum meist unsichtbaren Fernsehbildschirm herum an.[10] Die zentralen, in fast allen Episoden wiederkeh-

10 Siehe auch Barker (2000), der am Beispiel von ALL IN THE FAMILY zeigt, wie die Produktionslogik einiger klassischer Sitcoms eine solche Konstellation begünstigt. Die populärer Kunst inhärente Inkonsequenz sorgt dafür, dass sich zu diesen Regeln stets Ausnahmen finden. Insbesondere die letztgenannte Serie bricht öfter als THE GUILD mit ihrer Grundanordnung und ‹erlaubt› gelegentlich auch dem Zuschauer den Blick auf den fiktionalen Bildschirm. Im kulturellen Gedächtnis verankert hat

renden Einstellungen zeigen, wie man in einem Fernsehsessel (All in the Family) oder auf einem Sofa sitzt (Married With Children) und fernsieht. Wie eingangs ausgeführt, sind Familien-Sitcoms dieser Art inhärent selbstreflexiv, weil sie ihre eigene Rezeption fiktional verdoppeln: Man sitzt im Wohnzimmer vor dem Fernseher und sieht Carroll O'Connor oder Ed O'Neill dabei zu, wie sie in ihren Wohnzimmern vor ihren Fernsehern sitzen. So entsteht ein geschlossener Kreislauf; die Welt, die das Fernsehen seinem ursprünglichen Selbstverständnis nach ins Wohnzimmer holen soll, bleibt stets einen Blick entfernt. Die Parallelen zu The Guild sind unübersehbar.

Gerade diese Gemeinsamkeit ermöglicht es, die Differenzen zwischen den beiden Medien und Erzählformaten in den Blick zu bekommen. Die Fernseh-Sitcoms beschreiben und inszenieren den Konsum als soziale Situation. Oft befindet sich die ganze Familie vor dem Gerät und interagiert untereinander, aber auch dann, wenn nur das Familienoberhaupt fernsieht, ist der Bildschirm gewöhnlich nicht der einzige Fokus seiner Aufmerksamkeit: Aus der Küche ruft die Ehefrau, die Nachbarn klopfen an der Tür, im programmatischen Vorspann von Married With Children treten die Kinder von hinten ans Sofa, um sich das Taschengeld abzuholen. Der Fernsehapparat ist Kristallisationspunkt der sozialen Konfiguration ‹Familie›, er bezieht sich auf eine Gruppe von Menschen und zeichnet auf seine Art die Hierarchien des bürgerlichen Patriarchats in der fiktionalen Sitcom-Welt nach. Insoweit, wie die Serien an die traditionelle Auffassung von (Kern-)Familie als «natürliche Grundeinheit der Gesellschaft»[11] anschließen (und das tut zum Beispiel All in the Family bereits im Titel), oder sich zu dieser zumindest – und sei es in kritischer Manier – verhalten, strukturiert und konstitutiert der innerdiegetische (abwesende) Fernsehbildschirm in der Sitcom ein Gesellschaftsbild.

Ganz anders funktioniert The Guild. Hier sind die Figuren vor dem Computerbildschirm fast immer allein. Selbst wenn sich zwei Figuren im selben Raum aufhalten, so sitzen sie gewöhnlich vor zwei unterschiedlichen Bildschirmen. Die *online-community* World of Warcraft erlaubt zwar Interaktion (und viel freiere, weniger hierarchische, virtuelle interpersonelle Assoziationen), als Kristallisationspunkt ei-

sich gleichwohl nur Ed O'Neill auf der Couch, in der einen Hand die Fernbedienung, die andere im Hosenbund.

11 So bis heute formuliert in der Allgemeinen Erklärung der Menschenrechte der Vereinten Nationen. Ähnliche Passagen finden sich nach wie vor in zahlreichen Verfassungen amerikanischer Bundesstaaten (nicht allerdings in der landesweiten Verfassung der Vereinigten Staaten).

nes fiktionalen Gesellschaftsbilds aber ist sie problematisch: Die neuen Modi der Vergemeinschaftung artikulieren sich nicht mehr direkt im Bild, sondern werden durch aus dem Kino entlehnte Hilfskonstruktionen simuliert. Um ihre Protagonisten miteinander in Kontakt treten zu lassen, muss THE GUILD sie mithilfe des klassischen Filmschnitts (in den älteren Episoden) oder über Split-Screen-Montagen und wenig glaubwürdige Plotmanöver (in den neueren Episoden) untereinander verbinden. Die neue Gemeinschaft, die THE GUILD erschafft, ist also schon auf der ‹filmischen Ebene von *découpage* und Montage eine artifizielle, synthetische, die sich von den organischen Wohnzimmer- und Familientotalen der klassischen Sitcom grundlegend unterscheidet. Die *wacky personalities* des Figurenensembles der Serie verbergen und offenbaren gleichzeitig, wie sich die Web-Serie ihr Publikum vorstellt. Einerseits verweisen sie auf eine soziale Ausdifferenzierung, andererseits legen die im Grunde unheilbar asozialen Idiosynkrasien der WORLD OF WARCRAFT-Spieler nahe, dass sich diese Ausdifferenzierung nicht in ein übersichtliches Gesellschaftspanorama integrieren lässt.

Die Serie ist durchwirkt von einer nie aufgelösten Spannung zwischen Inhalt und Form. Die Plotentwicklung zielt darauf ab, eine Gruppe von Außenseitern zu einem Kollektiv, vielleicht sogar zu einer Ersatzfamilie zu verbinden, ein Narrativ, das primär aus dem Kino (unter anderem aus Sportfilmen), aber auch aus der Fernseh-Sitcom bekannt ist (unter anderem M*A*S*H, 1972 – 1983, und THE BIG BANG THEORY,[12] seit 2007). Doch in der Inszenierung werden die Figuren immer wieder radikal auf sich selbst zurückgeworfen. Instruktiv sind in dieser Hinsicht insbesondere die erwähnten Monologe von Felicia Day/Codex am jeweiligen Episodenanfang. Days nicht kontextualisierte und deswegen an alle und niemand gerichteten Sätze sind in erster Linie (fiktionalisierte) Selbstoffenbarungen und Selbstentblößungen, wie sie in Fernseh-Sitcoms undenkbar wären.

12 Die derzeit erfolgreichste Sitcom, der es in der Saison 2011/2012 sogar gelingen könnte, das seit acht Jahren die Nielsen-Rating dominierende Reality-TV-Format AMERICAN IDOL (seit 2002) als quotenstärkste Sendung abzulösen, ist in formaler Hinsicht eine klassische Sitcom, die vor Live-Publikum mit mehreren Kameras aufgezeichnet wird und über ein dementsprechend bühnenartiges Setting verfügt. Am wichtigsten Schauplatz der Serie, dem Wohnzimmer einer Studenten-Wohngemeinschaft, ist der Fernseher allerdings nur noch eine Attraktion unter vielen.

Wainy Days

Viele Web-Comedies akzentuieren ihre Differenz zur Fernseh-Sitcom deutlich stärker als The Guild – eine Serie, die immerhin noch auf mit sich selbst identischen, psychologisch hinreichend komplexen Figuren und nachvollziehbaren Handlungssträngen basiert. Ein Beispiel für eine gerade in narrativer Hinsicht deutlich offenere Form ist Wainy Days (seit 2007), eine Serie, die auf der Videoplattform My Damn Channel, die sich auf Web-Comedies spezialisiert hat, beheimatet ist und in unregelmäßigen Abständen fortgesetzt wird; inzwischen sind vier Staffeln mit jeweils sechs bis zehn Episoden veröffentlicht. David Wain, Autor und Hauptdarsteller, entstammt der New Yorker Comedy-Szene und war an der MTV-Sketch-Serie The State (1993–1995) beteiligt; in den letzten Jahren inszenierte er unter anderem fünf Kinofilme (zuletzt Wanderlust, 2012). Inzwischen bewegt er sich scheinbar mühelos zwischen Internet-, Kino- und Fernsehproduktionen – ein Beleg nicht nur für die nach wie vor erstaunliche Integrationsfähigkeit des US-amerikanischen Kulturbetriebs, sondern auch für die zunehmende Medienkonvergenz, die sich im Komödienbereich beispielhaft nachvollziehen lässt.

Der absurde, dekonstruktivistische Humor der Comedy-Miniaturen aus The State kennzeichnet auch Wainy Days. Die Web-Serie gibt sich keine Mühe, eine glaubwürdige fiktionale Welt und psychologisch ausgearbeitete Figuren zu etablieren. Die Situation, von der diese Serie ausgeht, ist in vielen Episoden dieselbe: David Wain läuft durch die Straßen New Yorks, redet vor sich hin in Sätzen ohne Adressat, und oft auch ohne Sinn, und stößt Passanten um. Er trifft dabei auf eine Frau, die sich auf Anhieb durchaus für ihn interessiert, ohne dass daraus je etwas würde; die Frau ist an Krebs erkrankt und stirbt schließlich während der gemeinsamen Stadtbesichtigung.

Zwar erzählt jede Episode eine mehr oder weniger abgeschlossene Geschichte. Vom ‹Alltagsrealismus› der herkömmlichen TV- und Kinogenres ist die Serie aber weit entfernt. Das beginnt mit der Suspendierung aller Continuity-Regeln: Wenn Wain in den Episoden «A Woman's Touch» und «Plugged» beschließt, sich als Frau zu verkleiden oder sich ein künstliches Haarteil zuzulegen, dann übernehmen seine Rolle kurzerhand eine echte Frau respektive ein anderer Mann, die ihm beide kein bisschen ähnlich sehen. Auch Ursache/Wirkungs-Zusammenhänge unterläuft die Serie systematisch. Schon in den ersten Episoden beginnen die Schauspsieler immer wieder aus heiterem Himmel zu tanzen. Die späteren Episoden verwandeln sich in fast surrealistisch anmutende Nummernrevues: In «Tough Guy» führt ein Streitgespräch am Strand zu gegenseitigem Bepinkeln, dann vor den Traualtar und gleich darauf zu einer Rückblende, die zeigt, was David als Kind erhielt, wenn die anderen Kinder Süßigkeiten geschenkt bekamen – was wiederum fürchterliche Folgen in der Gegenwart hat.

Auch WAINY DAYS kommuniziert – auch und gerade über solche narrativen Sprünge – mit der amerikanischen Comedy-Tradition – man denke an die frühen Marx Brothers, an W.C. Fields oder auch an Jerry Lewis, vor allem in seinen eigenen Regiearbeiten. Während sich die Serie deutlich von der Form und vor allem den narrativen Prinzipien der Fernseh-Sitcom wie auch der neueren Filmkomödie abhebt, gehört doch ihr Hauptdarsteller in die lange fruchtbare Linie der US-amerikanischen Comedy in Kino, Fernsehen und auf Stand-up-Bühnen. Wains Persona erinnert an die Figuren jüdisch-amerikanischer Komiker von Woody Allen und Albert Brooks, über Jerry Seinfeld und Jason Alexander in SEINFELD, bis zu Larry David, die vorzugsweise beziehungsunfähige Stadtneurotiker mit eher schütterem Haarwuchs spielen.

Der Witz dieser Vorgänger beruht wesentlich darauf, dass sie auf ihr soziales Milieu unangemessen reagieren. Insbesondere gilt dies für die Fernsehserie CURB YOUR ENTHUSIASM (seit 2000), in der Larry David immer wieder neue Wege findet, die kalifornische High Society vor den Kopf zu stoßen; selbst ein Streit um die Anzahl von Shrimps in einem Meeresfrüchtesalat kann zum Dreh- und Angelpunkt einer ganzen Episode werden. Auch die hartnäckigsten Verhaltensauffälligkeiten Davids behalten durch den Konflikt von Person und Milieu eine soziale Dimension. Zumindest in dieser Hinsicht ist CURB YOUR ENTHUSIASM keine «Post-Sitcom»,[13] sondern wie ihre Vorgänger ein in letzter Instanz integratives Gesellschaftsbild.

Unangemessen erscheint auch David Wains Verhalten, wenn er Passanten anrempelt oder in Cafés grundlos Kellner verprügelt und entkleidet. Allerdings ist diese Unangemessenheit nicht mehr bezogen auf ein konkretes Milieu. Denn noch weniger als um die Kohärenz ihrer Narration kümmert sich die Serie um die Kohärenz ihrer Welt. WAINY DAYS spielt in New York, oft direkt auf der Straße, oft in Cafés, die bevölkert sind mit jungen, nicht weiter eingeführten Menschen, Verbindungen zwischen den einzelnen Räumen gibt es keine. Wie wenig die Serie sich dafür interessiert, einen konkreten oder auch nur in seiner

13 Siehe dazu das Konzept «Comedy verite» bei Mills 2004 und vor allem, direkt bezogen auf CURB YOUR ENTHUSIASM, bei Thompson 2007.

Abstraktion glaubwürdigen sozialen Raum zu etablieren, zeigt sich an Wains Arbeitsplatz: Selbst der Protagonist weiß nicht, was in dem engen, dunklen Zimmer gemacht wird, in dem er und einige Kollegen vor altmodischen Nähmaschinen sitzen. «It seems to be some kind of sweatshop», vermutet er in der zweiten Staffel.

Gelegentlich kollabiert sogar das Zeichen- und Kommunikationssystem Sprache. Wenn Wain Elizabeth Banks in der ersten Folge fragt, ob ihr Freund «some kind of bunny bender» (statt «money lender») sei, ist das nicht einmal die Parodie einer Freudschen Fehlleistung. Wie die Narration im Ganzen kappt auch der Dialogwitz jeden Bezug zur sozialen Realität und erkundet stattdessen surreale Parallelwelten mit eigenen Gesetzlichkeiten.

Wains Humor basiert nicht auf einem Konflikt zwischen seiner Persona und ihrem Milieu, sondern auf einer fundamentaleren Unangemessenheit: einem Konflikt zwischen der Welt, in der wir leben, und seiner Welt. Konkreter noch: Mit ihren autonom werdenden körperlichen Attributen (wie dem künstlichen Haarteil, das den gesamten Menschen verwandelt), absurder Mimik, Gesten, Bewegungen und Tänzen und ihren fehlgeleiteten oder ‹freischwebenden› Affekten (Elizabeth Banks, die sich während des Dates mit Wain erst dem Ex-Freund, dann dem Kellner in die Arme wirft) verweist die Textur der Serie den Zuschauer weniger auf seine Biografie und sein soziales Umfeld als vielmehr auf seinen Körper und dessen Empfindungsdimensionen.

Tatsächlich stellen die kurzen, manchmal weniger als fünf Minuten währenden, sprunghaften Episoden oft eher Aggregationen disparater Affekt-Schocks dar als Erzählungen, die einen Raum eröffnen, Zeit beanspruchen und damit auf überindividuelle Kategorien verweisen. Die Existenz einer Gesellschaft, vor deren Hintergrund sich Individuierung zwingend abspielt, wird nicht geleugnet (*sweatshops* und Straßencafés sind reale soziale Phänomene). Doch die Serie verunklart systematisch ihre Spezifik und stellt sich ganz auf die Seite des von ihr emanzipierten Einzelnen, der nicht mehr als von sozialen Kräften strukturierter ‹Charakter›, sondern als von unterschiedlich gearteten Impulsen zerrissener, absurder Körper verstanden wird. Anders als im Fall von The Guild schlägt sich dieser grundlegend andere Adressierungsmodus also nicht nur in der formalen Gestaltung, sondern auch in narrativen Konzepten und im Figurenentwurf nieder.

BETWEEN TWO FERNS

Gleichzeitig eine Intensivierung und eine Abstraktion dieses Modells findet sich im vermutlich erfolgreichsten Web-Comedy-Format der letzten Jahre: BETWEEN TWO FERNS (seit 2008). Diese Produktion für die Comedy-Videoplattform Funny or Die,[14] die auch auf YouTube verfügbar ist und deren bislang 13 Episoden jeweils mehrere Millionen Aufrufe erreichten, entfernt sich unter den hier vorgestellten Web-Serien am deutlichsten von der Fernseh-Sitcom – oder überhaupt von fiktionalen Fernsehformaten. Zugleich ist die Serie aber noch stärker als die beiden oben analysierten in den medienübergreifenden amerikanischen Kulturbetrieb integriert. BETWEEN TWO FERNS simuliert ein Interview-Format: Der Stand-up-Comedian und Schauspieler Zach Galifinakis, spätestens seit dem Welterfolg THE HANGOVER (2009) auch ein Mainstream-Kinokomödien-Star, unterhält sich mit Kollegen aus der Unterhaltungsindustrie wie Michael Cera, Natalie Portman oder Sean Penn. Die Interviews werden frontal gefilmt, die Montage beschränkt sich auf gelegentlich eingefügte Großaufnahmen. Ihren Titel hat die Serie von Farnpflanzen in Blumenkübeln, die neben den Gesprächspartnern positioniert sind und das Bild begrenzen.

Die Serie geht aus von einer Kommunikationssituation mit scheinbar festen Regeln und konventionalisiertem Setting und lässt sie gezielt entgleisen. Mit einem ‹echten› Interview verwechseln kann man die Gespräche in BETWEEN TWO FERNS nur ganz zu Anfang. Die einzelnen Episoden sind, das zu verbergen macht man sich keine Mühe, komplett geskriptet und beschreiben eine fiktionale Situation; sie entwickeln sich entlang einer Eskalationsdramaturgie und enden mit einer (mehr oder weniger) überraschenden Pointe, die im vorhergehenden Gespräch vorbereitet wurde. Die Eigenart der Serie besteht in der Eigendynamik des Verhältnisses zwischen dem ‹Moderator› Galifinakis und seinen Gästen. Galifinakis stellt unangemessene Fragen («The women on your show are very pretty. Do you ever get around to fingering any of

14 Funny or Die, gegründet von dem Schauspieler Will Ferrell und dem Fernseh- und Kinoregisseur Adam McKay, ist eine Videoplattform, die, anders als YouTube, auf spezialisierte – ausschließlich komödiantische – Inhalte setzt und neben *user generated content* auch zahlreiche Eigenproduktionen anbietet. Die erste Episode von BETWEEN TWO FERNS wurde laut Website zwischen dem 4. Januar 2008 und Ende Februar 2012 knapp acht Millionen Mal aufgerufen. Zu beachten ist allerdings, dass diese Zahl eine Selbstauskunft von Funny or Die und schon deshalb mit den Nielsen-Ratings nicht vergleichbar ist. Zum Geschäftsmodell der Website siehe auch Marx 2011, 19–21.

them?»), ignoriert die Antworten seiner Gesprächspartner, äfft sie nach und unterschreitet – in obszöner, sexualisierter Manier – konsequent die Distanz, die Frager und Befragten bei Presseinterviews gewöhnlich voneinander trennt. Am Ende der ersten Episode betastet Galifinakis Michael Ceras Oberschenkel und versucht ihn dazu zu bringen, ihn seinerseits zu betasten. In späteren Folgen hustet er in Jon Hamms Schritt oder fragt Natalie Portman, ob er an ihrem Hund riechen dürfe.

Between Two Ferns setzt den vereinzelten, auf sich selbst zurückgeworfenen Zuschauer schon voraus, den The Guild und Wainy Days durch ihren Adressierungsmodus erst hervorbringen und mit der klassischen Sitcom-Form vermitteln.[15] Bis zu einem gewissen Grad beruht die Serie natürlich auf einem ungeteilten sozialen Raum, der alle Zuschauer umschließen muss; immerhin wird vorausgesetzt, dass die ‹interviewten› Schauspieler und Entertainer dem Publikum bekannt sind. Dieser soziale Raum der *celebrity culture* ist allerdings für den Verlauf der einzelnen Episoden völlig nebensächlich. Was die Serie stattdessen inszeniert, sind gezielte Überschreitungen und Störungen informationsbasierter Kommunikationsmodelle, die an kein Milieu, keine gesellschaftliche Ordnung zurückgebunden werden können, sondern am eigenen kommunikativen Handeln abgeglichen werden müssen.

In dieser Hinsicht ähnelt Between Two Ferns der Serie Wainy Days. Ein Unterschied zwischen beiden besteht jedoch in der gerichteten Aggressivität von Galifinakis, die sich fundamental von der spielerisch-surrealen Sprunghaftigkeit Wains unterscheidet. Was Galifinakis leistet und die Serie zumindest fassbar macht, sind gezielte, aktive Übergriffe ins Private. Das Setting mit den beiden Farnpflanzen vor neutralem Hintergrund wirkt in dieser Hinsicht wie eine Abstraktion von Häuslichkeit und korrespondiert in ihrem Nebeneinander von Funktionalismus und Eigenart mit dem PC im Wohnzimmer, auf dem die Serie zumeist gesehen wird. Man kann diese Aggressivität und Überschreitung auch begreifen als komplementäres Gegenstück zur Selbstentblößung in The Guild. Felicia Day geht vom Selbst aus und projiziert es ins Medium, Zack Galifinakis zielt mit dem Medium aufs Selbst. Ein sozialer Raum als vermittelnde Instanz ist für beide nicht ohne weiteres verfügbar.

15 Ich folge hier Louis Althussers (1977) Modell der Anrufung, wie er es unter anderem in seinem kanonischen Aufsatz «Ideologie und ideologische Staatsapparate» entwirft. Es ist den gerichteten Kommunikationsvorgängen der Massenmedien nach wie vor angemessen.

Das mediale Umfeld

Selbstverständlich sind die hier skizzierten Differenzen zwischen Fernseh-Sitcom und Web-Comedies nicht absolut zu setzen. Einerseits gibt es Web-Serien, die viel deutlicher an klassische Sitcom-Formen anschließen; insbesondere die Internetableger populärer Sitcoms wie COMMUNITY (seit 2009) oder THE OFFICE (seit 2005) sind kaum daran interessiert, sich von ihren medialen Vorbildern zu emanzipieren. Andererseits experimentieren zahlreiche neuere Comedy-Modelle im US-amerikanischen Fernsehen mit alternativen Adressierungsmodi. Zu denken ist hier weniger an die stilistisch innovativen Sitcoms auf NBC (THE OFFICE; COMMUNITY; 30 ROCK, seit 2006) oder HBO (CURB YOUR ENTHUSIASM; BORED TO DEATH, seit 2009), die, wie oben erwähnt, mit ihren Vorläufern den Anspruch teilen, in ihren Figurenkonstellationen pars pro toto eine Gesamtheit der Gesellschaft abzubilden, sondern eher an Formate, die von Sendern wie Comedy Central oder Adult Swim entwickelt werden. In animierten Serien wie AQUA TEEN HUNGER FORCE (seit 2000) oder DRAWN TOGETHER (2004–2008, beide Adult Swim), weniger deutlich auch in einer Sitcom wie THE SARAH SILVERMAN PROGRAM (2007–2010, Comedy Central) ließen sich einige der obigen Beobachtungen, vor allem hinsichtlich der derangierten Narration in WAINY DAYS, replizieren. Genauso kann die mediale Differenz nicht absolut gesetzt werden. Auch viele Fernseh-Sitcoms werden inzwischen dort rezipiert, wo die Web-Serie ihren Ort hat: im Browserfenster auf dem PC oder auch auf dem Bildschirm der Smartphones. Doch der Aspekt der empirischen Zuschauerforschung, die dazu geeignet ist, innerhalb medialer Konstellationen Differenzen einzuziehen, muss im vorliegenden Text ausgespart bleiben.

Abschließend seien noch einige Eigenarten der Rahmung und Präsentation von Web-Serien in Abgrenzung zu klassischen Fernsehprogrammen erwähnt. Dies betrifft zunächst das Verhältnis der einzelnen Serienepisode zum Medium, in das sie eingebettet ist. Die ‹Umwelt› der Netz-Comedies ist zwangsläufig eine andere als die der klassischen Fernseh-Sitcom: Es ist nicht das Fernsehen mit seinen sich zwar multiplizierenden, aber gleichwohl überschaubaren Kanälen, sondern das zumindest aus Nutzerperspektive viel amorphere Internet. Jedes einzelne Videoportal bietet gleichzeitig Tausende, YouTube sogar Millionen von Videos an, die prinzipiell anstelle der gerade rezipierten verfügbar sind. Videoportale werden nicht, wie Fernsehsender, durch den linearen Verlauf der Zeit beschränkt. Das Fernsehen der Post-Network-Ära begegnet dieser Beschränkung mit Zielgruppenorientierung, gerade die im Comedy-Bereich besonders relevanten Sender (Adult Swim, Comedy Central) haben ein fest umrissenes Zielpublikum.[16] Zwar sind einige Websites mehr oder weniger stark kuratiert und um ein wiedererkennbares Profil bemüht (so My Damn Channel), die meisten – und die erfolgreichsten – folgen jedoch einer kumulativen und inklusiven Logik: je mehr Videos, desto besser. Ihre Zielgruppe besteht zunächst einmal aus allen Internet-Nutzern und ist nicht soziodemografisch ausdifferenziert. Erst im nächsten Schritt greifen die Empfehlungsalgorithmen («ähnliche Videos» etc.), die nicht nach Gruppeneigenschaften sortiert sind, sondern sich über das Surfverhalten jedes Einzelnen organisieren (‹ähnlich› bin nicht ich, sondern mein Browserverlauf). In dieser Hinsicht vollziehen die Web-Comedies mit ihren analysierten Adressierungsstrategien nur nach, was das Medium ihnen vorgibt.

Der Computerbildschirm ist, anders als der des Fernsehers, nicht nur Bild, sondern auch Benutzeroberfläche. Instruktiv ist daran aus der Perspektive dieses Textes weniger das interaktive Potenzial des neuen Mediums im engeren Sinne – das wird von kaum einer Serie kreativ genutzt und schlägt sich nur in der Kommentarfunktion unter den Videos nieder.[17] Wichtiger erscheint die Art und Weise, wie die Videoportale ihre eigenen Nutzerstatistiken als Metadaten aufbereiten, sowohl für die Produzenten und Werbekunden als auch für die Nutzer selbst. Die erfassten Daten sind gleichzeitig genauer und ungenauer als die klassischen Ratings des Fernsehens. Einerseits erfassen die Videoportale die Zahl der Aufrufe jedes einzelnen Videos exakt und in Echtzeit, während das Nielsen-Institut lediglich eine auf einem kleinen Sample basierende Hochrechnung der Zuschauerzahl für jede Fernsehsendung anbieten kann. Andererseits sind die Metadaten des Webs nicht sozial differenziert, sie bieten keine demografische Aufschlüsselung, nur eine nackte Zahl und höchstens noch ein Verlaufsdiagramm.

Es gibt natürlich Anschlüsse, Ordnungsprinzipien und damit auch interindividuelle Zusammenschlüsse im Internet. Aber diese Zusammenschlüsse strukturieren sich nach den Regeln des Netzes: im Fall der Videoportale etwa durch Hinweise auf Verlinkungen von anderen Websites und automatisierte Verweise auf «ähnliche Videos». Das Netz

16 Adult Swim beispielsweise bemüht sich explizit um College-Studenten (vgl. Parry 2004).

17 Das markiert einen entscheidenden Unterschied zwischen der Web-Serie und den sogenannten «viral videos» (vgl. Gurney 2011).

interessiert sich für seinen eigenen Besucher als Internetnutzer, nicht als ‹sozial differenziertes Subjekt›. Zurückgespiegelt auf das Individuum vor dem Rechner heißt das: Ich bin, wenn ich mich im Internet bewege, über meine Hand auf der Maus körperlich integriert in ein System von Kulturtechnik, das in der Geschichte seinesgleichen sucht – ohne deswegen aber im selben Moment Teil einer Gruppe oder gar eines organischen kulturellen Ganzen zu werden.

Literatur

Althusser, Louis (1977) Ideologie und ideologische Staatsapparate. Anmerkungen für eine Untersuchung [1970]. In: Ders.: *Ideologie und ideologische Staatsapparate. Aufsätze zur marxistischen Theorie*. Hamburg: VSA, S. 108–135.

Barker, David (2000) Television Production Techniques as Communication. In: *Television. The Critical View* [1985], 6. Aufl. Hg. v. Horace Newcomb. New York: Oxford University Press, S. 169–182.

Bleicher, Joan Kristin (2009) Zirkulationen medialer Bilderwelten. Wechselwirkungen zwischen Fernsehen und YouTube. In: *Probleme filmischen Erzählens*. Hg. v. Hannah Birr, Maike Sarah Reinerth, Jan-Noel Thon. Berlin: Lit Verlag, S. 177–191.

Brooks, Tim/Marsh, Earle (2007) *The Complete Directory to Prime Time Network and Cable TV Shows*. 9. Aufl. New York: Ballantine.

Grote, David (1983) *The End of Comedy. The Sit-Com and the Comedic Tradition*. Hamden: Archon Books.

Gurney, David (2011) Recombinant Comedy, Transmedial Mobility, and Viral Video. In: *The Velvet Light Trap* 68, S. 3–13.

Jones, Gerard (1992) *Honey, I'm Home. Sitcoms: Selling the American Dream*. New York: Grove Weidenfeld.

Marc, David (1989) *Comic Visions. Television Comedy & American Culture*. Winchester: Unwin Hyman.

Marx, Nick (2011) «The Missing Link Moment»: Web Comedy in New Media Industries. In: *The Velvet Light Trap* 68, S. 14–23.

Mills, Brett (2004) Comedy Verite: Contemporary Sitcom Form. In: *Screen* 45,1, S. 63–78.

Parry, Tim (2004) College Try. In: *Promo* v. 1.09.2004 [http://promomagazine.com/sampling/marketing_college_try/index.html (letzter Zugriff: 26.10.2011)].

Segal, Andrea (2007) An Inaccurate Truth. In: *The Cornell Daily Sun* v. 26.04.2007 [http://cornellsun.com/node/23180 (letzter Zugriff: 21.02.2012)].

Spigel, Lynn (2001) Fernsehen im Kreis der Familie. Der populäre Empfang eines neuen Mediums [1990]. In: *Grundlagentexte zur Fernsehwissenschaft. Theorie – Analyse – Geschichte.* Hg. v. Ralf Adelmann et al. Konstanz: UVK, S. 214–252.

Staiger, Janet (2000) *Blockbuster TV. Must-See Sitcoms in the Network Era.* New York: New York University Press.

Thompson, Ethan (2007) Comedy Verité? The Observational Documentary Meets the Televisual Sitcom. In: *The Velvet Light Trap* 60, S. 63–72.

Tueth, Michael V. (2005) *Laughter in the Living Room. Television Comedy and the American Home Audience.* New York: Peter Lang.

Turner, Graeme/Tay, Jinna (Hg.) (2004) *Television Studies After TV: Understanding Television in the Post-Broadcast Era.* London, New York: Routledge.

Yamamoto, Darrell Y. (1989) *Nervous Laughter. Television Situation Comedy and Liberal Democratic Ideology.* New York: Praeger.

zdf.kultur

Serialität und metaleptische Erfahrung

Thomas Morsch

In ihrer bereits vor dem jüngsten Boom der sogenannten Qualitätsserien erschienenen Studie *Consuming Pleasures* (2009 [1997]), die sich den spezifischen Formen des Vergnügens serieller Formate widmet, nimmt Jennifer Hayward drei historische und systematische Stationen seriellen Erzählens in den Blick: die Anfänge der literarischen Serienproduktion in Form der Fortsetzungsromane von Charles Dickens, die ab Mitte der 1830er Jahre in wöchentlichen oder monatlichen Abständen erscheinen;[1] die Verbreitung von Fortsetzungscomics in Tageszeitungen zu Beginn des 20. Jahrhunderts; schließlich die televisuelle *Soap Opera*. In dem Kapitel über die literarischen Anfänge seriellen Erzählens bei Charles Dickens ist eine Grafik abgebildet, die zeigt, was ihr Titel verspricht: «Dickens Surrounded by His Characters» (vgl. ibid., 68). In dieser zeitgenössischen, von J. R. Brown stammenden Zeichnung sitzt der Autor an seinem Schreibtisch, umgeben von einer bunten Schar von Gestalten unterschiedlicher sozialer Provenienz – Dickens' literarisches Personal, wie der Titel besagt, welches sich bekanntlich aus vielen gesellschaftlichen Schichten zusammen setzt. Auf der planen Fläche der Abbildung werden zwei logisch inkompatible Ebenen überblendet, die reale Welt des Autors und die fiktionale seines literarischen Personals. Für Hayward trifft das Porträt nicht allein eine Aussage über Dickens, sondern gibt einen Hinweis auf ein Merkmal des Seriellen per se. Das Durchlässigwerden der Grenze zwischen Fiktion und Wirklichkeit, das in der Zeichnung inszeniert wird, hat etwas

1 Nahezu zeitgleich beginnen erste französische Zeitungen mit dem seriellen Abdruck der Romane von Honoré de Balzac und Eugène Sue. Dies hat einen solchen Erfolg, dass bis Anfang der 1840er Jahre fast alle französischen Zeitungen nachziehen; vgl. Hagedorn 1988.

mit der seriellen Form des Erzählens selbst zu tun, das mit Dickens in den 1930er Jahren zum Massenphänomen wird. Eine Grenzüberschreitung, wie sie das Bild impliziert, entweder der fiktionalen Figuren in die Realität oder des Autors in die fiktionale Welt seiner Figuren, ist in der Literaturwissenschaft als Metalepse bekannt.

Die folgenden Ausführungen versuchen, das narrative Verfahren der Metalepse als eine grundlegende Figur des Seriellen und des Fernsehens auszuweisen. Unsere primäre These besagt, dass es sich bei der Metalepse um eine eminente selbstreflexive Figur des Fernsehens handelt, in der ein Grundzug des Mediums und des seriellen Prinzips zum Erscheinen kommt. Um dies zu plausibilisieren, muss man das Konzept der Metalepse im Zuge der Übertragung von der Literatur auf audiovisuelle Phänomene der populären Medienkultur zugleich gegenüber dem engen narratologischen Verständnis erweitern und als umfassenderes ästhetisches Prinzip in Betracht ziehen.[2] In einer erweiterten Fassung ist der Begriff in der Lage, eine Reihe heterogener Phänomene der Medienkultur in einen theoretischen Zusammenhang zu stellen.[3] Weiterhin gehen wir davon aus, dass die Metalepse ein Verfahren darstellt, welches im Kontext der (Fernseh-)Serie nicht in erster Linie – wie dies aufgrund seiner selbst- oder metareflexiven Qualitäten nahe läge – als Ausweis ästhetischer Modernität oder gar Qualität diskutiert werden sollte, sondern als ein *charakteristischer Aspekt des Seriellen* als fortgesetzte und zeitlich gedehnte Erzählung.[4] Jennifer Haywards Beobachtungen zu den Fortsetzungsromanen von Charles Dickens liefern hierfür bereits wichtige Anhaltspunkte, die sich mit Blick auf die aktuelle Serienkultur verdichten lassen. Die folgenden Überlegungen münden schließlich in der zweiten These, dass unter der Metalepse nicht nur ein textuelles Verfahren oder ein ästhetisches Prinzip zu verstehen ist, sondern dass sie derart massiv auf Rezeptionsphänomene verweist, dass sich von einer *metaleptischen Erfahrung* sprechen lässt, die sich als charakteristisch für die gegenwärtige Serienrezeption bezeichnen lässt. In diesem erweiterten Sinne würden sich dann unter dem Namen der Metalepse die Konturen einer fernsehtypischen Weise ästhetischer Erfahrung abzeichnen, die nicht unbedingt auf serielle Formen beschränkt ist.

2 Genette (2004) selbst vollzieht diesen Schritt in einem späteren Buch, in dem er die Metalepse, die in seinem erzähltheoretischen Hauptwerk nur eine geringe Rolle spielt, ins Zentrum rückt.

3 Freilich kann sich nur an der Diskussion der Beispiele erweisen, ob diese Ausweitung möglich ist, ohne das Konzept der Beliebigkeit preiszugeben.

4 Nicht-narrative oder rein visuelle Formen des Seriellen, wie wir sie z.B. in der bildenden Kunst antreffen, sollen hier nicht thematisiert werden.

Nervöse Erwartung

Im Zuge ihrer Auseinandersetzung mit den als Serien veröffentlichten Romanen von Charles Dickens, von den *Pickwick Papers* (1836–1837) bis zu dem letzten vollendeten Roman *Our Mutual Friend* (1864–1865),[5] macht Jennifer Hayward auf einige Merkmale der seriellen Form aufmerksam, die dazu beitragen können, Aspekte der Erfahrung des Seriellen zu beleuchten, die auch im Kontext der Fernsehserien der Gegenwart Relevanz besitzen. Hierzu zählt vor allem die besondere Beziehung zwischen Fiktion und Wirklichkeit, die als Kennzeichen seriellen Erzählens bereits mit den Arbeiten von Dickens hervortritt. Nicht nur ist eine Affinität der seriell zur Entfaltung gebrachten Erzählung zu aktuellen politischen und sozialen Themen und Ereignissen zu beobachten, die nicht selten ihren Niederschlag in Dickens' Fortsetzungsromanen finden, sondern die Intervention der Leser führte, wie sich mit Äußerungen Dickens' und anhand der Textgestalt seiner Werke belegen lässt, auch zu Änderungen am Verlauf der Geschichte oder am Zuschnitt von Figuren: Je nach der Reaktion der Leser habe Dickens die Rolle von Figuren erweitert oder verkleinert, die Geschichte verändert oder die Darstellung von bestimmten Figuren modifiziert (vgl. Hayward 2009, 58f). Nicht anders als in zeitgenössischen *Soap Operas* mitunter der Fall, testete Dickens Figuren und Handlungsstränge auf ihre Resonanz beim Leser hin und verfuhr mit ihnen entsprechend. So rechnet Hayward die Möglichkeit serieller Fiktionen, noch im Verlauf der Erzählung auf ihr Publikum zu reagieren (oder zumindest so zu tun), zu den charakteristischen Merkmalen des Seriellen (vgl. ibid., 23).

Die schrittweise Entfaltung einer Erzählung parallel zum Alltagsleben der Leser zeitigt aber noch weitere Effekte. Die schiere Dauer der Erzählung und die erzwungenen Pausen der Rezeption scheinen eine ungewöhnlich intime Beziehung zwischen Erzählung und Leser zu stiften. Dies betrifft zunächst das affektive Verhältnis zu den fiktionalen Figuren, das dadurch intensiviert wird, dass sich ihr Schicksal nicht in kürzester Zeit mit dem Abschluss eines Romans erfüllt, sondern über die Dauer einer Phase des eigenen Lebens hinweg zur Entfaltung kommt – ein Aspekt, der schon in Bezug auf die jeweils in einem Zeitraum von ein bis zwei Jahren publizierten Romanen Dickens' von Bedeutung ist, sich angesichts der Ausstrahlung von Fernsehserien

5 Die Daten beziehen sich auf den Zeitraum der Erstveröffentlichung der Werke als Serie in monatlichen Abständen.

über Jahre oder – im Falle der *Daytime Soap Operas* – über Jahrzehnte hinweg aber noch verstärkt. Dass die serielle Form eine Rezeptionsgemeinschaft hervorbringt, die sich über die fiktionalen Charaktere in einer Weise austauscht, die dem Klatsch über reale, persönlich bekannte oder in der Öffentlichkeit stehende Personen ähnlich ist (vgl. ibid., 31), zählt zu den Beobachtungen, die Hayward als Belege für ihre am Beispiel von Dickens entwickelte These einer der seriellen Form innewohnenden Tendenz zur Vermischung von Realität und Fiktion anführt.

Mehr aber als durch die Beziehung zu den Figuren dringt die Serie als rhythmisierendes Element in die alltagsweltliche Realität der Leser ein: Der Rhythmus des Erscheinens bzw. der Ausstrahlung organisiert die Freizeit der Rezipienten. Ähnliches haben Filmtheoretikerinnen den täglich ausgestrahlten *Daytime Soap Operas* attestiert, indem sie diese auf ihren strukturierenden Einfluss auf den weiblichen Alltag hin untersucht haben (vgl. Modleski 1987; Warth 1987). Ist hier aber mit der Rezeption der *Soap Operas* ein emanzipatorisches Potenzial gegenüber dem Korsett des hausfraulichen Arbeitsprogramms angezeigt, so akzentuiert Haywards Untersuchung auch die Kehrseite der Interaktion von fiktionaler Form und Leben in Form eines Autonomieverlusts, der sich als nervöse Anspannung und ängstliche Unruhe (Hayward spricht im Anschluss an historische Quellen von «anxiety») artikuliert. Serien zu rezipieren heißt, einem fremdgesteuerten Zeitmanagement zu unterliegen und sich als abhängig von Medien zu erfahren. Hayward zitiert den Tagebucheintrag des Londoner Anwalts Henry Crabb Robinson aus dem Jahr 1842: «Finished all of *Barnaby Rudge* yet published ... I will read no more till the story is finished ... I will not expose myself to further anxieties» (zit.n. Hayward 2009, 37). Das Motiv der «Sucht», dem im Sprechen über Serien gegenwärtig eine große Bedeutung zukommt, kann als positiv und zum Kennzeichen intensiver Erfahrung gewendeter Ausdruck dessen verstanden werden, was sich bei Crabb als zur nervösen Angst gesteigerte, angespannte Erwartung äußert. Heute begegnen die Sender diesem nervösen Warten der Serienzuschauer durch die massive Ausflockung apokrypher Erzählmodule (Webisodes, Minisodes, etc.),[6] die die lange Zeitspanne zwischen zwei Staffeln überbrücken sollen und zugleich eine strategische Diversifizierung der ökonomischen Verwertungskette darstellen, ebenso wie die DVD-Box, durch die der Zuschauer zumindest für den Umfang einer Staffel die zeitliche Autonomie über die Serienrezeption wiedergewinnt: Statt sich dem fremdbestimmten Rhythmus der wöchentlichen Fernsehausstrah-

6 Vgl. hierzu genauer den letzten Abschnitt des vorliegenden Textes.

lung auszusetzen, reagiert er auf den Suchtaspekt des Seriellen mit *binging*, dem enthemmten Betrachten vieler Episoden einer Serie in Folge an einem Abend. Dass damit die grundsätzliche Angst, die der Betrachtung von Serien innewohnt, nur verdrängt, aber nicht überwunden werden kann, ist in den Krisenszenarien vorzeitig abgebrochener, abgesetzter, nicht zu Ende geführter Serien erkennbar: Das große Engagement der Fans in den Versuchen, die Entscheider zu der Fortführung einer Serie zu bewegen, das sich angesichts des Endes von Serien wie JERICHO (2006–2008), VERONICA MARS (2004–2007) oder ARRESTED DEVELOPMENT (2003–2006) zeigte, ist ebenso wie das oft jahrelange Festhalten an der vagen Hoffnung eines Wiederauflebens der Serie als Film ein Zeichen für den krisenhaften Souveränitätsverlust, der mit dem Seriellen einhergeht; die Ohnmacht angesichts des unvermeidlichen, aber oft als verfrüht empfundenen Endes wird in Form nervöser Erwartung antizipiert, die jeder Folge und jeder Staffel entgegenschlägt. Zugleich lehnen viele serienaffine Zuschauer, wie sich aus der Rezipientenkommunikation im Internet ablesen lässt, es häufig ab, sich auf eine Serie einzulassen, wenn diese z.B. bereits nach einer Staffel eingestellt wurde. Die eigene Rezeption wird als zeitliche Investition betrachtet, die eine Dividende in Form von Dauer abzuwerfen hat. Gescheut wird hingegen, die eigene Zeit und Affekte in eine nur kurze Zeit laufende Serie zu investieren, weil das Versprechen der Dauer und der offenbar gesuchten Begleiterscheinungen der Gewöhnung, der affektiven Bindung, der Standardisierung von Erfahrung und der Sucht entfällt.

Durch die Rezeption auf DVD die Herrschaft über den Rhythmus der Betrachtung wieder in die eigenen Hände zu nehmen, entbindet weder den Zuschauer von den Angstpotenzialen der seriellen Form, noch hebt es deren charakteristische, von Hayward diagnostizierte Verwebung von Fiktion und Alltag auf. Die Frage der temporalen Organisation der Betrachtung bildet stets einen Horizont serieller Erfahrung, deren Zeitökonomie daher immer eine Brücke zur alltagsweltlichen Erfahrung der Betrachter schlägt. Ob sich die Rezeption einer Serie über Wochen, Monate oder Jahre als Moment der Rhythmisierung in das eigene Leben einschreibt, oder das zur Sucht gesteigerte Bedürfnis, eine Serie weiter zu verfolgen, unmittelbaren Einfluss auf die Organisation und den Ablauf des eigenen Alltags nimmt, immer hat die Serie schon durch ihre Form eine Resonanz im Leben der Betrachter.

Blick aus dem Fenster

Nicht allein in Bezug auf die Rezeption ist die serielle Erzählung besonders anfällig für eine Vermischung von Realität und Fiktion. Die durch die Dauer ihrer Produktion gegebene Möglichkeit serieller Formen, auf die Interventionen von Lesern bzw. Zuschauern ebenso wie auf aktuelle Ereignisse zu reagieren, lässt in ihrem Fall die Trennlinie zwischen Realität und Fiktion dünner erscheinen, als es in anderen narrativen Formen der Fall ist. So reagierte die Polit-Serie THE WEST WING (1999–2006) auf die Ereignisse des 11. Septembers 2001 mit einer Verschiebung des eigentlich geplanten Staffelauftakts zu Gunsten der aus der Kontinuität der Erzählung herausgelösten Episode «Isaac and Ishmael», die am 3. Oktober 2001 ausgestrahlt wurde und in theatral zugespitzter Weise islamistischen Fundamentalismus, die Gefahren des *racial profiling* und die Ursachen des Terrorismus debattierte.[7] Auch hierin schließt die Fernsehserie an die frühen Formen literarischer Serialität an, die sich häufig von den Tagesereignissen und auch den Berichten der Sensationspresse inspirieren ließen.[8] Schon in den Zeitungen und Zeitschriften des 19. Jahrhunderts gab es einen semantischen Transfer zwischen den verschiedenen Seiten und Rubriken, die durch unterschiedliche Grade des Realitätsgehalts voneinander unterschieden waren: Die Fakten politischer Berichterstattung und die Halbwahrheiten der Gesellschaftsseite fanden einige Seiten weiter ihren Weg in die Zeilen des fiktionalen Fortsetzungsromans. Mehr noch als die Zeitung ist aber das Fernsehen durch das Nebeneinander heterogener Sendeformate von unterschiedlichen Realitätsgehalten und Wirklichkeitsgraden geprägt: Das Fernsehen verbindet Reportage und Nachrichten mit fiktionalen Formaten und vielfältigen Hybridformen des Reality-TV. An die Ausstrahlung von Spiel- oder Fernsehfilmen mit brisanten Inhalten schließen sich Expertenrunden an; historische Dokumentationen verbinden Dokumentarisches mit nachgestellten Szenen; Reportagen werden durch Werbung für Spielfilme, Spielfilme durch Werbung für Dokumentationen unterbrochen; Themenabende verbinden Fiktion, Dokument und Dialog; überall öffnen sich Fenster,

7 An anderer Stelle habe ich auch weniger evidente Belege für die im Falle von THE WEST WING und anderen Polit-Serien als typisch zu bezeichnende Verschränkung von politischer Fiktion und politischer Realität angeführt und die Logik dieses Ineinandergreifens mittels des Modells der ‹Ekstase› darzustellen versucht, vgl. Morsch 2010.

8 Vgl. Hayward 2009, 47–49 sowie Richard Alticks Studie zur Ko-Evolution von Sensationsprozess und Roman *The Presence of the Present* (1991).

durch die ‹Inhalte› und Themen zwischen Formaten und Modalitäten hin- und herwandern. Fernsehen ist eine prekäre Einheit von Fiktion, Reportage, Show, Dokumentation und Mischformen, wobei die Grenzen zwischen diesen Formaten durchlässig sind.

Im Fernsehen sind aber nicht allein die Fenster zwischen den Formaten weit geöffnet; zugleich stößt das Fernsehen das ‹Fenster zur Welt› weit auf. Die dem seriellen Format innewohnende Tendenz zur Verschränkung von Fiktion und Realität ist am Medium des Fernsehens nicht allein hinsichtlich seiner internen Operationen, also mit Blick auf das Verhältnis zwischen seinen Formaten, zu diagnostizieren, sondern auch hinsichtlich seiner Stellung zur Welt, also mit Blick auf das Verhältnis der vom Betrachter als medial erfahrenen zu der vom Betrachter als außer-medial erfahrenen Wirklichkeit. Auch diesbezüglich tendiert das Fernsehen zur Durchlässigkeit. Margaret Morse hat hieran die Differenz von Film und Fernsehen festgemacht: Der Film bildet eine kohärente fiktionale Welt aus, die von der unseren isoliert ist. Die Welt des Betrachters ist von derjenigen der Diegese durch eine Reihe materieller und unsichtbarer Barrieren getrennt, «the stage, the proscenium, the curtain, the screen, the invisible or fourth wall, and the 180° line that the camera doesn't cross» (Morse 1998, 16).[9] Anders das Fernsehen, dessen Diskurs eine Interaktion entlang der auf den Zuschauer gerichteten z-Achse organisiert:

> Television discourse, on the other hand, ignores the glass or screen that divides a material and an immaterial world of story. And unlike film, rather than folding representations on the screen back over onto themselves, as if sewing a world together, the z-axis of television is like a skewer or pin on which many layers or different levels and stances of discourse can be stacked deep within screen space and, by extension, virtually beyond the glass into viewing space. This «interaction» underlines television's role as a transitional cultural form, one stage, if perhaps the most historically important one, in the development and consolidation of fundamentally fictitious close personal relations with as well as via machines (Morse 1998, 16).

Folgt man Morses Argumentation, zielt das Fernsehen schon aufgrund seiner prinzipiellen medienästhetischen Voraussetzungen weniger auf die Separierung zweier Welten ab, als es der Film tut. Nach ihrer Auffassung gehört es zu den hintergründigen Funktionen des Fernsehens als Medium der Gesellschaft, die Kultur in die intime Kommunika-

9 Für den Hinweis auf Margaret Morse danke ich Judith Keilbach.

tion mit und mittels technologischer Vorrichtungen einzuüben, eine mittlerweile stärker an die digitalen Medien übergegangene Aufgabe. Im Fernsehen entspricht dieser kulturellen Funktion ein bestimmter Modus der Adressierung, der bereits in den fünfziger Jahren als charakteristisch für das Medium beschrieben wurde: Während die direkte Anrede der Zuschauer im Rahmen des Films, das ‹Durchbrechen der vierten Wand›, als progressives (weil illusionsstörendes) Stilmittel diskutiert wurde und im ästhetischen Arsenal eines kritischen ‹politischen Modernismus› (Rodowick 1994) zu verorten ist, haben Donald Horton und R. Richard Wohl eine solche «parasoziale Interaktion» als eine der gängigen Kommunikationsformen des Fernsehens geschildert (vgl. Horton/Wohl 1956). Mit Blick weniger auf fiktionale, als auf fernsehtypische Sendeformate wie die Show, moderierte Talkshows und Nachrichten, haben Horton und Wohl die scheinbare Paradoxie einer technisch vermittelten Intimität auf Distanz, der Simulation einer «face-to-face»-Interaktion unter medialen Bedingungen, zu einer Kernbestimmung des Mediums erhoben.[10] Die parasoziale Interaktion zählt zu den fernsehwissenschaftlichen Konzepten, die das Verhältnis der Räume ‹hinter› und ‹vor› dem Bildschirm nicht als Ineinandergreifen von Sendung und Empfang, als Übertragung und Kommunikation zu deuten erlauben, sondern als bidirektionale osmotische Beziehung.

Die nicht nur physisch, sondern logisch getrennten Räume des Fernsehens und seiner Zuschauer werden durch affektive Austauschprozesse miteinander verbunden, die klar von Prozessen der Identifikation unterschieden werden müssen (vgl. Hippel 1992, 136), die in den klassischen Beschreibungen des Films als einziges Mittel der Verknüpfung der hermetischen und heterogenen Räume der Fiktion und der Realität gelten. Der Bedeutungsraum des Films hängt nach Stephen Heaths (1981) klassischer Analyse des narrativen Raums von einer Grenzziehung ab, die allein im Modus der Imagination zu über-

10 Zum Konzept der parasozialen Interaktion und zur Rezeption von Horton und Wohls Aufsatz vgl. Hippel 1992, 1993. Horton und Wohl neigen allerdings dazu, das Phänomen noch als *Schein*, *Illusion* und *Täuschung* zu diskreditieren, schreiben sie doch gleich zu Beginn ihres Aufsatzes: «One of the striking characteristics of the new mass media – radio, television, and the movies – is that they give the *illusion* of face-to-face relationship with the performer. [...] We propose to call this *seeming* face-to-face relationship between spectator and performer a *para-social relationship*.» (Horton/Wohl 1956, 215, erste und zweite Herv. T.M.). Diese kritische Einschätzung beruht darauf, dass die Autoren das in Frage stehende Phänomen als derivativ gegenüber dem Eigentlichen lesen, als Abbild und Zerrbild einer tatsächlichen Interaktion. Relevanz gewinnt das Konzept aber nur dann, wenn man es als positives Bestimmungselement des Fernsehdiskurses versteht.

winden ist. Gegen die durch den Schnitt eingetragenen Brüche, so Heath, stellt der Film mittels seiner narrativen Operationen eine Einheit und Kohärenz des narrativen Raums her. Die parasoziale Interaktion zwischen Fernsehakteuren und Zuschauern bildet einen Modus der Entgrenzung des Fernsehraums, der damit auch über einen weniger stabilen Sinnhorizont verfügt. Ohne explizit eine Verbindung zum Konzept parasozialer Interaktion herzustellen, läuft auch Morses Darstellung des Fernsehens auf diesen Punkt zu. Ausgehend von einem Vergleich des Fernsehens mit dem Blick aus dem Auto, vom *Freeway* aus, auf die derealisierte äußere Welt, schreibt sie:

> Television is similarly derealized as communication; that is, the primacy of discourse in television representation is not anchored as enunciation in a paramount reality of community, propinquity, and discursive exchange. While every act of enunciation disengages an utterance from the subject, space, and time of the act of enunciation [...], television – with its temporal and spatial separation of interlocutors into a one-way, largely recorded transmission – is *doubly disengaged*. Hence televisual utterances waver uncertainly in reality status. However, the primary levels of »interface« with the viewing audience of television are those televisual utterances which represent direct engagement or address oriented proxemically on face-to-face discourse, that is, the discursive level of presenters, hosts, and spokespersons. The discursive plane of television includes all sorts of unrelated, nonprogram material from ads, logos IDs, and public service announcements, to promotions and lead-ins, as well as the discursive segments within programs themselves, from openers and titles to presentational segments. This primary plane of discourse seems to be an overarching presumption of television representation even when it isn't directly on-screen, and it builds the framework of television flow as a whole (Morse 1998, 108).

Der Diskurs des Fernsehens ist nicht in dem gleichen Maße wie der Film auf die Etablierung eines stabilen Sinnhorizonts ausgerichtet; die Heterogenität des televisuellen Diskurses, seiner Adressierungsmodi und seiner wechselnden Realitätsansprüche schafft einen Raum, der von der Begrenztheit und Abgeschlossenheit des filmischen Erzählraums weit entfernt ist.[11] Die Fenster zwischen den verschiedenen

11 Diese Gegenüberstellung bezieht sich freilich nur auf die klassische Form des Kinos, in der die Spielräume möglicher Adressierungsmodi des Films zu Gunsten einer medienästhetischen Zuspitzung vernachlässigt werden. Umgekehrt weist auch das Fernsehen zahlreiche Formen auf, die den von Heath akzentuierten Strategien der Kohärenzstiftung gehorchen.

Räumen des Fernsehens sind ebenso weit aufgerissen wie diejenigen, die sich auf den Zuschauerraum hin öffnen. Das Fernsehen, das auch in seinen fiktionalen Formaten nicht von einem geschlossenen narrativen Raum her zu denken ist, bildet einen Ort konstanter Austauschbeziehungen und Transgressionsprozesse logischer und räumlicher Art. Die Stabilisierung eines Bedeutung stiftenden Rahmens ist immer nur temporär, und die von der Begrenzung eines kohärenten Raums abhängige Sinngebung bleibt im Fernsehen stets prekär.

Die Metalepse

Der *Gestus* parasozialer Interaktion findet sich aber nicht allein in Showformaten und ähnlichen Sendeformen, sondern auch, im Fernsehen weitaus häufiger als im Film, in fiktionalen Formaten, und hier insbesondere in der Fernsehserie. In der Nickelodeon-Serie CLARISSA EXPLAINS IT ALL (1991–1994) richtet sich die Hauptfigur (Melissa Joan Hart) ständig an die Zuschauer. Ihre Erklärungen zu den Ereignissen in ihrem Leben werden darüber hinaus durch Bildeinblendungen gestützt, animierte Pfeile und Beschriftungen ziehen eine zweite semiotische Ebene ein, animierte Diagramme und andere piktoriale und Schrifteinblendungen überlagern den primären Repräsentationsraum: Die Hauptfigur der Serie herrscht über einen autonomen audiovisuellen Diskurs, der gemeinsam mit ihr die vierte Wand der Fiktion durchbricht.

Clarissa agiert einerseits gemeinsam mit den übrigen Figuren in einem hermetisch versiegelten Raum der Fiktion; andererseits werden die Grenzen dieses Raums sowohl auf der Ebene visueller Gestaltung als auch durch die direkte Adressierung der Betrachter durchbrochen. Es wird eine Grenze überschritten, die nicht allein zwischen zwei Räumen verläuft, sondern zugleich eine logische Grenze zwischen Wirklichkeitsbereichen und Ereignishorizonten ist. Gérard Genette, der für derartige Grenzüberschreitungen in die Narratologie und Fiktionstheorie den Begriff der Metalepse eingeführt hat, zielt damit zunächst auf die innerhalb eines Textes vollzogenen Überschreitungen der Grenze zwischen diegetischer und nicht-diegetischer Welt. Genette bezieht den Begriff aus der Rhetorik und überträgt ihn auf narratologische Sachverhalte, womit zugleich der Akzent von der «auktorialen Metalepse» (der Autor begibt sich rhetorisch auf die Ebene der von ihm erschaffenen Figuren) auf eine «narrative Metalepse» verschoben wird, die eine Reihe von Formen annehmen kann (vgl. Kukkonen 2011, 1f), in der aber stets die Überschreitung logischer und räumlicher Grenzen ineinandergreifen.[12]

Die heilige Grenze

Genettes primäres Beispiel der Metalepse liegt im «Eindringen des extradiegetischen Erzählers oder narrativen Adressaten ins diegetische Universum (bzw. diegetischer Figuren in ein metadiegetisches Universum usw.) [...]» (Genette 1994, 168). Der Begriff soll aber ausdrücklich so weit gefasst werden, dass er eine ganze Reihe vergleichbarer Transgressionen abdeckt, so zum Beispiel

> Personen, die plötzlich einem Gemälde, einem Buch, einem Zeitungsausschnitt, einer Photographie, einem Traum, einer Erinnerung, einem Phantasma usw. entspringen. Alle diese Spiele bezeugen durch die Intensität ihrer Wirkung die Bedeutung der Grenze, die sie mit allen Mitteln und selbst um den Preis der Unglaubwürdigkeit überschreiten möchten [...]; eine bewegliche, aber heilige Grenze zwischen zwei Welten: zwischen der, in der man erzählt, und der, von der erzählt wird (Genette 1994, 168f).

Diese Überschreitung kann in zwei Richtungen erfolgen und sich auf unterschiedliche Grenzen beziehen; aber in der ursprünglichen Konzeption des Begriffs handelt es sich stets um narrativ gezogene Gren-

12 Nachdem das Konzept über einen langen Zeitraum hinweg wenig Beachtung gefunden hat, ist es seit Ende der 1990er Jahre in der Literaturwissenschaft verstärkt rezipiert und vereinzelt auch auf audiovisuelle Formen übertragen worden. Zur literaturwissenschaftlichen Diskussion vgl. McHale 1987; Herman 1997; Hempfer 1999; Häsner 2001; Malina 2002; Fludernik 2003, Genette 2004; Ryan 2004; Pier/Schaeffer 2005; Sharma 2005; Wolf 2005; Klimek 2009; Pier 2009; Wolf 2009 und Kukkonen/Klimek 2011; zur Übertragung auf audiovisuelle Phänomene vgl. neben zahlreichen Beispielen in Genette 2004 vor allem Schaeffer 2005; Feyersinger 2007; Türschmann 2007; Limoges 2008; Thon 2009; Feyersinger 2011; Limoges 2011 und Sarkhosh 2011.

zen innerhalb eines Textes und bei der Überschreitung stets um ein erzähltes Ereignis.[13] Einhellig führt die Forschungsliteratur Woody Allens The Purple Rose of Cairo (USA 1985), in dem eine Filmfigur aus einem binnendiegetischen Film von der Leinwand in die diegetische Realität der Protagonistin Cecilia (Mia Farrow) hinabsteigt, als klassisches Beispiel für eine filmische Metalepse an (Genette 2004, 60; Thon 2009, 89f; Kukkonen 2011, 17; Kuhn 2011, 358f).[14] Die Grenze zwischen filmischem Text und Realität bleibt unangetastet, denn kein Schauspieler steigt zu uns als Zuschauer ins Kino herab. The Purple Rose of Cairo mag zwar das Begehren artikulieren, auch für den Zuschauer möge sich die trennende Grenze der Leinwand aufheben, doch die Unwahrscheinlichkeit der Überschreitung und die Irritation, die sie im Leser oder Zuschauer auslöst, bestätigt in Genettes Augen gerade die Stabilität dieser ‹heiligen› Grenze.

In Genettes ursprünglichen Ausführungen ist noch nicht absehbar, auf welche Spielformen transgressiver Phänomene sich der Begriff der Metalepse jenseits solch eindeutiger Beispiele wie The Purple Rose of Cairo bei konsequenter Betrachtung beziehen lässt. Auch deswegen setzt die breitere wissenschaftliche Rezeption des Konzepts wohl erst mit so großem historischen Abstand, Ende der 1990er Jahre, ein. In der Forschung umfasst der Begriff mittlerweile eine Reihe von Formen paradoxer Grenzüberschreitungen, durch die Ebenen, Räume und Bereiche von Fiktionen in einer im Rahmen einer ‹realistischen› Logik nicht mehr auflösbaren Weise zueinander in Beziehung gesetzt werden. So definiert Werner Wolf die Metalepse als «*a usually intentional paradoxical transgression of, or confusion between, (onto-)logically distinct (sub) worlds and/or levels that exist, or are referred to, within representations of possi-*

13 Einen systematischen Überblick über die Typen der Metalepse, die sich aus den von Genette angeführten Beispielen ergeben, gibt Fludernik 2003.

14 In der von John Pier (2005) vorgeschlagenen Terminologie handelt es sich hier um eine «aufsteigende Metalepse», weil die stattfindende Überschreitung den Übergang auf eine narrative Ebene von höherem Wirklichkeitsgrad bedeutet, auch wenn beide Ebenen (der Film-im-Film namens *The Purple Rose of Cairo* und die Wirklichkeit Cecilias) Teil einer einzigen filmischen Fiktion (The Purple Rose of Cairo) sind. Um eine «absteigende Metalepse» handelt es sich, wenn z.B. der Erzähler in die Fiktion (einer – von ihm aus betrachtet – Ebene von geringerem Wirklichkeitsgrad) hinabsteigt. Das Motiv der Überschreitung der Leinwandgrenze wird gegenüber The Purple Rose of Cairo in der Folge «Chick Flick» (2.18) der Serie Charmed erweitert, insofern hier ein ständiger Übergang zwischen binnenfiktionaler (der Film) und fiktionaler Welt (die Welt von Charmed) in beide Richtungen (d.h. in Form aufsteigender und absteigender) Metalepsen stattfindet. Zu dem Film Hellzapoppin' (H. C. Potter, USA 1941) als weiteres klassisches Beispiel für eine Reihe metaleptischer Strategien vgl. Morsch 2012.

ble worlds» (2005, 91). Auch in dieser breiteren Definition bleibt der Fokus auf binnenfiktionale Ereignisse – «within representation», wie Wolf schreibt – erhalten. Die Metalepse gewinnt jedoch an Brisanz, wenn man sie statt lediglich auf diegetische Grenzen auf die Grenzen der Fiktion und des Textes bezieht. Dies lässt sich mittels der von Marie-Laure Ryan eingebrachten Unterscheidung zwischen *rhetorischen* und *ontologischen* Grenzverletzungen konturieren. Ryan schreibt die Entdeckung des rhetorischen Typus Genette und die Entdeckung des ontologischen Typus McHale (vgl. 1987) zu. Ryan definiert die beiden Typen so:

> Rhetorical metalepsis opens a small window that allows a quick glance across levels, but the window closes after a few sentences, and the operation ends up reasserting the existence of boundaries. This temporary breach of illusion does not threaten the basic structure of the narrative universe. [...] Whereas rhetorical metalepsis maintains the levels of the stack distinct from each other, ontological metalepsis opens a passage between levels that results in their interpenetration, or mutual contamination. These levels, needless to say, must be separated by the type of boundary that I call ontological: a switch between two radically distinct worlds, such as ‹the real› and ‹the imaginary›, or the world of ‹normal› (or lucid) mental activity from the worlds of dream of [sic!] hallucination (Ryan 2004, 441f).

Beispiele einer rhetorischen Metalepse finden sich in verschiedenen Episoden der Fernsehserie GLEE (2009–), in denen Sue Sylvester (Jane Lynch) auf sich selbst als Gegenstand der Darstellung Bezug nimmt – etwa wenn sie sich darüber beklagt, gerade in «slow motion» ausgelacht worden zu sein («Bad Reputation», 1.17), oder sie in einer Voice-over anführt, schon das Wort «Madonna» auszusprechen «makes me feel powerful – even in voice-over» («The Power of Madonna», 1.15). Diese temporären Brüche mit der Logik der Fiktion schaffen eine Paradoxie, weil sich Sylvester zwischen ontologisch distinkten Ebenen bewegt, doch bleibt diese Paradoxie erstens im Rahmen der Fiktion, weil die Überschreitung von der Figur Sue Sylvester, nicht von der Schauspielerin Jane Lynch begangen wird – würde Lynch z.B. in einem DVD-Audiokommentar in dieser Weise auf sich Bezug nehmen, hätten wir es mit einem gänzlich anderen Phänomen zu tun; und zweitens vollzieht sich die metaleptische Transgression der Grenzen jeweils nur für einen kurzen Augenblick, während die Geschlossenheit der Fiktion insgesamt intakt bleibt.

Die temporale Begrenztheit der rhetorischen Metalepse mit einer ontologischen Transgression verbinden die zahlreichen Beispiele metaleptischer Bemerkungen in David E. Kelleys Serie BOSTON LEGAL (2004–2008). Ohne dass es von Anfang an erkennbar zum Konzept der Serie gehört hätte, häufen sich in ihrem Verlauf Durchbrechungen der ‹vierten Wand›. Durch Bemerkungen der beiden Protagonisten wird die Grenze zwischen der Fiktion und der außertextuellen (ebenso wie der intertextuellen) Realität ständig strapaziert. Wiederholt nehmen Alan Shore und Denny Crane auf ihre fiktionale Existenz als Teil einer Fernsehserie Bezug. Man kann diese Formen der Metalepse mit William Nelles (1992, 93–95) auch als «epistemologische Metalepsen» bezeichnen, denn ihre Pointe liegt darin, dass die Figuren innerhalb der Fiktion ein «unmögliches Wissen» über ihren fiktionalen Status besitzen und ihre Existenz als von Schauspielern verkörperte Charaktere einer Fernsehserie reflektieren und kommentieren. Hier liegt gleichzeitig die Nahtstelle zu einer höheren Stufe der Metalepse, denn die Protagonisten nehmen ebenso auf ihre außertextuelle Existenz als die Schauspieler James Spader und William Shatner Bezug: Denny/Shatner bezeichnet sich als «Star der Show» und verweist darauf, dass er einen *Emmy* bekommen habe (2.9); Alan/Spader beklagt sich in einer Folge darüber, Denny in dieser Episode kaum gesehen zu haben (2.13) oder weist Shirley (Candice Bergen) darauf hin, dass ein Kuss zwischen ihnen angebracht sei, weil sie sich in einer «Sweeps»-Episode befänden (2.27);[15] Alan wird von seiner Sekretärin gewarnt, sich mit einer bestimmten Frau einzulassen, weil es sich bei ihr nur um einen Gaststar handle (2.23); in «New Kids on the Block» (3.2) begrüßt Alan einige neue Figuren mit «Welcome to Boston Legal», und Denny wundert sich, dass die Neuen nicht schon zu Staffelbeginn erschienen seien; in der letzten Folge der dritten Staffel verabschiedete Denny sich von Alan mit den Worten «til next season», und Alan antwortet: «I can't wait to see what we do next» (3.24). Außerdem beziehen sich die metaleptischen Verweise immer wieder auf die wechselnden Sendeplätze, die BOSTON LEGAL während seiner Ausstrahlung auf ABC zu erdulden hatte (und damit auf den institutionellen Kontext der Serie), und auf William Shatners Rolle als Captain James T. Kirk im *Star Trek*-Univer-

15 Bei den sog. «Sweeps» handelt es sich um die viermal jährlich durchgeführte Erhebung lokaler Einschaltquoten der amerikanischen Network-Sender durch die Nielsen Agentur, die für die Festlegung der Werbepreise von großer Bedeutung ist. Das Auftreten spektakulärer Gaststars, ungewöhnliche Crossover zwischen verschiedenen Serien und dramatische Ereignisse werden von den Networks daher gerne während der Sweeps programmiert, da in diesen Wochen eine kurzfristige Erhöhung der Einschaltquoten eine nachhaltige Wirkung zeitigen kann.

sum – und damit auf intertextuelle Aspekte, die durch die Identität des Schauspielers in die Fiktion von Boston Legal hineinragen.

Auch wenn die rhetorische Metalepse in Boston Legal überwiegt, da es sich zumeist nur um verbale und zeitlich begrenzte Transgressionen handelt, sind dies insofern zugleich ontologische Metalepsen, als hier die «heilige Grenze» zwischen Realität und Fiktion überschritten wird. Die wiederkehrenden Bemerkungen von Denny Crane und Alan Shore beschädigen nachhaltig die Geschlossenheit des Fiktionsraums, ohne dass man dies als hochgradig irritierend oder progressiv bewerten müsste. Eher lässt sich die problemlose Integration einer solch spielerischen Form der Metalepse in eine serielle Fiktion als Beleg für einen Wandel erzählerischer Normen im Fernsehen begreifen; wenn nicht die Grenzen zwischen Fiktion und Realität per se erodiert sind, so doch die *Notwendigkeit*, sie aufrechtzuerhalten.

Weiter in Richtung einer ontologischen Metalepse bewegt sich die Sitcom It's Garry Shandling's Show (1986–1990), die gänzlich auf einer metaleptischen Konstruktion beruht, weil hier in der Gestalt Garry Shandlings realer Schauspieler und fiktionale Figur in einer Weise ineinander fallen, dass die Grenzverletzung kaum noch als solche beobachtbar ist. Shandling ist durchgängig in doppelter Funktion präsent: als Schauspieler und als Figur innerhalb der Sitcom. Schon die Tatsache, dass fast jede Folge mit einem ans Publikum gerichteten Monolog beginnt, rückt die Serie in die Nähe von Präsentationsformen, wie sie für das Format der *Late Night Show* typisch sind, und damit in die Nähe der Techniken fernsehtypischer parasozialer Interaktion. Immer wieder wird die Handlung durch direkte Adressierungen des Publikums unterbrochen, welches innerhalb der Diegese durch das regelmäßig von der Kamera eingefangene Live-Publikum im Studio vertreten wird. Alle Figuren der Serie wissen, dass sie in einer Serie mitspielen. Randständige Figuren, die in einer einzelnen Folge auftauchen, identifizieren die Schauspieler als Figuren der ihnen offensichtlich bekannten Fernsehserie und reagieren erfreut oder indigniert darauf, dass sie nun selbst Teil der Show sind.[16] Die Realität außerhalb

16 Wie die Figuren, so ist auch der Handlungsraum der Sitcom auf mehreren diegetischen Ebenen zugleich angesiedelt. Erwin Feyersinger schreibt dazu unter Rückgriff auf Genettes Begrifflichkeit der hyper- und hypodiegetischen Ebenen der Erzählung: «When typical profilmic elements are shown intentionally, as in *It's Garry Shandling's Show* (1986–1990), where Garry Shandling is established as both a character and an actor commenting on the fictionality of the show, then they gain a diegetic status of their own, effectively pushing diegetic elements to an embedded hypodiegetic level. In *It's Garry Shandling's Show*, the image of an actual (profilmic,

des Studios, die Sitcom It's Garry Shandling's Show und die innerhalb der Sitcom bespielte Fiktion sind nicht durch fixe Grenzen, sondern allenfalls durch flexible Membrane voneinander getrennt, die mal mehr und mal weniger durchlässig sind. Diese Konstellation wird zur Herbeiführung von Paradoxien genutzt, die in dem folgenden Beispiel visuell ausgespielt werden: In der Episode 3.1 «Goin' Places» kommt Garry nach Hause («Hello audience, I'm home!») und schaltet den Fernseher ein, in dem er eine Live-Übertragung von sich selbst vor dem Fernseher sitzend zu sehen bekommt. Am Ende laufen die Credits zugleich auf dem Bildschirm der Zuschauer und auf dem innerdiegetischen Fernseher ab und Garry zeigt sich erfreut, seinen Namen in den Credits zu entdecken («Look, it's my name!»).

In diesem Blick auf sich selbst im Fernseher verdichtet sich ein paranoider Grundzug der Serie, der strukturell in ihr verankert ist und immer dann zu Tage tritt, wenn deutlich wird, dass Shandling bei all seinen Handlungen unter der Prämisse agiert, von einem anonymen Publikum beobachtet zu werden, das durch das Studiopublikum repräsentiert wird, ohne auf dieses begrenzt zu sein. In dieser Hinsicht antizipiert die Serie bereits ein strukturelles Merkmal jüngerer Sitcoms wie The Office (2005–), Parks and Recreation (2009–), Modern Family (2009–) u. a., die sich bei Techniken und Verfahren der *Dokusoap*-Formate bedienen und die Figuren durch die Kamera zugleich dem Blick eines externen, imaginierten Beobachters aussetzen.[17] Auch diese Sitcoms sind von einer doppelten Logik geprägt, insofern ihre narrativen Operationen einerseits auf der Grundlage einer geschlos-

extradiegetic) studio signifies a fictionalized (diegetic) studio that signifies a (hypodiegetic) living room. However, this narrative shift does not change the internal hierarchy of these levels. The fictionalized studio is still extradiegetic with regard to the central storyworld. *It's Garry Shandling's Show* constantly shifts between its narrative levels that are conflated within the same filmic image» (2011, 149).

17 Vgl. zu dieser Form der Sitcom Mills 2004 und Thompson 2007.

senen diegetischen Welt stattfinden, die andererseits durch die – außer ansatzweise in THE OFFICE – binnendiegetisch nicht explizit gemachte oder legitimierte Prämisse einer beobachtenden Kamera und die Adressierung dieser Kamera durch die Figuren auf ein Außen hin geöffnet wird. Im Falle dieser Formate gilt ebenso wie für IT'S GARRY SHANDLING'S SHOW, dass man der punktuellen Zuspitzung der metaleptischen Paradoxie zum Trotz nicht übersehen darf, dass die Metalepse in diesen Sendungen gerade nicht als begrenzte ‹Figur› oder als gezielt eingesetztes narratives ‹Verfahren› Verwendung findet, sondern es sich hier um die Verstetigung eines metaleptischen Prinzips handelt, das die Grundstruktur der Serie betrifft.

Die Metalepse als Selbstreflexion des Seriellen und als Modus der Erfahrung

Der spielerische Umgang mit dem Prinzip der Metalepse, der in den angeführten Beispielen zu beobachten ist, dementiert klar die lange Zeit gepflegte, aber unhaltbare Annahme, Metalepsen hätten grundsätzlich einen transgressiven und dadurch subversiven Charakter.[18] Metalepsen sind weder ein spezifisch postmodernes Stilmittel noch handelt es sich um ein notwendigerweise anti-illusionistisches Verfahren. Je nach Kontext und Verwendungsweise können Metalepsen ebenso eine fiktionsverstärkende und illusionsstabilisierende Funktion haben (vgl. Fludernik 2003, 392; Klimek 2011). Die intime Nähe, die in der Serie CLARISSA EXPLAINS IT ALL zu der Hauptfigur hergestellt wird, kann als Beispiel hierfür gelten. Es ist daher sinnvoll, Metalepsen zunächst als ein formales Verfahren und – in erweiterter Form – als ästhetische Strategie zu verstehen, deren Funktion, Wirkung und Effekt im Einzelfall zu überprüfen ist.[19] Das kritische Potenzial metaleptischer Verfahren wurde in IT'S GARRY SHANDLING'S SHOW am ehesten in der Live-Episode realisiert, die am Abend der Präsidentschaftswahlen des Jahres 1988 ausgestrahlt wurde (3.4 «Live Election Show»), in der

18 Vgl. etwa Malina 2002. Gegen jede Evidenz wird hier an der These festgehalten, Metalepsen würden die Kohärenz eines Werks zerstören und stellten einen aggressiven, gegen das Subjekt gerichteten Akt dar, das durch metaleptische Verfahren dekonstruiert würde.

19 So hält Jean-Marc Limoges zu Recht nicht nur für die Metalepse, sondern auch für andere selbst- und metareferenzielle Verfahren fest: «Two *formally* identical self-reflexive devices may at times break and at other times maintain the audience's aesthetic illusion» (Limoges 2009, 391). Es ist allerdings fraglich, ob sich überhaupt derart eindeutig zwischen intakten und gebrochenen Illusionierungen unterscheiden lässt.

Shandling verkünden ließ, der demokratische Kandidat Michael Dukakis habe die Wahl gegen George H.W. Bush gewonnen.

Obwohl die Metalepse, ihrer selbstreflexiven Anlage zum Trotz, nicht unabhängig von ihrem Kontext als ‹progressives› Verfahren gelten kann, kommt ihr dennoch eine eminente ästhetische Bedeutung als ein selbstreflexives ästhetisches Prinzip des Fernsehens zu. Wenn die Prekarisierung der Grenze zwischen Realität und Fiktion und ihre wechselweise Überschreitung in beide Richtungen ein Kennzeichen der seriellen Form ist – wie Jennifer Hayward (2009) in ihrer Studie aufzeigt, und wie wir selbst an anderer Stelle mit Blick auf politische Fernsehserien zu zeigen versucht haben (vgl. Morsch 2010) – und wenn zugleich ein solcher Austauschprozess als charakteristisches Merkmal des Fernsehens in Betracht gezogen werden muss, wie Margaret Morses Hinweis auf die fernsehtypische Durchbrechung der räumlichen Begrenzung und Horton und Wohls Ausführungen zu den parasozialen Adressierungsmodi des Fernsehens verdeutlichen, dann stellt die Metalepse ein Verfahren dar, das eine prinzipielle Eigenschaft nicht allein der Serie, sondern des Mediums Fernsehen spiegelt. Über ihre primäre Selbstreflexivität hinaus, die sich aus der diegetischen Überschreitung der für die Diegese konstitutiven Grenzen ergibt, handelt es sich bei der Metalepse um eine ästhetische Reflexionsfigur, die einen Grundzug televisueller Kommunikation ausstellt und kommentiert. Lorenz Engell und Oliver Fahle argumentieren in ihrer Einleitung zur *Philosophie des Fernsehens*, dass Serialität selbst eine Reflexion auf das televisuelle Prinzip der Wiederholung darstelle (Engell/Fahle 2006, 17f). Diese Form der Selbstreflexivität bauen die Autoren zu einer grundsätzlichen Bestimmung des Fernsehens aus: «Das Fernsehen tritt hier [in der Serie, T.M.] also als Mitteilung und als Reflexion auf die Mitteilung, ihre Bedingungen und ihre Möglichkeiten, zugleich auf. Es entwickelt, während es etwas tut, zugleich eine nicht theoretische Theorie dieses Tuns» (ibid., 18). Als Beispiel greifen sie den Cliffhanger heraus:

> So besteht, um ein einfaches Beispiel anzuführen, der Sinn des Cliffhangers am Ende einer Serienepisode nicht nur darin, die Erwartung der nächsten Folge zu steigern, sondern vor allem darin, diese Erwartung ihrerseits zu kommunizieren und zu thematisieren. Der Cliffhanger produziert nicht nur Erwartungen, sondern er handelt von ihnen: er ist Bild gewordene – sogar in der Regel Standbild gewordenen – Erwartung (ibid., 17f).

In vergleichbarer Weise kann die Figur der Metalepse als Reflexion auf eine mediale Entgrenzungstendenz verstanden werden, die Fernsehen und Serie miteinander verbindet. In ihr gelangt ein Kernelement des Mediums Fernsehen und der Form der Serie zur Anschauung und zu ästhetischer Produktivität.

Interesse verdient das Prinzip der Metalepse derzeit vor allem deshalb, weil es nicht allein ein isoliertes Verfahren darstellt, das in einer Reihe von Serien zum Einsatz kommt, sondern weil die in der Form der Metalepse zum Ausdruck kommende Tendenz der Entgrenzung, der Transgression der räumlichen und logischen Schranken, die zwischen Ebenen, Welten, Texten und Sinnhorizonten bestehen, das Fernsehen derzeit auch auf institutioneller, technologischer und diskursiver Ebene betrifft.[20] Indem sich die fiktionalen Welten des Fernsehens zunehmend auf verschiedene mediale Formen und Formate verteilen, die zum Träger einzelner narrativer Module werden, gibt das Medium die kohärenzstiftende Rahmung und Begrenzung der Erzählung, die Stephen Heath (1981) als konstitutiv für die Herstellung eines Bedeutungsraumes angesehen hat, zunehmend auf. Eine Serie wie Lost (2004–2010) bedient eine Vielzahl medialer Formate, die Erzählung wird in immer mehr Module aufgespalten, die um den Kerntext der im Fernsehen ausgestrahlten Serie herum angesiedelt sind: ein Alternate Reality Game, Bücher, Webseiten, Mini-Episoden für mobile Endgeräte («Mobisodes»), Internet-Episoden («Webisodes»), DVD-Features. Die Totalität der Erzählung bewegt sich ständig über räumlich und medial gezogene Grenzen hinweg.[21] Die räumlich-mediale Dispersion des televisuellen Textes stellt nicht nur die Einheit des erzählerischen Raums in Frage, sondern auch die kausal strukturierte Sukzession der Ereignisse, die gewöhnlich von der Narration vorgegeben wird, denn neben dem Kerntext kann der Zuschauer in selbstbestimmter Temporalität und Reihenfolge auf sekundäre und ergänzende Module der Erzählung zurückgreifen. Der eigentlich metaleptische Charakter dieser narrativen Modularisierung ergibt sich vor allem daraus, dass eine Reihe dieser Module die Grenze zwischen Fiktion und Wirklichkeit durchlässig erscheinen lassen.[22] «Ultimately, *Lost* strikes a unique rela-

20 Vgl. hierzu auch die Analysen von Lotz (2007) und Gillan (2011).

21 Es bedürfte eines eigenen Textes, das Verhältnis dieser Entwicklung zur Konvergenz-Thematik zu erörtern. An dieser Stelle sei nur darauf hingewiesen, dass wir die vielfach diagnostizierte Medienkonvergenz als komplementäre und teilweise gleichursächliche Entwicklung zu der hier in den Mittelpunkt gerückten betrachten.

22 Vgl. hierzu genauer Morsch 2012. Koch 2008, Brooker 2009, Johnson 2009 u.a. Autoren haben diese fließenden metaleptischen Transgressionen, den «overflow of television fiction into geographical reality» (Brooker 2009, 56), ebenfalls beschrieben. Johnson sieht darin vor allem eine ökonomisch motivierte Strategie: «[...] *Lost* represents the dissolution of boundaries between diegetic space and the space of con-

tionship between fictional storytelling and ‹reality›», schreibt Johnson (2009, 31), aber wiewohl Lost eine neue Station metaleptischer Ästhetik markiert, liegt darin nach dem bisher Gesagten die Fortführung einer generelleren Tendenz der seriellen Form und des Mediums.

Im Falle von Lost ist nicht nur ein Überfließen der Fiktion in verschiedene mediale Formate und in die Realität zu beobachten, die Realität ragt auch in einer besonderen Weise in die Fiktion hinein. Die komplexe und anspielungsreiche, auf zahlreiche Bücher, Theorien und reale Personen Bezug nehmende Weise, in der Lost seinen Mystery Plot entfaltet, motiviert die Zuschauer dazu, den Fiktionsraum zu verlassen, sich aus sekundären Quellen die zum Verständnis der Geschichte mutmaßlich notwendigen oder zumindest hilfreichen Informationen zu beschaffen, und mit den in der Realität gewonnenen Hinweisen zur Fiktion zurückzukehren. Lost legt, anders ausgedrückt, eine «forensische» Betrachtungsweise nahe (vgl. Brooker 2009, 61–70; Mittell 2009, 128–30), die jedes Detail der Erzählung als Hinweis zur Lösung der Rätsel der Insel betrachtet und mit Informationen abgleicht, die außerhalb der Fiktion gesucht werden. Die Konstruktion des Textes und das Rezeptionsverhalten des Zuschauers stellen eine zweigleisige metaleptische Beziehung zwischen Fiktion und Realität her, die zudem eine ganz materielle, technologische Seite besitzt: Wenn Serien auf DVD oder als Download auf dem Computerbildschirm betrachtet werden, vollzieht sich die forensische Rezeption als metaleptischer Wechsel zwischen den verschiedenen *screens* und *Fenstern*.[23] Nicht anders als die Überschreitung der Grenzen zwischen Ebenen und Welten impliziert die Überschreitung der Grenzen zwischen den verschiedenen Bildschirmen einen Wechsel zwischen Bedeutungsräumen und technologisch, epistemologisch und diskursiv voneinander unterschiedenen Logiken. Das Konzept der Serie treibt den Zuschauer vom Zentrum in die peripheren Räume der Fiktion und darüber hinaus.

Lost rückt damit aber nur in den Mittelpunkt, was als räumliche und mediale Dispersion das Fernsehen insgesamt betrifft. Die Geschlossenheit materieller und semantischer Räume, die Heath und andere als Kennzeichen des Films herausgearbeitet haben, ist für das Fernsehen nicht im gleichen Maße von Bedeutung. Wie kein anderes Beispiel

sumption, allowing narrative, promotion and advertising to overlap» (2009, 46).

23 Vgl. hierzu M. J. Clarke: «[...] the ideal perspective to see these programs is a decentered one that keeps one eye on the on-air series itself and the other on a computer screen viewing an episode guide or a wiki entry, simultaneously juggling a wealth of minute visual details and character backstories, both explicitly shown and implicitly suggested» (2010, 126).

der jüngeren Fernsehgeschichte hat LOST den metaleptischen Zug, der in unterschiedlicher Weise die serielle Form *und* das Fernsehdispositiv kennzeichnet, ästhetisch und technologisch produktiv gemacht. Der Zuschauer oszilliert zwischen heterogenen Bedeutungsräumen und Wahrnehmungsebenen: eine Betrachtung, die bewusst durch die verschiedenen fiktionalen und nicht-fiktionalen Räume und die abgestuften Ebenen von Realitätsgraden streift, die LOST bespielt, ist selbst metaleptisch geworden. Der metaleptischen Fernseherfahrung entspricht eine *modulare Wahrnehmung*, die sich die Erzählung nach dem Baukastenprinzip und unter Rückgriff auf die verschiedenen medialen und technischen Inkarnationen der diegetischen Welt erschließt. Bei der modularen Wahrnehmung handelt es sich nicht um eine rein quantitative Multiplikation von Erfahrungsformen über verschiedene mediale Plattformen hinweg, sondern um eine qualitative Veränderung ästhetischer Erfahrung von Serien. Narrative und nicht-narrative, innerdiegetische und extradiegetische, textuelle und extratextuelle, fiktionale und reale Aspekte vermischen sich – mit noch nicht ganz absehbaren synergetischen Effekten. Das Fernsehen kultiviert eine modulare und transversale Lesart, in der die Metalepse zum Standard textueller Konfiguration und ästhetischen Ausdrucks geworden ist. Wie die lustvolle Sucht, die fortlaufende Serien und ihre zeitlich entgrenzten Fiktionen versprechen, gehört auch die metaleptische Bewegung zwischen Modulen, Ebenen und Welten zu den spezifischen Formen des Vergnügens, die das Fernsehen im Gegensatz zum Kino kultiviert hat.

Wir haben den Begriff der Metalepse genutzt, um heterogene und nicht bereits auf den ersten Blick als zusammengehörig erscheinende Aspekte des Fernsehens und des Seriellen im Speziellen in einen Zusammenhang zu stellen. Die in diesem Zuge herausgestellten qualitativen Veränderungen der Fernseh- und Serienrezeption lassen, so die Vermutung, auch andere Medien nicht unberührt: Die gewachsene ästhetische und ökonomische Bedeutung der Fernsehserie lässt es wahrscheinlich erscheinen, dass die in ihrem Rahmen stattfindenden Veränderungen auch in anderen medialen Formen ein Echo finden.

Literatur

Altick, Richard (1991) *The Presence of the Present*. Columbus: Ohio State University Press.

Brooker, Will (2009) Television Out of Time: Watching Cult Shows on Download. In: Pearson 2009, S. 51–72.

Engell, Lorenz/Fahle, Oliver (2007) Philosophie des Fernsehens – Zur Einführung. In: Dies. (Hg.) *Philosophie des Fernsehens*. München: Fink, S. 7–19.

Feyersinger, Erwin (2007) Diegetische Kurzschlüsse wandelbarer Welten: Die Metalepse im Animationsfilm. In: *Montage AV* 16,2, S. 113–130.

– (2011) Metaleptic TV Crossovers. In: Kukkonen/Klimek 2011, S. 127–157.

Fludernik, Monika (2003) Scene Shift, Metalepsis, and the Metaleptic Mode. In: *Style* 37,4, S. 382–400.

Genette, Gérard (1994) *Die Erzählung* [frz. 1972/1983]. München: Fink.

– (2004) *Métalepse. De la figure à la fiction*. Paris: Seuil.

Gillan, Jennifer (2011) *Television and New Media. Must-Click TV*. New York/London: Routledge.

Hagedorn, Roger (1988) Technology and Economic Exploitation: The Serial as a Form of Narrative Presentation. In: *Wide Angle* 10,4, S. 4–12.

Hayward, Jennifer (2009/1997) *Consuming Pleasures. Active Audiences and Serial Fictions from Dickens to Soap Opera*. Lexington: The University Press of Kentucky.

Häsner, Bernd (2001) *Metalepsen: Zur Genese, Systematik und Funktion transgressiver Erzählweisen*. Dissertation Freie Universität Berlin. [http://www.diss.fu-berlin.de/2005/239/index.html (letzter Zugriff 20. Juli 2011)].

Heath, Stephen (1981) Narrative Space. In: Ders., *Questions of Cinema*. London/Basingstoke: Macmillan, S. 19–75.

Hempfer, Klaus W. (1999) (Pseudo-)Performatives Erzählen im zeitgenössischen französischen und italienischen Roman. In: *Romanistisches Jahrbuch* 50, S. 158–182.

Herman, David (1997) Toward a Formal Description of Narrative Metalepsis. In: *Journal of Literary Semantics* 26,2, S. 132–152.

Hippel, Klemens (1992) Parasoziale Interaktion. Bericht und Bibliographie. In: *Montage AV* 1,1, S. 135–150.

– (1993) Parasoziale Interaktion als Spiel. Bemerkungen zu einer interaktionistischen Fernsehtheorie. In: *Montage AV* 2,2, S. 127–145.

Johnson, Derek (2009) The Fictional Institutions of *Lost*. World Building, Reality and the Economic Possibilities of Narrative Divergence. In: Pearson 2009, S. 27–49.

Klimek, Sonja (2009) Metalepsis and its (Anti-)Illusionist Effects in the Arts, Media and Role-Playing Games. In: Wolf 2009, S. 169–187.

Koch, Lars (2008) Previously on *Lost*. In: *Was bisher geschah. Serielles Erzählen im zeitgenössischen amerikanischen Fernsehen*. Hg. v. Sascha Seiler. Köln: Schnitt – der Filmverlag, S. 40–53.

Kuhn, Markus (2011) *Filmnarratologie. Ein erzähltheoretisches Analysemodell*. Berlin/New York: de Gruyter.

Kukkonen, Karin (2011) Metalepsis in Popular Culture: An Introduction. In: Kukkonen/Klimek 2011, S. 1–21.

– /Klimek, Sonja (Hg.) (2011) *Metalepsis in Popular Culture*. Berlin/New York: de Gruyter.

Limoges, Jean-Marc (2008) Quand Mel dépasse les bornes: d'un usage comique de la métalepse chez Brooks. In: *Humoresque* 28, S. 31–41.

– (2009) The Gradable Effects of Self-Reflexivity on Aesthetic Illusion in Cinema. *Metareference Across Media. Theory and Case Studies*. Hg. v. Werner Wolf. Amsterdam/New York: Rodopi, S. 391–407.

– (2011) Metalepsis in the Cartoons of Text Avery: Expanding the Boundaries of Transgression. In: Kukkonen/Klimek 2011, S. 196–212.

Lotz, Amanda D. (2007) *The Television Will Be Revolutionized*. New York/London: New York University Press.

Malina, Debra (2002) *Breaking the Frame: Metalepsis and the Construction of the Subject*. Columbus: Ohio State University Press.

McHale, Brian (1987) *Postmodernist Fiction*. London: Routledge.

Mills, Brett (2004) Comedy verite: Contemporary Sitcom Form. In: *Screen* 45,1, S. 63–78.

Mittell, Jason (2009) *Lost* in a Great Story: Evaluation in Narrative Television (and Television Studies). In: Pearson 2009, S. 119–138.

Modleski, Tania (1987) Die Rhythmen der Rezeption: Daytime-Fernsehen und Hausarbeit. In: *Frauen und Film* 42, S. 4–11.

Morsch, Thomas (2010) Repräsentation, Allegorie, Ekstase – Phantasien des Politischen in aktuellen Fernsehserien. In: *Autorenserien. Die Neuerfindung des Fernsehens. Auteur Series. The Re-invention of Television*. Hg. v. Christoph Dreher. Stuttgart: Merz & Solitude, S. 199–249.

– (2012) Permanent Metalepsis. Pushing the Boundaries of Narrative Space. In: *Screen Dynamics. Mapping the Borders of Cinema*. Hg. v. Gertrud Koch, Volker Pantenburg & Simon Rothöhler. Wien: Synema, S. 108–125.

Morse, Margaret (1998) *Virtualities. Television, Media Art, and Cyberculture*. Bloomington: Indiana University Press.

Nelles, William (1992) Stories Within Stories: Narrative Levels and Embedded Narrative. In: *Studies in the Literary Imagination* 25,1, S. 79–96.

Pearson, Roberta (Hg.) (2009) *Reading Lost*. London/New York: I. B. Tauris.

Pier, John (2009) Metalepsis. In: *Handbook of Narratology*. Hg. v. Peter Hühn et al. Berlin: de Gruyter, S. 190–203.

– (2005) Métalepse et hierarchies narratives. In: *Métalepses. Entorses au pacte de la représentation*. Hg. v. John Pier & Jean-Marie Schaeffer. Paris: École des Hautes Études en Sciences Sociales, S. 247–261.

– / Schaeffer, Jean-Marie (Hg.) (2005) *Métalepses. Entorses au pacte de la représentation*. Paris: École des Hautes Études en Sciences Sociales.

Rodowick, David N. (1994) *The Crisis of Political Modernism. Cinema and Ideology in Contemporary Film Theory*. Berkeley/Los Angeles/London: University of California Press.

Ryan, Marie-Laure (2004) Metaleptic Machines. In: *Semiotica* 150,1, S. 439–469.

Sarkhosh, Keyvan (2011) Metalepsis in Popular Comedy Film. In: Kukkonen/Klimek 2011, S. 171–195.

Schaeffer, Jean-Marie (2005) Métalepse et immersion fictionelle. In: Pier/Schaeffer 2005, S. 247–261.

Sharma, Manish (2005) Metalepsis and Monstrosity: The Boundaries of Narrative Structure in ‹Beowulf›. In: *Studies in Philology* 102,3, S. 247–279.

Thompson, Ethan (2007) Comedy Verité? The Observational Documentary Meets the Televisual Sitcom. In: *The Velvet Light Trap* 60, S. 63–72.

Thon, Jan-Noël (2009) Zur Metalepse im Film. In: *Probleme filmischen Erzählens*. Hg. v. Hannah Birr, Maike Sarah Reinerth & Jan-Noël Thon. Berlin: Lit Verlag, S. 85–110.

Türschmann, Jörg (2007) Die Metalepse. In: *Montage AV* 16,2, S. 105–112.

Warth, Eva-Maria (1987) «And That's My Time». Daytime Soap Operas als Zeitkorsett im weiblichen Alltag. In: *Frauen und Film* 42, S. 24–34.

Wolf, Werner (2005) Metalepsis as a Transgeneric and Transmedial Phenomenon: A Case Study of ‹Exporting› Narratological Concepts. In: *Narratology Beyond Literary Criticism: Mediality, Disciplinarity*. Hg. v. Jan Christoph Meister. Berlin/New York: de Gruyter, S. 83–107.

– (2009) Metareference across Media: The Concept, its Transmedial Potentials and Problems, Main Forms and Functions. In: Ders. (Hg.) *Metareference across Media. Theory and Case Studies*. Amsterdam/New York: Rodopi, S. 1–85.

Nachruf auf Amos Vogel*

★ 18.4.1921 in Wien
† 24.4.2012 in New York

Michael Omasta

Obwohl er selbst nie Filme gemacht hat, verdankt das Kino ihm unendlich viel, darunter das legendäre Cinema 16, die Gründung des New York Film Festivals und das einflussreiche Buch *Film as a Subversive Art* (1974). Amos Vogel galt als ultimativer Cineast: ein streitbarer Intellektueller, der als Kritiker wie Kurator seine ganz eigene, autonome Spur in die Geschichte des unabhängigen Filmschaffens gezogen hat.

Dabei hat Amos Vogel – 1921 in Wien-Alsergrund geboren, 1938 vertrieben, seit 1944 amerikanischer Staatsbürger und zuletzt, nach dem Tod seiner Frau Marcia vor drei Jahren, zurückgezogen in New York lebend – das Kino nie als Selbstzweck gesehen, sondern immer auch als eine demokratische Bildungsanstalt, mithin: als ein Mittel zur Verbesserung der Welt. Schon als Kind hat Amos das Kino geliebt und an seine subversive Kraft geglaubt. Auf dem französischen 9,5-mm-Projektor seines Vaters lässt er die Trickfilme und kurzen Stummfilmkomödien auch gern einmal rückwärts laufen und sammelt erste Erfahrung «mit der Magie, die Realität umzugestalten und zu untergraben».

Cinema 16, der Filmclub, den Vogel 1947 in New York gründet, tut genau das: Schon der Umstand, dass er nur «das Beste der verschiedenen Arten von dokumentarischen, pädagogischen, experimentellen

* [Anm.d.Hg.:] Dieser Gedenktext nimmt Formulierungen aus einer empfehlenswerten Broschüre auf, die SYNEMA – Gesellschaft für Film und Medien anlässlich von Amos Vogels 90. Geburtstag publiziert hat: *Amos Vogel – Ein New Yorker Cineast aus Wien*. Red.: Michael Omasta & Brigitte Mayr. Wien: SYNEMA-Publikationen 2011.

und – gelegentlich – zensierten Filme zeigt, die sonst nie im Kino laufen, nicht mal in kleinen Off-Kinos» (so der Kritiker James Agee), kommt einer Kriegserklärung an die damals noch allmächtige Hollywood-Industrie gleich. In seiner besten Zeit zählt Cinema 16, das bis 1963 existiert, mehr als 7000 Mitglieder. Jahre bevor Institutionen wie die Anthology Film Archives ihre Arbeit aufnehmen oder Peter Kubelka sein Zyklisches Programm zusammenstellt, hat Vogel die US-Filmavantgarde im Alleingang durchgesetzt.

Seinen lebenslangen Kampf gegen die Borniertheit der bürgerlichen Filmkritik setzt er als Mitbegründer und künstlerischer Direktor des New York Film Festivals, als Leiter der Filmabteilung des Lincoln Center und Kurator spektakulärer Retrospektiven für das Museum of Modern Art sowie als Publizist fort. «Wir wollen nicht vergessen, dass Antonionis L'AVVENTURA bei seinem Kinostart als amateurhaft abgelehnt, Satyajit Rays PATHER PANCHALI als Homemovie und Godard als Hochstapler denunziert wurden», heißt es in «The Movie Gap», einem Gastkommentar für die *Village Voice*, in dem Amos Vogel die provinzielle Kinosituation in den Staaten geißelt und einen Vergleich mit der Literatur zieht:

> Man stelle sich vor, es würden ausschließlich historische Wälzer à la Dumas, ein bisschen was von Dostojewski und Dickens verlegt und sonst nur jede Menge Harold Robbins und Jacqueline Susann – kein Gide, Mailer, Beckett, Hesse, Borges oder Jakov Lind.

Der traumatische Verlust seiner Muttersprache – Amos war am Piaristengymnasium in Wien seinerzeit Klassenbester in Deutsch – beschäftigte Vogel noch, als er im Herbst 1993 auf Einladung des Vereins Synema und der Viennale erstmals wieder offiziell seine Geburtsstadt besuchte, um an einem Symposion über das Filmexil teilzunehmen. In seinem Beitrag «Aufruf zum Misstrauen» bilanzierte er Erfahrungen seines Lebens – mit so viel Witz und Verve, dass es nicht ohne Folgen bleiben konnte: Im Zuge seiner Wiederbegegnung mit Wien erarbeitete er mit dem Filmemacher Egon Humer das Dokumentarepos EMIGRATION, N.Y – DIE GESCHICHTE EINER VERTREIBUNG (1995); Humer widmete ihm später das Porträt AMOS VOGEL. MOSAIK IM VERTRAUEN (2001). Dazwischen erfuhr das Kultbuch *Film as a Subversive Art* seine erste ernstzunehmende Übersetzung ins Deutsche (1997 erschien es unter dem Titel *Film als subversive Kunst* im Hannibal-Verlag). 2004 ehrte ihn die Viennale. «Kein Zweifel», sagte Martin Scorsese zum Tod von Amos Vogel: «Der Mann war ein Gigant.»

Zu den Autorinnen und Autoren

Joan K. Bleicher, Prof. Dr., ist Professorin für Medienwissenschaft am Institut für Medien und Kommunikation der Universität Hamburg. Zwischen 1986 und 1995 war sie Mitarbeiterin am Siegener Sonderforschungsbereich 240 (Ästhetik, Pragmatik und Geschichte der Bildschirmmedien). Sie ist u.a. Autorin von *Fernseh-Programme in Deutschland* (1996), *Programmprofile kommerzieller Anbieter* (1997), *Fernsehen als Mythos. Poetik eines narrativen Erkenntnissystems* (1999), *Poetik des Internets: Geschichte, Angebote und Ästhetik* (2009) und *Internet* (2010). Zu ihren Arbeitsschwerpunkten zählen Fernsehforschung, Medienästhetik und -geschichte, Narrationstheorie, Grundlagenforschung zum Internet.

Karin van Es, Juniordozentin am Department für Medien- und Kulturwissenschaft der Universität Utrecht; ihre Lehr- und Forschungsschwerpunkte sind Theorie und Geschichte der Neuen Medien sowie Transformationen des Fernsehens im digitalen Zeitalter; sie promoviert am Centre for Television in Transition der Universität Utrecht über «Konstruktionen von ‹live›» auf unterschiedlichen Plattformen sozialer Medien.

Lukas Foerster, M.A., ist wissenschaftlicher Mitarbeiter am Sonderforschungsbereich 626 *Ästhetische Erfahrung im Zeichen der Entgrenzung der Künste* (Teilprojekt *Die Fernsehserie als ästhetische Form*). Außerdem ist er journalistisch und kuratorisch tätig. Veröffentlichungen unter anderem in *CARGO Film/Medien/Kultur, taz, perlentaucher*. Derzeit arbeitet er an einem Promotionsprojekt zur Ästhetik der Sitcom. Zu seinen weiteren Arbeitsschwerpunkten zählen die Geschichte des japanischen Kinos und die Theorie des digitalen Films.

Kathi Gormász (*1976), Dipl. Komm.Wirtin, Studium der Gesellschafts- und Wirtschaftskommunikation an der Universität der Künste Berlin. Wissenschaftliche Mitarbeiterin am Institut für zeitbasierte Medien an der UdK Berlin; arbeitet an einer Dissertation zu Figurenkonstruktion und Sympathielenkung im US-amerikanischen Autorenfernsehen. Diplomarbeit zu subjektiver Narration im zeitgenössischen Erzählkino.

Misha Kavka, Dr. phil., ist stellvertretende Direktorin des Departments für Film-, Fernseh- und Medienwissenschaft der Universität Auckland, Neuseeland. Sie ist Autorin von *Reality TV* (Edinburgh University Press 2012) und *Reality Television, Affect and Intimacy: Reality Matters* (Palgrave 2008). Zu den Schwerpunkten ihrer Forschung zählen neben Reality TV auch feministische Theorie, Hollywoodkino, Gothic sowie der neuseeländische Film.

Elana Levine ist Associate Professor am Department of Journalism, Advertising, and Media Studies der University of Wisconsin-Milwaukee. Sie ist Autorin von *Wallowing in Sex: The New Sexual Culture of 1970s American Television* (Duke University Press 2007), Mitherausgeberin von *Undead TV: Essays on Buffy the Vampire Slayer* (Duke University Press 2007) und hat dieses Jahr gemeinsam mit Michael Newman *Legitimating Television. Media Convergence and Cultural Status* (Routledge 2012) veröffentlicht.

Thomas Morsch, Prof. Dr., ist seit 2010 Juniorprofessor für Filmwissenschaft an der Freien Universität Berlin und Autor von *Medienästhetik des Films. Verkörperte Wahrnehmung und ästhetische Erfahrung im Kino* (Fink 2011). Er ist außerdem Leiter eines Forschungsprojekts zur Ästhetik der Fernsehserie im Rahmen des Sonderforschungsbereichs 626 *Ästhetische Erfahrung im Zeichen der Entgrenzung der Künste*. In Vorbereitung befindet sich ein Sammelband zum Thema *Genre und Serie* (Fink 2012). Weitere aktuelle Lehr- und Forschungsschwerpunkte: Liebe und Intimität im Film; Experimental- und Avantgardefilm; animalische Komödien.

Eggo Müller, Dr., Associate Professor für Film und Fernsehen am Department für Medien- und Kulturwissenschaft der Universität Utrecht und Direktor des Humanities College der geisteswissenschaftlichen Fakultät; Schwerpunkte seiner Forschung und Lehre sind Medienkultur, Fernsehunterhaltung, Partizipationskulturen und die Transformationen des Fernsehens im digitalen Zeitalter; sein jüngstes Buch mit dem Titel *Not Only Entertainment: Studien zur Pragmatik und Ästhetik der Fernsehunterhaltung* (Köln 2011) untersucht die ‹Entertainmentisierung› des Fernsehens in Deutschland seit 1985.

Michael Z. Newman ist Assistant Professor am Department of Journalism, Advertising, and Media Studies der University of Wisconsin-Milwaukee. Er ist Autor von *Indie: An American Film Culture* (Columbia

University Press 2011) und hat gemeinsam mit Elana Levine *Legitimating Television. Media Convergence and Cultural Status* (Routledge 2012) veröffentlicht.

Michael Omasta (*1964), Filmredakteur der Wiener Wochenzeitung *Falter* und Vorstandsmitglied von SYNEMA, Gesellschaft für Film und Medien. Veröffentlichungen zu Alexander Hackenschmied, Carl Mayer, Fritz Rosenfeld, Anna Gmeyner, John Cook, Wolf Suschitzky, Claire Denis u.a.

Herbert Schwaab (*1969), Dr. phil., Akademischer Rat am Lehrstuhl für Medienwissenschaft an der Universität Regensburg. 2006 Promotion am Institut für Medienwissenschaft in Bochum mit einer Arbeit über die Filmphilosophie Stanley Cavells, die 2010 als *Erfahrung des Gewöhnlichen* erschienen ist. Lehrt und forscht zu Filmphilosophie, zum populären Kino, zum Fernsehen, zur Sitcom und zum Begriff der Mediatisierung. Er ist Mitherausgeber von *Metal Matters. Heavy Metal als Kultur und Welt* (zusammen mit Rolf F. Nohr, Münster 2011). Eine Monographie über die Sitcom KING OF QUEENS als Gegenstand der Medientheorie und Medienphilosophie ist in Vorbereitung.

Call for Papers
«Produktion: Ästhetik der Praktiken»

Seit den 1990er Jahren haben sich in den USA die Production Studies zu einem äußerst produktiven interdisziplinären Forschungsfeld entwickelt. Im Zentrum stehen Produktionskulturen, die empirisch erforscht werden. Dabei kommen so unterschiedliche Zugangsweisen wie Interviews, partizipierende Beobachtung, *shadowing* (eine qualitative Methode der Feldforschung), die Analyse von Vertragsdokumenten und politischen Leitlinien oder Archivalien zum Tragen. Immer aber wird der direkte Kontakt mit Produktionspraktiken und ein induktiver Zugang zu diesen gesucht.

Der insbesondere von John Thornton Caldwell strategisch besetzte Begriff der *production culture* unterstreicht dabei, dass Produktionsanalyse sich dezidiert nicht auf die Analyse von Repräsentation oder Rezeption bezieht. Im Gegensatz zu Ansätzen, die vom Werk ausgehend die spezifischen Umstände herausarbeiten, die ihm seine Textgestalt gegeben haben, interessieren sich die Production Studies für das Hier und Jetzt der Produktionskultur selbst, die als im Werden begriffener ‹Text› zum Objekt dichter analytischer Beschreibung wird. Es geht um die Koordination der Prozesse, aus der Filme oder Fernsehsendungen entstehen, getragen von der Einsicht, dass Produktion ein eigenes kulturelles Feld und eine eigene Sprache hervorbringt, die in jene der Rezeption (oder Konsumption) nicht direkt übersetzbar sind.

In diesem genuin kulturanthropologischen Gestus einer ‹Theoriebildung von unten› sind mittlerweile eine Reihe grundlegender Studien entstanden, die Traditionslinien zu klassischen Produktionsstudien, aber auch neue Perspektiven erkennen lassen. Entscheidend für die Produktivität dieser Untersuchungen ist die Offenheit des Forschungsfeldes, das sie konstituieren und das an eine Vielzahl von Ansätzen anschließbar ist: etwa die frühen russischen Produktionstheorien oder den Diskurs der Produktionskunst (wie etwa bei Andrej Moskvin oder Boris Arvatov), soziologische, anthropologische und journalistische Studien (wie jene Leo C. Rostens oder Lillian Ross'), mediensoziologische Arbeiten, die aus dem Paradigma der *production of culture* entstanden sind, Untersuchungen zur politischen Ökonomie der Produktion, zu den *communities of practice* und viele andere mehr.

Im deutschsprachigen Raum ist dieses produktive Forschungsfeld bislang weder in seinen Zusammenhängen dargestellt, noch anhand von individuellen Projekten für die Forschung fruchtbar gemacht worden (sieht man einmal ab von Arbeiten von Gunter Kirsch, die im Montage AV-Heft «Fernsehproduktion» [Jg. 10, Heft 1, Jahr 2001] vorgestellt wurden). Mit dem Thema «Ästhetik der Praktiken» will das Heft 1/2013 an diesen früheren Versuch anschließen. Einerseits legt es damit allgemein den Fokus auf die Praktiken der Produktion und wirft die methodische Frage auf, wie diese zu untersuchen seien; andererseits erinnert es daran, dass Ästhetik auch im Schaffen der Produktionsarbeiter manifest und eben dort zu einem eigenen Untersuchungsgegenstand wird.

Die Redaktion freut sich über die Einreichung von Texten mit maximal 35.000 Zeichen (inkl. Leerzeichen, ohne Literaturverzeichnis), die gemäß den Vorgaben des Stylesheets der Zeitschrift verfasst sind (www.montage- av.de/Stylesheet_fuer_Autoren.pdf). Einsendungen bitte bis zum 1. November 2012 an patrick.vonderau@mail.film.su.se.